湖北文物年鉴（2023）

湖北省文物事业发展中心 编

武汉大学出版社
WUHAN UNIVERSITY PRESS

图书在版编目(CIP)数据

湖北文物年鉴.2023/湖北省文物事业发展中心编.—武汉：武汉大学出版社，2024.3

ISBN 978-7-307-24227-2

Ⅰ.湖… Ⅱ.湖… Ⅲ.文物工作—湖北—2023—年鉴 Ⅳ.K872.63-54

中国国家版本馆 CIP 数据核字(2023)第 250157 号

责任编辑：李 程　　责任校对：汪欣怡　　版式设计：马 佳

出版发行：**武汉大学出版社**　(430072 武昌 珞珈山)
(电子邮箱：cbs22@ whu.edu.cn 网址：www.wdp. com.cn)

印刷：武汉精一佳印刷有限公司

开本：787×1092 1/16　印张：21.5　字数：429 千字　插页：2

版次：2024 年 3 月第 1 版　2024 年 3 月第 1 次印刷

ISBN 978-7-307-24227-2　定价：189. 00 元

《湖北文物年鉴》编委会

《湖北文物年鉴》编辑部

特约撰稿人

赵晓云　张　君　韩秦虎　张德志　孙洪斌　钱松华
吴建刚　刘　桥　熊钰君　汪静文　翟扶文　何　慧
孙文竹　刘　韬　肖俊辉　何中源　李振宇　刘红丽
胡　鑫　范晓佩　邓诗剑　胡　铝　童　璐　潘　晓
后白石　孙晓玲　严红媛　方　强　吴　惟　谭　虎
肖　波

特约审稿人

黎朝斌　雷　鸣　王　钢　黄康胜　蔡　丹　张志华

① 1月16日，省文化和旅游厅与武汉大学就湖北省推进长江国家文化公园建设进行座谈

② 1月21日，湖北百年百大考古发现终评及新闻发布会在武汉举行

①

②

① 1月29日，全省文化和旅游局长及地方志工作负责人电视电话会议召开

② 3月5日，副省长宁咏调研湖北省博物馆

③ 3月11日，省文化和旅游厅党组书记李述永到省文物事业发展中心调研座谈

① 3月31日，湖北云梦郑家湖墓地考古项目入选2021年度“全国十大考古新发现”项目，图为湖北云梦郑家湖M276头厢器物

② 4月2日，副省长宁咏调研省文物交流信息中心

③ 4月24日，省人民政府召开省文物工作联席会议第一次会议和省万里茶道申报世界文化遗产领导小组第一次会议

②

③

① 5月18日，“国际博物馆日”中国主会场活动在湖北省博物馆举行，省委副书记、省长王忠林出席开幕式并致辞

② 5月18日，第十九届（2021年度）全国博物馆十大陈列展览精品推介活动揭晓，湖北省博物馆新馆基本陈列入选“精品奖”

③ 5月18日，“第六届（2021年度）湖北省博物馆纪念馆六大陈列展览精品奖”举行颁奖仪式

④ 5月18日，十堰市郧阳区学堂梁子遗址发现距今约100万年的“郧县人”3号头骨化石

① 5月21日，副省长宁咏一行考察参观武汉大学万林艺术博物馆“万里千年——敦煌石窟考古特展”

② 5月23—27日，全省考古（文化）遗址公园建设培训班在武汉举办

③ 6月10日，湖北考古博物馆开馆仪式在武汉木兰湖畔举行

④ 6月10日，“2021年湖北六大考古新发现”评选结果揭晓

① 6月22—24日，2022湖北省文化和旅游安全管理工作培训班在赤壁举办

② 6月23日，湖北省长江文物资源调查工作会在武汉召开

③ 6月30日—7月1日，万里茶道《赤壁宣言》发表十周年座谈会暨申遗工作现场会在赤壁召开

④ 7月1日，国家文物局副局长关强带队赴湖北省十堰市郧阳区学堂梁子遗址现场调研，并指导考古和保护工作

① 7月7—9日，省文化和旅游厅党组书记、厅长李述永带队赴荆州、荆门专题调研文物保护和考古工作

② 7月22日，湖北省文物考古研究院、黄冈市博物馆获“全国文物系统先进集体”称号；荆州文物保护中心党支部书记、主任、研究馆员方北松，盘龙城遗址博物院党支部书记、院长、研究馆员万琳，宜昌博物馆馆长、研究馆员肖承云获“全国文物系统先进工作者”称号

③ 8月3日，湖北省国家文化公园建设工作领导小组办公室主任、省文化和旅游厅党组书记、厅长李述永带队赴水利部长江水利委员会调研

④ 8月18日，“喜迎二十大奋进新征程　全民助力万里茶道申遗”为主题的“祁门红茶”杯2022万里茶道（中国段）—环中国自驾游集结赛暨九省（区）文化旅游推介会启动仪式在武夷山隆重举行

全国文化和旅游系统先进集体
先进工作者和劳动模范表彰大会
2022年8月 北京
①

Chu: A Polity of 800 Years
②

① 8月31日，全国文化和旅游系统先进集体、先进工作者和劳动模范表彰大会在北京举行，湖北省博物馆馆员章旖作为全国六名受表彰发言代表之一上台发言

② 9月7日，湖北省博物馆新馆展览“楚国八百年”在2022年度“弘扬中华优秀传统文化、培育社会主义核心价值观”主题展览项目推介中入选“重点推介项目”

③ 9月27日，“尚意千载——宋代书法主题展”系列活动在湖北省博物馆开幕

④ 9月29日，省第十三届人民代表大会常务委员会第三十三次会议批准通过《荆门市屈家岭遗址保护条例》

① 9月30日，全省文物工作会议在武汉召开

② 9月30日，全省文物工作会议通报表扬全省文物工作先进单位和先进个人

③ 10月1—3日，荆门市博物馆新馆试运营

④ 10月5日，省人民政府公布古隆中、华新水泥厂旧址、赤壁古战场、屈原祠、走马岭遗址、建始直立人遗址为第二批湖北省文化遗址公园

① 10月16—22日，湖北省党的二十大代表方勤（省文物考古研究院院长、省博物馆馆长）出席中国共产党第二十次全国代表大会

② 10月18日，省文化和旅游厅党组书记、厅长李述永到省文物事业发展中心调研指导党的二十大报告精神学习贯彻工作

③ 12月3日，省文化和旅游厅党组书记、厅长李述永到十堰市郧阳区学堂梁子遗址调研考古工作

④ 12月3日，十堰市郧阳区学堂梁子遗址发现的“郧县人”3号头骨化石被顺利提取

③

④

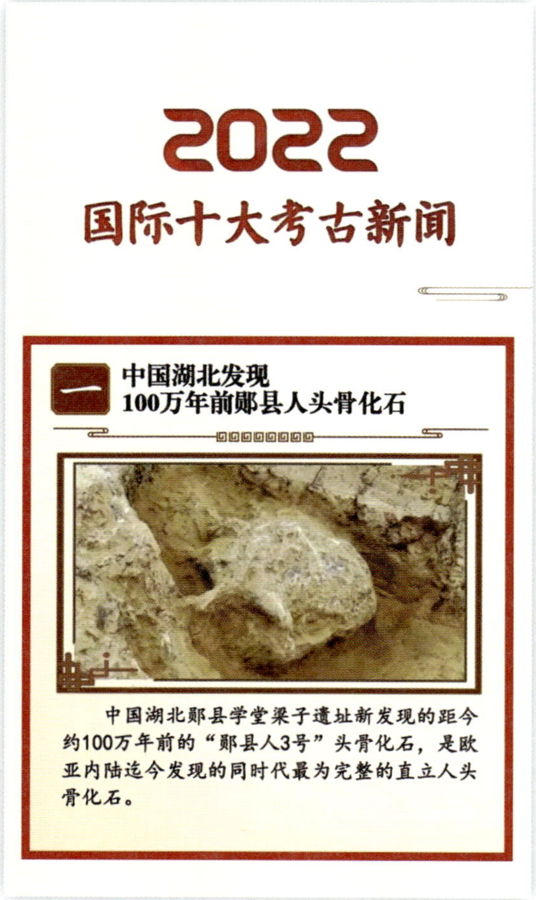

①

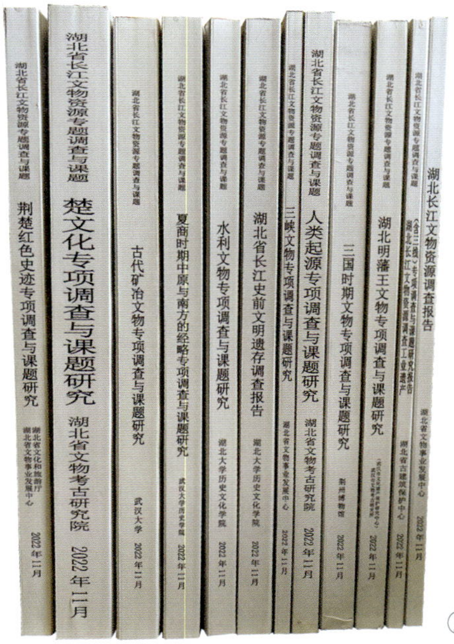

②

① 12月24日，“中国湖北发现100万年前郧县人头骨化石”入选2022年度国际十大考古新闻

② 12月29日，省文化和旅游厅（省文物局）向国家文物局报送湖北长江文物资源调查工作成果

《湖北文物年鉴》编辑说明

1.《湖北文物年鉴》(简称《年鉴》)是由湖北省文化和旅游厅(湖北省文物局)指导，湖北省文物事业发展中心组织编纂，系统记载和全面反映全省文物、博物馆事业基本状况的资料工具书。从2022年开始，每年编纂出版反映上一年度情况的《年鉴》。《年鉴》以习近平文化思想为指导，贯彻落实习近平总书记关于文物工作系列论述和重要指示批示精神，以全省年度工作重点和工作目标的实施为主线，全面记述全省文物、博物馆工作所取得的主要成果和重要经验，突出文物工作特点，体现荆楚特色，为全省文物事业发展提供准确、全面、翔实的一手资料，为科学把握文物事业发展趋势提供借鉴。

2.《年鉴》主体结构包括图片、类目(下设分目、条目)与附录。其中，类目设置包括综述、考古工作、文物保护工作、博物馆与社会文物管理工作、文物安全与执法督察工作、科研学术工作、厅直文博单位工作、各市州文物工作、大事记、重要文献等。特殊年度，类目可根据需要略做调整。

3.《年鉴》各篇基础稿件、数据资料由省文化和旅游厅(省文物局)相关处室、各市州文物行政部门及厅直文博单位提供，省文物事业发展中心负责资料统筹、类目设置、整理编辑、审核校对等工作。

4.《年鉴》记述上一年度内容，凡未标注具体年份的记述，均为上一年度的内容，统计数据均截至上一年年底。

5.《年鉴》附录《全省文物博物馆著述目录》所收书目仅限上一年度出版社正式出版物，所收文章仅限上一年度发表在省级以上正式纸质报刊或收入图书者。

6. 本《年鉴》之疏漏与错误恐在所难免，敬请批评指正。

编者

2023年12月

序

治天下者以史为鉴，治郡国者以志为鉴。

党的十八大以来，习近平总书记高度重视文物保护利用工作，多次考察文博单位、古迹遗址，多次就文物保护利用作出重要指示批示。在参观湖北省博物馆精品文物展时，习近平总书记指出："荆楚文化是悠久的中华文明的重要组成部分，在中华文明发展史上地位举足轻重。"①湖北是长江文明重要发源地、楚文化发祥地、革命文化富集地，文物资源丰富，共有不可移动文物36473处，其中世界文化遗产3项，全国重点文物保护单位168处；登记备案博物馆234家，藏品总数250万余件(套)，其中珍贵文物114596件(套)，一级文物3305件(套)。这些珍贵文物书写着荆楚大地悠长壮阔的历史，孕育了荆楚儿女生生不息的精神，是新时代推进荆楚优秀传统文化创造性转化、创新性发展的基础。

近年来，省委省政府高效统筹文物事业和经济社会发展，全省文物保护、管理、利用等各方面工作取得了显著成效，省政府成立荆楚大遗址传承发展工程领导小组、万里茶道申遗工作领导小组，建立省文物工作联席会议制度，总投资逾10亿元的省博物馆新馆落成开放，组建成立省文物考古研究院，《荆州古城保护条例》等10余部地方性文物法规相继出台，10余个项目入选"全国十大考古新发现"、"考古中国"重大项目、中国"百年百大考古发现"，唐崖土司城址列入世界文化遗产，熊家冢、盘龙城、屈家岭、龙湾获评国家考古遗址公园，文物展览连年入选"全国博物馆陈列十大精品"，文物工作在丰富全省人民的精神文化生活、弘扬优秀传统文化、加强爱国主义教育等方面发挥了重要作用。

习近平总书记强调："高度重视修史修志，让文物说话、把历史智慧告诉人们，激发我们的民族自豪感和自信心，坚定全体人民振兴中华、实现中国梦的信心和决心。"②湖北是文物大省，及时总结、宣传文物工作成果，不仅能够体现文物事业取得的辉煌成就，展

---

① 《习近平会见印度总理莫迪》，http://www.gov.cn/xinwen/2018-04/27/content_5286462.htm，2018年4月27日。

② 《习近平谈文物保护：注重推陈出新不是胡乱拆旧建新》，https://news.12371.cn/2015/01/12/ARTI1421057564518965.shtml，2015年1月12日。

示全省文物工作者筚路蓝缕的开拓精神和改革创新的时代精神，而且对于探究文物工作规律、提供决策参考、服务事业发展、增强文化自觉、坚定文化自信具有重要意义。我省有多年编纂博物馆志和编印文物工作年报的优良传统，但是集全省文物部门的力量全面系统编纂文物年鉴尚属首次。在省文化和旅游厅指导下，省文物事业发展中心勇于担当，迎难而上，牵头组织开展此项工作，凝聚大家的智慧和力量，推动《湖北文物年鉴》在较短时间内完成出版，实属不易。这本《湖北文物年鉴》，系统汇集年度全省文物工作信息，编纂质量较高，是难得的综合性、资料性工具书，值得肯定与祝贺！

雄关漫道真如铁，而今迈步从头越。当前，全党全军全国各族人民正在迈上全面建设社会主义现代化国家新征程、向着第二个百年奋斗目标进军，湖北也正处于建设全国构建新发展格局先行区的关键时期，希望全省文物部门深入学习贯彻党的二十大精神，按照“保护第一、加强管理、挖掘价值、有效利用、让文物活起来”新时代文物工作方针，为建设文物强省而不懈奋斗。希望《湖北文物年鉴》成为全省文物工作的一面镜子，成为“资政辅治之参考、堪存堪鉴之记述”，激励鞭策行业同仁奋进新征程、建功新时代，继续谱写湖北文物事业高质量发展的新篇章。

是为序。

湖北省文化和旅游厅党组书记、厅长 李述永

2023 年 3 月 12 日

目　录

综　述

湖北省是中华文明起源的重要区域，是楚文化的发祥地、三国文化之乡，也是中国近现代革命的策源地之一。湖北省文物资源丰富，价值重要。现有武当山古建筑群、钟祥明显陵、咸丰唐崖土司城址等3处世界文化遗产，万里茶道、中国明清城墙(荆州、襄阳城墙)、黄石矿冶工业遗产、容美土司遗址等4处列入中国世界文化遗产预备名单，全国重点文物保护单位168处，省级文物保护单位920处，不可移动文物总数36473处；登记备案博物馆234家，馆藏文物及标本250多万件(套)，珍贵文物11万余件(套)；国家历史文化名城5座，中国历史文化名镇13处，中国历史文化名村15处，中国传统村落206个。

湖北省文化和旅游厅(湖北省文物局)指导、管理全省文物和博物馆事业。根据省委编办确定的“三定”职责，省文化和旅游厅(省文物局)的主要职能包括：负责全省文物保护、抢救、发掘、研究和展示利用等，承担文物和博物馆有关审核、审批、监管及相关资质管理等工作，指导、协调重大文物保护和考古项目的组织实施，管理、指导博物馆间的交流与协作，负责全省文物科技保护和科研工作，推动完善文物和博物馆公共服务体系与信息化建设等。厅机关负责文物和博物馆工作的处室主要有文物保护与考古处、博物馆与社会文物处、安全监管处、文化市场综合执法监督处(省文化市场综合执法局)。厅直属文博单位有湖北省文物事业发展中心、湖北省博物馆、湖北省文物考古研究院、湖北省文物交流信息中心、湖北省古建筑保护中心(湖北明清古建筑博物馆)，其中，湖北省博物馆是中央与地方共建的八家国家级博物馆之一，依托湖北省博物馆和荆州文物保护中心的“出土木漆器保护国家文物局重点科研基地”是国家文物局首批认定的重点科研基地。

2022年，中央财政和省财政投入文物保护专项资金合计49657万元(详见附录一《湖北省文物保护资金分配表》)，其中国家文物保护专项资金31134万元，省级重点文物保护专项资金6063万元，博物馆纪念馆免费开放中央补助资金12460万元，为促进全省文物博物馆事业发展提供了有力保障。

2022年，省文化和旅游厅(省文物局)以迎接和学习宣传贯彻党的二十大精神为主线，深入学习贯彻习近平总书记关于文物工作重要论述和重要指示批示精神，紧紧围绕国家文物局和湖北省委省政府工作部署，扎实推动全省文物事业高质量发展。

——落实国家文物局和湖北省委省政府重要工作部署。年初拟定全省2022年度文物工作要点，明确年度主要工作，制定印发关于推进文物领域“十四五”规划实施的工作分工方案，推进落实各项任务。全年组织召开3个省级会议，推动出台1个省级文件，确保国家文物局和湖北省委省政府重要工作部署落到实处。一是争取建立湖北省文物工作联席会议制度并召开第一次会议。联席会议由省直19家厅局组成，加强了部门联动和协调配合，凝聚做好全省文物工作的合力。二是组织召开全省文物工作会议，贯彻落实全国文物工作会议精神，部署安排新时代全省文物工作任务。三是协助召开省政协月度专题协商会，以加强湖北省历史文化名城名镇名村保护与利用为主题广泛建言献策，促进全省文物和文化遗产保护利用。四是联合省住房和城乡建设厅推动出台《湖北省关于在城乡建设中加强历史文化保护传承的具体措施》。

——做好文物保护利用与考古工作。一是持续推进荆楚大遗址传承发展工程。评定公布华新水泥厂旧址等6处第二批湖北省文化遗址公园，报请省政府公布走马岭遗址等11个文物保护规划。认真做好第四批国家考古遗址公园申报各项工作，加快长江、长征国家文化公园(湖北段)建设工作，构建以国家文化公园、国家考古遗址公园、湖北省文化遗址公园为主体的荆楚文化保护传承体系。二是稳步推进世界文化遗产申报与保护管理。就第44届世界遗产委员会会议决议有关武当山古建筑群反应性监测内容进行督办，召开湖北省万里茶道申报世界文化遗产领导小组第一次会议，举办万里茶道《赤壁宣言》发表十周年座谈会暨申遗工作现场会，开展2022万里茶道(中国段)—环中国自驾游集结赛暨九省(区)文化旅游推介活动。三是认真做好主动性和基建考古工作。云梦郑家湖战国秦汉墓地入选2021年度“全国十大考古新发现”，国家文物局“考古中国”重大项目发布会9月28日发布湖北省“郧县人”3号头骨化石重大考古发现，引起国内外广泛关注和热议。湖北考古博物馆建成并对外开放，省考古标本库房建设可研报告获批。四是不断加大革命文物保护利用力度。公布第二批湖北省革命文物名录。组织开展全省抗美援朝文物、侵华日军强征“慰安妇”相关遗存及纪念设施、革命文物标语等专项调查。支持英山县、郧西县开展长征国家文化公园配套文物保护、环境整治。五是大力做好历史文化名城名镇名村和街区中的文物保护工作。推进全省城乡历史文化遗产保护传承体系建设，专题召开视频会议部署全省城乡历史文化遗产保护传承相关工作，并在荆州开展试点。会同湖北省住房城乡建设厅、省财政厅对全省传统村落进行全面调查摸底并建立档案，积极申报第六批中国传统村落。印发《关于开展历史文化名城保护专项评估工作的通知》，部署历史文化名城保护评估工作。六是扎实做好文物保护基础工作。完成长江文物资源调查和《湖北长江文物保护利用规划》编制，全面掌握了全省长江文物资源现状。认真做好国家文物保护利用示范区创建、省级以上文物保护单位名录信息更新完善、名碑名刻调查有关工作。开展文物领域省级标准化工作，《文物保护单位保护范围和建设控制地带划定及管理规范》作为省级标准立项，启动修改完善《湖北省文物保护单位保护标志及保护界桩管理规范》。组织开展2022年“文化和自然遗产日”湖北主场活动和各地系列活动，宣传文物法规，展示文物风采，凝聚保护共识，让更多文物保护成果惠及人民群众。

——完成博物馆建设发展各项任务。持续推进博物馆建设，做好湖北省博物馆三期基建收尾工程，全面启动湖北省博物馆老馆改造项目，完成荆门、宜都等市县级博物馆新馆建设并正式对外开放，荆州、巴东、潜江、仙桃、监利、公安、京山、通城、黄梅、蕲春等一批市县级博物馆已完成或正在进行改扩建及展陈提升。襄阳、当阳、秭归等地博物馆建设基本完成，均进入陈列布展阶段。全省共有备案登记各级各类博物馆、纪念馆236家，其中三级以上博物馆57家，均居全国前列。在国家文物局指导支持下，圆满完成“5·18国际博物馆日”中国主会场湖北省博物馆活动，省委副书记、省长王忠林出席开幕式并致辞，文化和旅游部副部长、国家文物局局长李群视频致辞，24个省(区、市)200余名领导、专家和学者通过线上线下方式参与活动。主会场活动开幕式广受好评，博物馆之夜富有特色，宣传工作富有成效，国家文物局专门致函省政府表示感谢。围绕迎接和宣传党的二十大精神，指导各地举办丰富多彩的展览，“湖北省博物馆新馆基本陈列”获得全国博物馆十大陈列展览精品奖，辛亥革命博物院“辉煌十年 荆楚答卷”等主题展览获得观众欢迎。推动出台《湖北博物馆改革发展的实施意见》，进一步激发全省博物馆发展动力，释放博物馆发展活力。积极推进《少数民族文物图谱——湖北卷》编纂等工作。

——大力做好文物安全和执法督察工作。坚决贯彻习近平总书记关于加强安全生产工作的重要批示指示精神，积极推进全省文物保护单位安全防护工程建设，坚持在防范化解文物重大消防安全风险上下功夫，全省没有发生重大文物安全事故。印发《关于推进文物火灾隐患整治和消防能力提升三年行动的通知》和《文物建筑和博物馆火灾风险指南及检查指引》，重点围绕文物建筑消防安全和文博单位消防能力提升进行安排部署，指导各地严格落实消防安全制度，清除火灾隐患，做好定期巡查、日常维护和消防演练等工作，落实消防安全责任，提升消防能力。开展全省文物系统安全生产大检查，以安全生产专项整治三年行动为抓手狠抓隐患排查整治，全年省市县三级累计开展文物消防安全自查检查12804次，检查文物保护单位和博物馆16136次，发现问题隐患1151处，整改完成975处。积极督办安全隐患整改难度大、工作推进慢的文物保护单位，确保整改效果，保持全省文物安全持续平稳的良好态势。进一步加大执法督察力度，组织开展全省文物保护单位

“两线”范围内违建问题专项排查、文物“三查（察）一改”专项行动，查处文物行政违法案件15起。重点督办查处荆州四圣殿部分文物本体遭损毁、襄阳城墙违法建设等一批涉全国重点文物保护单位行政违法案件，确保文物安全；一批处理文物行政违法执法案件入选全国文物行政执法指导性案例和优秀案例，国家文物局致函省政府予以表扬。

——深化文化市场综合执法改革，进一步理顺文物领域执法督察机制。印发实施《湖北省文化市场综合行政执法事项指导目录》，明确了文物领域执法事项名称、职权类型、实施依据和实施主体；进一步完善文物领域执法运行机制，与省委宣传部等4部门联合印发《关于进一步完善文化市场综合执法运行机制的通知》，建立了案件归口统一受理等8项工作制度；进一步健全文物行政执法和刑事司法衔接，全面推行文物行政执法三项制度；进一步提升文物执法能力水平，组织执法人员法律法规、专业知识、执法技能全员培训。

考古工作

【概况】 2022年，围绕长江中游文明进程研究、“考古中国”重大项目，实施天门石家河遗址、荆门屈家岭遗址等主动性考古发掘项目14个，配合新建沪渝蓉高速铁路(沿江高铁)武汉至宜昌段、西气东输三线仙桃—潜江联络线等基本建设实施发掘项目45个。考古发掘取得重要收获，考古出土各类文物2.7万余件(套)，修复各类文物5670余件(套)。湖北十堰市郧阳区学堂梁子遗址发现第3具古人类头骨化石，进一步实证了百万年人类史；当阳九里岗遗址群经证实年代为距今1.8万年更新世末次冰期盛冰期前后旧石器时代向新石器时代过渡时期，填补了江汉地区史前考古学文化发展序列的缺环；赤壁大湖咀龚家遗址是鄂东南地区发现的年代最早、面积最大的城址；潜江代滩墓群发现了明代保存完好的成套服饰等，进一步丰富了荆楚文化内涵。

孝感云梦郑家湖墓地入选2021年度“全国十大考古新发现”及“2021年中国考古新发现”。随州叶家山墓地出土珍贵青铜文物保护修复项目获评“2021全国十佳文物藏品修复项目”。湖北省文物考古研究院荣获全国文物系统先进单位、田野考古团队荣获“湖北省工人先锋号”。

【主动性考古】 2022年，实施主动性考古发掘项目14项(见表1)。学堂梁子(郧县人)遗址发现并顺利提取“郧县人”3号头骨化石。武当山五龙宫遗址发现保存较好的生活、宗教建筑类遗迹，其中，出土的明代永乐二十二年(1424年)投龙“水简”属全国首次发现，这是明代皇帝敕命道教最高等级宗教仪式投龙仪式的罕见实物。屈家岭遗址揭露出一处高等级建筑区，包括面积约200平方米的室外活动广场、主体面积达180平方米的大型多间式建筑及其附属设施。

【基建考古】 全年完成基建考古调查勘探项目88个、发掘项目45个，完成14个工业园区、开发区文物保护区域评估工作。在高效保障国家和省级重点项目如鄂北地区水资源配置二期工程、沪渝蓉高速铁路(沿江高铁)等30余个国家省级重点项目顺利实施的同时，进一步充实了湖北考古研究。当阳九里岗遗址群填补了江汉地区史前考古学文化发展序列的缺环，赤壁大湖咀龚家遗址对于研究长江以南地区商周时期考古学文化谱系具有重要的价值。

表 1　2022 年国家文物局批准的湖北省主动性考古发掘项目汇总表

序号	项目名称	承担单位	项目负责人	发掘面积（平方米）
1	屈家岭遗址	湖北省文物考古研究院	陶 洋	800
2	三峡库区秭归段消落带古墓群	湖北省文物考古研究院	田桂萍	500
3	武当山五龙宫遗址	湖北省文物考古研究院	康予虎	2000
4	鲁台山郭元咀遗址	湖北省文物考古研究院	胡刚	300
5	苏家垄遗址（罗兴居住遗址点、矿冶遗址点）	湖北省文物考古研究院	席奇峰	600
6	穆林头遗址	湖北省文物考古研究院	笪浩波	500
7	学堂梁子遗址	湖北省文物考古研究院	陆成秋	200
8	天门石家河遗址	湖北省文物考古研究院	方勤	800
9	郢城遗址南城垣东门	荆州博物馆	刘建业	600
10	荆州城墙 11 号马面	荆州博物馆	田勇	300
11	龙泉明楚王墓群愍王茔园	武汉市文物考古研究所	李永康	800
12	盘龙城遗址（王家嘴、杨家湾北坡）	武汉大学	张昌平	200
13	凤凰咀遗址	武汉大学	余西云	350
14	城河遗址（北部区域）	中国社会科学院考古研究所	彭小军	500

【人才队伍建设】　大力度引进专业技术人才，增强壮大考古专业队伍。2022 年，全省新增考古发掘项目负责人 6 人，新增考古专职人员 47 人，其中湖北省文物考古研究院新招录 28 人、武汉市文物考古研究所新增 15 人、荆州博物馆引进考古专业硕士研究生 2 名，其他单位新增 2 人。加大培养培训，提升专业能力水平。鼓励专业人员继续学习深造，省文物考古研究院 3 人、荆州博物馆 2 人在职攻读博士学位；积极组织专业人员参加各类专业培训，选派 4 名专业人员参加国家文物局田野考古实践训练班；积极与中国社科院考古所、中科院古脊椎与古人类研究所、北京大学、四川大学、吉林大学等国内科研院所和高校签订合作协议，广泛开展体质人类学、古 DNA、科技考古、环境考古、信息技术、古文字与简牍等多学科、深层次的合作研究，提升考古人员专业水平。

【设施装备建设】　按照《考古装备及设施配备导则（试行）》要求，持续更新考古设施和装备，与高校、其他科研机构合作共建科研基地和考古工作站，提升考古设施装备水平和工地安全水平。

1. 湖北考古博物馆建成开放。该馆占地约 7 万平方米、建筑面积 1 万平方米，6 月正式对公众开放，成为全国第二个对外开放的考古博物馆。

2. 湖北省考古标本库房建设。该库房总建筑面积 3663 平方米，包括文物库房及相关配套设施等，可研报告已获湖北省发改委批复。

3. 考古工作站建设。新建成投入使用凤凰咀遗址考古工作站 1 座，改建明楚王墓考古工作站、荆州博物馆考古楼、盘龙城遗址田野考古科研基地、熊家冢考古工作站 4 处。

4. 试点建设考古发掘“方舱”。在国家文物局指导下，建设学堂梁子遗址考古方舱，面积达 1000 平方米。该设施温湿可控、设备齐全，功能完善，助力“郧县人”3 号头骨化石顺利提取。屈家岭遗址等数个考古发掘现场均搭建临时保护发掘大棚，配置科技考古实验室和文物保护方舱。

5. 科技考古设施设备建设。武汉市文物考古研究所与科技企业共建数字化考古工作基地。武汉大学历史学院考古实验室获批 300 万元科研设备购置经费和 50 万元教学设备购置经费。

【考古研究】 2022 年，发表考古简报、论文 84 篇，出版考古报告《学堂梁子——郧县人遗址(1989—1995 年)石制品研究》1 部、《清华简“楚居”与楚国都城探研》等考古论著或论文集 5 部。“随州叶家山西周曾国墓地考古发掘报告”“大冶铜绿山矿冶遗存考古新发现资料整理与研究”2 个国家社科基金重大项目，以及“周代邓国考古学文化研究”“宜昌万福垴遗址考古报告”“随州周家寨墓地发掘报告”“科技考古视角下曾侯乙墓出土青铜器的再研究”等 4 个国家社科基金一般项目顺利完成并提交结项报告。《随州周家寨汉墓简牍》项目入选 2021—2035 年国家古籍工作规划重点出版项目(第一批)。参与承担全国文物领域首个国家科技基础资源调查项目“中国先秦两汉时期矿冶遗址综合调查”。“考古中国”项目盘龙城遗址考古发掘、凤凰咀遗址考古发掘、学堂梁子(郧县人)遗址考古发掘及国家社科基金青年项目，长江中游地区夏商时期聚落分布与社会组织研究等项目均顺利推进。

【考古宣传】 联合媒体开展了“湖北百年百大考古发现”“2021 年湖北六大考古新发现”(荆门屈家岭遗址、襄阳凤凰咀遗址、武汉黄陂盘龙城遗址、荆州王家咀 798 号战国楚墓、孝感云梦郑家湖墓地、十堰武当山建筑群五龙宫遗址)评选活动。参与拍摄大型纪录片《何以中国》《探索 · 发现——潜江代滩明代墓群考古发掘》2 部。主导拍摄云梦考古队 2022 新春视频，并入选中国文博之夜跨年直播大会。统筹策划“郧县人”3 号头骨化石发现及提取新闻报道，入选 2022 年度国际十大考古新闻和 2022 年度文博行业十大热点事件。

文物保护工作

【概况】 2022年，湖北省文化和旅游厅(湖北省文物局)按照《"十四五"文物保护与科技创新规划》《湖北省"十四五"文物事业发展规划》要求，建立文物工作联席会议制度，召开全省文物工作会议，持续推进荆楚大遗址传承发展工程建设，积极做好万里茶道申遗工作，积极推进将文物保护管理纳入国土空间规划编制与实施，加强历史文化名城名镇名村和街区文物保护力度，夯实文物基础工作，促进全省文物事业改革发展迈上新台阶。

【基础工作】 省政府批准公布荆州走马岭遗址、黄石华新水泥厂旧址等11处全国重点文物保护单位文物保护规划，这些规划以荆楚大遗址重点项目为主，既立足文物保护利用实际，又深度融入当地经济社会发展，并注重与相关上位规划的衔接。更新完善全省名碑名刻调查、省级文物保护单位名录信息工作，《文物保护单位保护范围和建设控制地带划定及管理规范》作为湖北省地方标准立项，稳步推进《文物保护单位保护标志及保护界桩管理规范》发布工作，组织开展第八批省保"两线"划定、文物保护单位"两线"范围内违建问题专项排查工作。

【联席会议制度建立】 4月，省政府建立文物工作联席会议制度，且于24日召开第一次会议，省政府副省长宁咏出席并讲话，会议听取了省文化和旅游厅(省文物局)关于全省文物工作情况的汇报，审议通过了《湖北省文物工作联席会议制度》，对2022年度重点工作进行了部署。省文物工作联席会议由省委机构编制委员会、省发展和改革委员会等19家相关部门组成，旨在加强部门联动，贯彻落实党中央、国务院关于文物保护利用的决策部署和有关法律、法规，统筹协调重大事项，推进重大项目实施，推动全省文物保护利用高质量发展。湖北省文物工作联席会议办公室设在省文化和旅游厅(省文物局)，原则上每年召开一次会议。

【全省文物工作会议召开】 9月30日，湖北省文物工作会议在武汉召开，省委常委、省委宣传部部长许正中出席会议并讲话，副省长杨云彦出席会议，全省各市、州、直管市及神农架林区党委宣传部部长、政府分管文物工作领导及文化和旅游局局长，湖北省省直有关单位负责同志，部分文博单位负责同志等参加会议。会议传达了全国文物工作会议和全国古籍工作会议精神，通报了近年来全省文物工作情况，表彰了全省文物工作先进单位和先进个人。

【长江文物资源调查】 对湖北省第三次全国文物普查公布的36473处不可移动文物信息进行复核，采取实地踏勘、航拍、资料复核等方式对168处全国重点文物保护单位、920处湖北省文物保护单位进行重点调查，新发现不可移动文物522处；对全省文物保护管理机构及从业人员、保护研究等情况进行调查；对2011年1月1日至2021年9月30日全省文物保护、考古发掘等项目情况进行调查。在调查过程中结合湖北省不可移动文物特点，开展了人类起源、矿冶等11个专题调查与研究课题（详见表2），组织湖北省文物事业发展中心、湖北省文物考古研究院、湖北省古建筑保护中心、武汉市文物考古研究所、荆州博物馆、武汉大学、湖北大学等7家文博单位、高校、科研院所具体实施，深入研究湖北长江文化的丰富内涵，系统提炼长江文化的核心价值，提升湖北在长江文化中的独特地位，为形成荆楚特色的长江文化价值体系提供坚实支撑。专项调查工作经费由省文化和旅游厅（省文物局）按照相关规定，从湖北省文物保护专项资金中统筹安排列支，每个项目安排经费10万元。

表2 专项调查与课题研究一览表

序号	名　称	承担单位	负责人
1	人类起源专项调查与课题研究	湖北省文物考古研究院	陆成秋
2	长江流域史前文明专项调查与课题研究	湖北大学历史文化学院	孟华平
3	夏商时期中原与南方的经略专项调查与课题研究	武汉大学历史学院	张昌平
4	楚文化专项调查与课题研究	湖北省文物考古研究院	胡　刚
5	三国文物专项调查与课题研究	荆州博物馆	李　亮
6	古代矿冶文物专项调查与课题研究	武汉大学历史学院	李　洋
7	明藩王文物专项调查与课题研究	武汉市文物考古研究所	许志斌
8	荆楚红色史迹专项调查与课题研究	湖北省文物事业发展中心	刘　杰
9	水利文物专项调查与课题研究	湖北大学历史文化学院	刘　辉
10	工业遗产（含三线）专项调查与课题研究	湖北省古建筑保护中心	朱祥德
11	三峡文物专项调查与课题研究	湖北省文物事业发展中心	王风竹

【世界文化遗产申报与管理】 就第44届世界遗产委员会会议决议有关武当山古建筑群反应性监测内容进行督办。积极推进“万里茶道”申遗工作，报请省政府召开第一次湖北

省万里茶道申报世界文化遗产领导小组会议，组织召开万里茶道《赤壁宣言》发表十周年座谈会暨申遗工作现场会、2022 万里茶道（中国段）—环中国自驾游集结赛暨九省（区）文化旅游推介会等。

【革命文物保护利用】 公布第二批湖北省革命文物名录（不可移动文物）总计 579 处。组织开展全省抗美援朝文物专项调查、侵华日军强征“慰安妇”相关遗存及纪念设施调查、革命文物标语等专项调查。推进鄂豫皖革命文物保护利用片区规划编制工作。支持英山县、郧西县开展长征国家文化公园配套文物保护、环境整治。

【历史文化名城名镇名村和街区文物保护】 推进全省历史文化保护传承体系建设，会同省住建厅召开全省历史文化遗产保护视频会议，部署历史文化遗产保护传承工作，在荆州市开展城乡历史文化保护传承实施方案编制试点。会同省住建厅、省财政厅对全省传统村落进行调查建档，积极申报第六批中国传统村落。会同省住建厅对历史文化名城保护评估工作进行部署，评审黄石汉冶萍煤铁厂矿旧址历史文化街区保护规划，配合住建部专家组对荆州历史文化名城进行专项评估。

【项目建设和管理】 开展年度文物保护项目库建设，完成存量项目梳理，对 34 个项目委托开展项目预算评审。推进重点文物保护项目审批实施，对 69 项国保、省保文物保护项目设计方案审核审批，对荆州城墙土城垣修缮工程等 3 项文物保护项目开展竣工验收。完成全省乙二级、丙三级文物保护工程资质年检、换证工作。完成 2023 年度全国重点文物保护单位文物保护项目申报工作。

【荆楚大遗址传承发展工程】 开展第二批湖北省文化遗址公园评定工作，组织文物保护、考古、景观、旅游等专业领域的知名专家，对申报项目的资源条件、保护管理与科研工作、展示与阐释工作、公园建设管理与运营工作四大类 20 小类评分项进行评分，并对入围项目进行现场复核，最终确定古隆中、华新水泥厂旧址、赤壁古战场、屈原祠、走马岭遗址、建始直立人遗址为第二批湖北省文化遗址公园入选项目，报请省政府批准公布（鄂政发〔2022〕24 号），全省文化遗址公园数量达到 12 处。按照国家文物局要求做好第四批国家考古遗址公园申报评定工作，赴荆门屈家岭、潜江龙湾现场调研，并指导做好明楚王墓、擂鼓墩等 5 处考古遗址公园申报工作。12 月 29 日，国家文物局公布第四批国家考古遗址公园评定结果，荆门市屈家岭遗址、潜江市龙湾遗址被评定为国家考古遗址公园，武汉市明楚王墓、十堰市学堂梁子（郧县人）遗址、随州市擂鼓墩古墓群获批立项，全省国家考古遗址公园总数及立项、评定数均位居全国第三、南方省份第一。做好擂鼓墩、石家河、铜绿山、屈家岭、楚纪南故城、容美土司、盘龙城以及楚皇城、毕昇墓等大遗址文物保护项目，推进石家河、铜绿山遗址博物馆建设。指导各地做好 28 处古遗址古墓葬类全国重点文物保护单位文物保护项目计划书，积极争取国家文物局批复2023年度文物保护项目计划书(古遗址古墓葬类)12项，进一步巩固计划书批复数量逐年上升态势。

【“文化和自然遗产日”活动】 根据国家文物局《关于开展2022年文化和自然遗产日活动的通知》要求，紧紧围绕“文物保护：时代共进 人民共享”主题，于5月下旬至6月中旬组织开展了遗产日系列活动，宣传文物法规，展示文物风采，凝聚保护共识，让更多文物保护成果惠及人民群众。

6月10日，遗产日湖北主场活动暨湖北考古博物馆开馆仪式在武汉木兰湖畔隆重举行。文化和旅游部副部长、国家文物局局长李群发来贺信，著名考古学家李伯谦、王巍、陈星灿发来视频贺词。湖北省人大常委会副主任刘晓鸣出席并宣布湖北考古博物馆开馆，省文化和旅游厅党组书记、厅长李述永出席并致辞。当天的活动中，举办了武汉大学、华中师范大学、中南民族大学、湖北大学、省社会科学院等在汉高校、科研机构实习基地揭牌仪式，同时揭晓了“2021年湖北六大考古新发现”。

遗产日活动期间，为拉近文物保护与人民群众的距离，各市州文博单位，采取“走出去”“请进来”等多种形式，开展了丰富多彩的遗产日活动。各地通过网络、微信公众号、抖音视频等及时发布活动信息，开展网上服务，推出360°全景文物展览、3D文物展示、云课堂、云游博物馆、知识竞赛等线上活动，带领公众云端学习领悟荆楚文化。据不完全统计，全省共举办较大型的活动100余场，包括喜迎党的二十大相关主题活动、“让文物活起来”特色主题活动、文物惠民服务活动等。

博物馆与社会文物管理工作

【概况】 2022 年，湖北省文博系统认真贯彻党中央、国务院、国家文物局以及湖北省委省政府决策、部署，以满足人民文化需求和增强人民精神力量为着力点，持续推进博物馆建设，做好湖北省博物馆三期基建收尾工程，启动湖北省博物馆老馆改造项目，完成荆门、宜都等市县级博物馆新馆建设并正式对外开放，荆州、巴东、潜江、仙桃、监利、公安、京山、通城、黄梅、蕲春等一批市县级博物馆已完成或正在进行改扩建及展陈提升。截至 2022 年年底，全省备案登记各级各类博物馆、纪念馆共有 236 家，其中 220 家向社会免费开放，占全省博物馆总数 93.2%。全省三级以上博物馆共有 57 家。襄阳、当阳、秭归等地博物馆建设基本完成，均进入陈列布展阶段。成立"宜荆荆恩"城市群博物馆联盟，加强陈列展览项目交流，举办"曾经巴楚——'宜荆荆恩'城市群博物馆联盟青铜文物特展"，形成全省博物馆协同发展新局面。省文化和旅游厅印发《关于进一步加强全省博物馆藏品管理工作的通知》，不断加强藏品管理和提升文物保护利用水平。加强对文物商店和文物拍卖企业的监督管理，严格落实文物购销备案制度，严把文物商店、文物拍卖许可证审批关。积极推进《少数民族文物图谱・湖北卷》编纂工作，完成中央文物管理工作协调小组办公室借展湖北省有关展品工作。承办国家文物局革命文物展览策划与展览提升工作培训班，遴选优秀讲解员到北京参加各类大型展览讲解。采取"双随机、一公开"等方式，对 8 家博物馆和 11 家可移动文物保护修复资质单位开展检查。按照省民政厅统一安排，对湖北佳和当代艺术博物馆等 4 家博物馆进行年检。

全省博物馆文物借展国家博物馆工作获中宣部认可。湖北省文物考古研究院院长、湖北省博物馆馆长方勤当选党的二十大代表，并出席党的二十大。黄冈市博物馆荣获"全国文物系统先进集体"称号。盘龙城遗址博物院院长万琳、宜昌博物馆馆长肖承云、荆州文物保护中心主任方北松荣获"全国文物系统先进工作者"称号。

【博物馆建设】 全年新增文物系统博物馆、国有行业博物馆、非国有博物馆各 1 家。

1. 新备案的文物系统博物馆。湖北考古博物馆位于武汉市黄陂区木兰湖风景区演武路，毗邻湖北明清古建筑博物馆，6 月 10 日正式对外开放，该馆占地面积约 7 万平方米，是考古出土文物保管、收藏、保护、展示、研究与文化传播的综合性公共服务场馆。馆内收藏有湖北考古自20世纪50年代以来历年发掘的200余处遗址的出土文物标本2万余件，包括三峡工程正式开始前的宜昌杨家湾、白庙、三斗坪，秭归官庄坪等遗址，以及20世纪50年代丹江口库区调查文物，还有建始人、郧县人、鸡公山、屈家岭、石家河、盘龙城、铜绿山、雨台山等多个湖北重要考古遗址发现的文物标本。内设三个基本陈列：千年文脉——长江文明考古展·湖北、世纪工程——三峡考古湖北成果展、长江文明展（数字）。

2. 新备案的国有行业博物馆。武汉警察博物馆，位于武汉市胜利街271号，隶属于武汉市公安局，是记录、保护、展示武汉警察发展历史的专题博物馆。博物馆占地面积800平方米，建筑面积2000平方米，展陈面积1200平方米，馆藏警事文物8000余件。展览主题为"武汉警察史基本陈列"，分序厅、晚清·开先举新、民国·筑基拓能、解放·峥嵘岁月、改革开放·创新之路五个展厅。博物馆建筑主体为武汉市优秀历史建筑，是湖北省爱国主义教育基地、湖北省青少年爱国主义教育基地、武汉市爱国主义教育基地，也是武汉公安实物档案陈列馆。

3. 新备案的非国有博物馆。武汉龙源红色报刊博物馆，位于武汉市蔡甸区五贤路41号，博物馆展厅面积2000多平方米，馆藏报刊10000余件。展馆以380件珍贵的历史报刊为载体，分中国共产党初创时期、大革命时期、土地革命时期、抗日战争时期、解放战争时期、社会主义建设时期、改革开放时期、走进新时代等八个单元，运用声光电、多媒体、场景复原、体验互动等多种形式，展示了中国共产党从石库门到天安门，带领中国人民从站起来、富起来到强起来的百年奋斗历程。

【藏品保护与管理】 完成湖北省图书馆、宜昌市博物馆可移动文物修复资质的审批工作。安排资金1580万元，支持19项可移动文物保护修复项目。积极组织相关博物馆申报2023年度可移动文物保护修复项目国家重点文物保护经费。对全省申报的58项可移动文物保护修复项目进行立项批复，做好项目储备。组织开展全省博物馆馆藏一级文物备案复核工作，完成湖北省976条数据的审核提交工作，完成率100%。组织推荐辛亥革命博物院与武汉大学联合申报国家革命文物协同研究中心。核定公布第二批可移动革命文物名录537件（套）。

【陈列展览】 贯彻落实习近平总书记在北大红楼作出的重要指示，抓好全省博物馆、纪念馆革命主题展览规范管理，对全省42家革命历史类博物馆、纪念馆展览情况进行排查摸底。

湖北省博物馆新馆基本陈列荣获第十九届（2021年度）全国博物馆十大陈列展览精品

推介精品奖，该馆连续两年获得精品奖，全省博物馆连续三年斩获大奖。湖北省博物馆“楚国八百年”、长江文明馆（武汉自然博物馆）“同源共生 ‘衣’彩纷呈——长江流域民族服饰展”等两项展览入选国家文物局2022年度“弘扬中华优秀传统文化、培育社会主义核心价值观”主题展览推介项目，其中“楚国八百年”为重点推介项目。

组织评选“第六届（2021年度）湖北省博物馆、纪念馆六大陈列展览精品推介活动”项目，湖北考古博物馆基本陈列（湖北省文物考古研究院）、英雄城市·百年荣光——庆祝中国共产党成立100周年武汉专题展（武汉革命博物馆）、石勒功垂——襄阳市石窟寺和摩崖石刻调查成果展（襄阳市博物馆）、奋斗百年路 启航新征程——鄂州市纪念中国共产党成立100周年主题展（鄂州市博物馆）获得特别奖，武汉戏曲大码头——武汉戏曲历史文化特展（武汉博物馆）、舰证强军·中国百年名舰展（武汉市中山舰博物馆）、长江万里青——长江流域青铜器精品展（盘龙城遗址博物院）、珞珞如石——万林艺术博物馆基本陈列（武汉大学万林艺术博物馆）、西南有巴国——三峡区域巴文化特展（宜昌博物馆）、大别山红旗不倒——黄冈现代革命史陈列（黄冈市博物馆）获得精品奖。

【喜迎党的二十大主题活动】 积极响应中央广播电视总台、国家文物局、中央网信办部署安排，开展“见证新时代——晒晒我们的新物件”主题活动；省文化和旅游厅（省文物局）、省委网信办、湖北电视台和武汉市文化和旅游局主办，辛亥革命博物院承办“辉煌十年 荆楚答卷”图片展，重点展示湖北十年来践行习近平总书记重要讲话重要指示精神的生动实践和取得的辉煌成果，以及十年来荆楚大地发生的变化，为喜迎党的二十大营造浓厚氛围。

【“5·18国际博物馆日”中国主会场活动】 5月17日至18日，由国家文物局、湖北省人民政府主办，中国博物馆协会、省文化和旅游厅、武汉市人民政府承办，湖北省博物馆协会、湖北省博物馆、武汉市相关博物馆协办的2022年“5·18国际博物馆日”中国主会场活动在湖北省博物馆举办。在统筹做好疫情防控的前提下，来自全国24个省、直辖市、自治区、计划单列市的200余名领导、专家、学者通过线上线下方式参与活动。文化和旅游部副部长、国家文物局局长李群通过视频连线讲话。湖北省委副书记、省长王忠林出席开幕式并致辞。李群、王忠林共同为“龢：音乐的力量——中国早期乐器文化”展览揭幕。主会场开幕式、主题论坛、青年论坛、博物馆之夜、“龢：音乐的力量——中国早期乐器文化”展等5大主题活动，“全国博物馆十大陈列展览精品”终评会、“文明的相约——百万大学生走进博物馆”主题教育、“博物馆的力量——湖北再出发”100小时融媒体大直播等9大配套活动，得到国家文物局、参会嘉宾充分肯定和高度评价。湖北首次承办“国际博物馆日”中国主会场活动，社会各界高度关注，各平台媒体大力宣传。各项活动被中央人民政府网、新闻直播间、新闻 30 分等央媒报道，“博物馆的力量”话题在腾讯、百度、头条、微博等新媒体平台置顶热搜，引起全社会强烈反响。

【社会教育与公众服务】 全省博物馆开展“我们的节日”主题教育活动 300 余场次，开展“百馆微展览五进”活动 300 余场次，开展各类社会教育活动 7568 场次。全年接待观众 2270 余万人次。

湖北省博物馆“荆楚故事我来讲”少儿志愿服务项目荣获中宣部、国家文物局“‘喜迎二十大’强国复兴有我——青少年中华文物我来讲”优秀博物馆志愿服务项目。湖北省博物馆“红色故事小达人”志愿服务项目入围国家文物局“首届全国博物馆志愿服务典型案例”。湖北省博物馆“云端打卡湖北省博物馆新馆”系列活动，入选中国文物学会、中国文物报社 2022 年度全国文博社教十佳案例宣传推介活动百强案例。

【社会文物管理】 开展文物艺术品拍卖标的审核 3 批次，审核拍卖标的 1000 余件(组)。开展 2 家文物商店设立审批和 20 余人次文物拍卖从业人员审批活动。组织协调开展省内革命文物认定和 10 家博物馆馆藏文物鉴定工作。开展涉案文物评估鉴定工作 30 余批次。同意湖北起元古艺术品贸易有限公司(湖北起元文物商店)、湖北乔也山居(武汉)文化发展有限公司(国信文物商店)2 家文物商店设立。

文物安全与执法督察工作

【概况】 2022年，全省文物安全与执法部门贯彻落实国务院、国家文物局、省委省政府和省安委会关于安全生产专项整治三年行动的部署要求，结合湖北省文物安全实际，围绕年度工作目标任务，深刻汲取全国文物火灾事故教训，坚持防范为先、打防并举、防治结合的工作方针，大力推进文物火灾隐患整治和消防能力提升专项整治三年行动，开展文博单位安全风险隐患排查，综合整改重大安全隐患，强力制止文物违法行为，加强文物安全宣传引导工作，坚决防范文物安全事故和违法事件发生，努力构建荆楚特色文物安全防护体系。

【宣传教育培训】 利用网络、电视、广告等平台宣传文物安全工作，运用电子显示屏、宣传单、橱窗、挂图、手机APP等开展文物安全宣传和警示教育，增强全民文物安全保护意识。

9月中旬，举办全省文物安全管理人员业务技能培训班，全省各级文物安全行政管理人员共计200余人参加培训。全年各级文物行政管理单位和文博单位共开展消防安全培训315次，参加培训人员9161人次，开展消防安全宣传341次，发放宣传资料90682份(册)。

【安全责任】 各级文物部门、文物博物馆单位深刻吸取重大生产安全事故教训，坚持问题导向，强化底线思维，按照党政同责、一岗双责、齐抓共管、失职追责要求，坚持“谁管理、谁使用、谁负责”的原则，履行文物安全属地管理责任，提升消防能力，采取有力措施，增强文物安全底线思维，不断完善文物安全责任体系，切实把文物安全责任措施落实到基层和岗位。深入开展文物行业重大事故隐患专项工作，全力清除火灾隐患，做好定期巡查、日常维护和消防演练等相关工作，切实落实消防安全责任，着力从根本上消除事故隐患、从根本上解决问题，坚决遏制各类文物安全和生产安全事故发生。

【安全专项检查】 按照全省文物火灾隐患整治和消防能力提升三年行动总体部署，结合2022年下半年开展的文物系统安全生产大检查等工作，制定文物安全隐患和文物违法排查整治行动方案，对全省各类文保单位开展拉网式排查，重点对全省168个国保单位、920个省保单位开展巡查抽查。全省先后派出102个省级督查检查工作组，对全省755家文物和文博单位开展文物安全巡查检查，坚持问题导向，全面梳理排查文物安全工作各个环节，及时发现问题并列出整改措施和责任清单，实行销号管理，逐一整改落实，形成闭环，累计发现各类安全风险隐患和安全管理问题236条，完成整改215条。11月，对文物安全检查排查和整改隐患进行“回头看”，进一步巩固排查整治成效。

【安全火灾隐患整治】 对重大文物安全风险隐患进行全程指导督促、实行挂牌督办，对整改不彻底仍然存在重大事故隐患的采取果断措施，确保整改落实到位。全省各级文物行政管理部门共出动1157个检查组，累计检查文博单位6958处(家)，共发现文物安全问题隐患1114处，完成隐患整改1028处。

【安全防范能力建设】 督促国保、省保单位加强应急处置队伍建设，制定相应应急预案并落实到位，开展常态化安全、消防演练，提升文物保护单位应急处置能力。采取现场培训、网络教学等形式深入开展安全培训工作，全面提升文物安全保护能力与水平。

【安全设施建设】 加强全省文物建筑消防设施建设，对消防隐患较大的文博单位消防安全防护工程给予重点支持。开展安全防护项目摸底调查，梳理全省文物安全防护情况，有重点、有针对性地安排文物安全防护项目，加大对在建项目的检查督导，推进文物安全防护项目有效落地。落实国家文物局关于加强文物安全监管平台建设的要求，积极争取国家文物局和省财政的支持，制定方案，筹措资金，上下联动，高效推进省市县文物安全监管平台建设。

【安全管理规范化建设】 组织编写《文化和旅游安全管理规范》，重点研究制定文物安全风险防范方案和相关管理措施，指导各地文物行政管理部门建立完善文物保护单位和博物馆按规范抓安全管理、职能监管部门按规范检查指导安全工作的长效机制。与湖北省消防救援总队联合印发了《文物建筑和博物馆火灾风险指南及检查指引》，加强文物建筑和博物馆火灾防范工作，坚持问题导向，结合文物建筑和博物馆火灾教训以及一线消防安全管理实际，进一步强化对文物消防安全管理和火灾隐患防范工作。

【行政执法监督】 全省文化市场综合行政执法机构认真贯彻落实习近平总书记关于文物保护和文物安全工作重要指示批示精神，落实全国文物工作会议和全省文物工作会议要求，严肃查处文物行政违法案件，文物安全形势持续好转。全省文化市场综合行政执法机构共开展文物执法巡查1.3万余次，发现各类文物违法行为12起[8起为“三查(察)一改”专项行动发现]，其中按简易程序处理1起，按一般程序立案查处11起，涉全国重点文物保护单位的行政违法案件较2021年下降88%。

【执法专项行动】 8月至10月，按省文化和旅游厅党组“三查(察)一改”专项行动工作要求，在全省范围内开展一次全国重点文物保护单位涉“两线”范围内违法建设大排查、一次安全大检查和一次执法大督察。专项行动重点对2020年8月1日至2022年7月31日期间，擅自在全国重点文物保护单位的保护范围内建设工程或者爆破、钻探、挖掘等作业的违法案件；擅自在全国重点文物保护单位的建设控制地带内建设工程，严重破坏其历史风貌的违法案件；拆除或者擅自迁移全国重点文物保护单位的违法案件；擅自修缮全国重点文物保护单位，明显改变文物原状的违法案件；擅自原址重建全国重点文物保护单位的违法案件；公众反映强烈、社会影响恶劣的文物违法案件等进行集中整治，8起违法建设案被立案查处，其中6起列为省级重点督办案件。

【违法案件督办】 重点督办查处荆州三观太晖观部分文物本体遭损毁、荆州郢城遗址保护范围内违法建设、十堰武当山紫霄宫保护范围内斋堂违法改造、随州擂鼓墩古墓群保护范围内违法建设等6起涉及全国重点文物保护单位行政违法案件。

1. 荆州市文化和旅游局、荆州市文化市场综合执法支队查处全国重点文物保护单位荆州三观太晖观部分本体遭损毁案。责令改正；对业主单位处罚款10万元的行政处罚，对建设单位处罚款8万元的行政处罚，对20名相关责任人和2家单位追责问责。

2. 荆州市文化和旅游局、荆州市文化市场综合执法支队查处全国重点文物保护单位郢城遗址东门保护范围内违法建设案。责令改正；对业主单位处罚款10万元的行政处罚，对建设单位处罚款8万元的行政处罚，对4名相关责任人追责问责。

3. 十堰市武当山特区文物宗教局查处全国重点文物保护单位紫霄宫保护范围内斋堂违法改造案。对施工单位处罚款10万元的行政处罚，约谈相关社团组织。

4. 随州市文化和旅游局、随州市文化和旅游市场综合执法支队查处全国重点文物保护单位随州擂鼓墩古墓群保护范围内违法建设案。责令改正；对当事人处罚款5万元的行政处罚，已恢复原貌。

5. 石首市文化和旅游局、石首市文化市场综合行政执法大队查处省级文物保护单位肖家岭墓群保护范围内钻探、挖掘建设工程案。责令停工；对涉案单位处罚款23万元的行政处罚。

6. 荆州市文化和旅游局、荆州市文化市场综合执法支队查处县级文物保护单位沙市古城遗址本体遭部分损毁案。责令停工；对涉案部门处罚款5万元的行政处罚，对涉案公司处罚款10万元的行政处罚，对4名相关责任人追责问责。

【入选全国优秀案卷】 在2022年度全国文物行政处罚案卷评查活动中，随州市文化和旅游局、随州市文化和旅游市场综合执法支队查处朱某擅自在全国重点文物保护单位擂鼓墩古墓群保护范围内进行建设工程案获评“2022年度全国文物行政处罚案卷评查优秀案卷”。

科研学术工作

【概况】 2022年，湖北省文物系统、在鄂高校及科研院所扎实开展湖北文物保护利用科学研究工作，助推全省文物事业高质量发展。全年全省文物系统主持或参与省级以上各类课题34项、发明专利2项（湖北省文物考古研究院和荆州文物保护中心各1项），全省文物系统、在鄂高校及科研院所出版文物保护利用相关图书48本、在省级以上正式纸质期刊、报纸、图书发表论文550篇（详见附录六《湖北省文物工作研究著述目录》）。

【研究课题】 全年全省文物系统主持或参与省级以上各类课题34项，其中结项15项、在研19项。参见表3。

表3 2022年全省文物系统主持或参与省级以上各类课题数量汇总表

序号	单位（市州）	课题数量（项）	结项（项）	在研（项）	备注
1	湖北省文物事业发展中心	3	3	0	
2	湖北省博物馆	8	1	7	
3	湖北省文物考古研究院	12	5	7	
4	湖北省文物交流信息中心	2	1	1	
5	湖北省古建筑保护中心	3	2	1	
6	荆州市	6	3	3	
合　计		34	15	19	

【出版图书】 全年全省文物系统、在鄂高校及科研院所出版文物保护利用相关图书48本，其中以单位名义出版图书24本、以个人名义出版图书24本。参见表4。

表 4　2022 年全省文物系统、在鄂高校及科研院所出版文物保护利用相关图书数量汇总表

序号	单位(市州)	出版图书数量(项)	备注
1	湖北省文物事业发展中心	3	
2	湖北省博物馆	5	含博协
3	湖北省文物考古研究院	1	
4	湖北省文物交流信息中心	1	
5	湖北省古建筑保护中心	1	
6	武汉市	9	
7	宜昌市	7	
8	黄石市	2	
9	十堰市	3	
10	荆州市	1	
11	荆门市	2	
12	孝感市	1	
13	黄冈市	5	
14	恩施土家族苗族自治州	1	
15	在鄂高校	5	
16	在鄂科研院所	1	
合　计		48	

【发表论文】　全年全省文物系统、在鄂高校及科研院所在省级以上正式纸质期刊、报纸发表论文 337 篇，在省级以上正式纸质图书发表论文 213 篇。参见表 5。

表 5　2022 年全省文物系统、在鄂高校及科研院所在省级以上正式纸质期刊、报纸、图书发表论文数量汇总表

序号	单位(市州)	期刊、报纸发表论文数量(篇)	图书发表论文数量(篇)	备注
1	湖北省文物事业发展中心	3	15	
2	湖北省博物馆	25	24	
3	湖北省文物考古研究院	28	9	
4	湖北省文物交流信息中心	5	22	

续表

序号	单位(市州)	期刊、报纸发表论文数量(篇)	图书发表论文数量(篇)	备注
5	湖北省古建筑保护中心	1	3	
6	武汉市	57	55	
7	襄阳市	6	2	
8	宜昌市	6	7	
9	黄石市	6	8	
10	十堰市	5	4	
11	荆州市	17	5	
12	荆门市	3	8	
13	鄂州市	4	7	
14	孝感市	1	9	
15	黄冈市	8	4	
16	咸宁市	1	1	
17	随州市	1	0	
18	恩施土家族苗族自治州	11	12	
19	仙桃市	0	0	
20	天门市	0	0	
21	潜江市	0	0	
22	神农架林区	0	1	
23	在鄂高校	142	15	
24	在鄂科研院所	6	1	
25	其他	1	1	
合计		337	213	

厅直文博单位工作

湖北省文物事业发展中心

综述

【机构人员】 湖北省文物事业发展中心（以下简称“中心”）是省文化和旅游厅直属副厅级参公事业单位，编制 33 名，设主任 1 名（同时担任党委书记），副主任 2 名，纪委书记 1 名，内设机构正处级领导职数 3 名、副处级领导职数 4 名。内设综合处（发展研究处）、技术评估处、资源利用处三个处室。在职在编人员 31 名，其中，二级巡视员 1 名，四级调研员及以上干部 20 名；博士研究生学历 1 名，硕士研究生学历 15 名；中共党员 31 名。中心的主要职能是文物政策研究、交流合作、技术支撑和服务保障。省文化和旅游厅党组成员，省文物事业发展中心党委书记、主任余萍主持中心全面工作。

【工作概况】 中心以党建为统领，围绕全省文物事业发展大局，积极参与推动全省重大文物项目，全面谋划发展研究职能，加强文物政策及学术研究，推进万里茶道申遗和长江文物资源调查工作，组织和开展文物保护项目评估与检查验收，构建文物资源大数据平台，开创文博文创品牌试点工作，落实全省文博人才培训计划，圆满完成年度各项目标任务，为全省文物事业高质量发展助力。

2022 年中心被国家文物局表彰为“全国石窟寺专项调查先进单位”，撰写的《湖北省域一体化文物藏品资源共享体系建设的调研报告》荣获“全国文化和旅游系统 2021 年度优秀调研报告”；吴建刚荣获“全国石窟寺专项调查先进个人”，汤强松荣获全国“七五”普法先进个人，张晓云荣获“全省文物工作先进个人”。

【党建工作】 中心是全员党员单位，党建工作以夯实基层党组织建设为契机，以新时期党员的政治素养能力素质提升为重点，强化理论学习，利用文物资源，积极探索用新理念、新模式将党建工作与文物事业发展相结合，实现思想与业务相统一。认真执行双重组织生活制度，严格落实批评与自我批评、“三会一课”、民主集中制、谈心谈话、民主评议党员等制度。开展形式多样的主题党日活动，开展支部主题党日活动36次。圆满完成下沉社区任务，全体党员3次组成党员突击队，共完成34人次、132小时厅对口社区抗疫值守任务。在居住地社区报到率达100%，下沉次数和时长达标率100%。中心党委带头，以理论学习中心组(扩大)学习带领党员干部认真学习《中共中央关于党的百年奋斗重大成就和历史经验的决议》和《习近平谈治国理政》第四卷，及时开展党的二十大、省第十二次党代会精神的宣讲、研讨交流等学习活动。邀请党的二十大代表方勤作党的二十大精神专题宣讲，组织全体党员赴武汉革命博物馆开展党风廉政主题实践教学活动。制定《省文物事业发展中心廉政风险预警防控工作措施》《省文物事业发展中心廉政风险防控管理情况排查表》，对中心所有岗位和职责明确风险等级和责任主体。专门设计布置以廉政为主题并结合中心文物工作的廉政文化长廊，营造清风廉政氛围。

中心党委委员、纪委书记晏妮讲党课

发展研究

【工作计划】 以《湖北省文物事业发展“十四五”规划》为引领，围绕中心业务职能，坚持以问题、需求、成果、能力提升为导向，聚焦文物工作中的热点、难点和社会关注度高的领域，制定《省文物事业发展中心发展研究五年工作计划(2021—2025年)》，并建立项目实施管理制度和风险防控、奖励激励、经费保障等相关机制；开展全省文博人才队伍、国有博物馆调查研究，完成调研报告，针对当前全省文博单位实际情况，坚持以问题、需求、重点工作为导向，制定《全省文博人才培训三年工作计划》，开展理论知识、业务工作、实用技能等三类培训，并建立培训资料库。

编纂出版图书

【调查研究】 出版图书《前瞻与全局：湖北文物事业“十四五”发展研究》《文物保护专项资金绩效管理探索与实践：以湖北省为例》《湖北省文物保护工作印记(2015—2018)》；启动《新时代荆楚大遗址保护与考古(文化)遗址公园建设研究文集》《湖北石窟寺》《湖北摩崖石刻》《湖北文物保护项目技术评估2021—2022年度报告》编撰工作；完成《荆楚红色史迹专项调查与课题研究报告》《三峡文物专项调查与课题研究报告》，并通过省文化和旅游厅结项验收；启动“湖北文物文创标识体系课题研究”“全省革命文物资源活化利用模式研究课题研究”等工作。

【文物年鉴编纂】 按照省文化和旅游厅印发《〈湖北文物年鉴〉编纂工作方案》，从2022年开始，组织编纂上一年度《湖北文物年鉴》。3月，制定编纂出版工作计划，明确任务分工；4月，成立编委会、编辑部，拟定体例结构和目录，组建由厅有关处室、厅直文博单位、各市州文物行政部门业务骨干组成的撰稿团队，制定内审、外审“三审三校”的审稿制度，采取线上+线下的方式开展年鉴撰稿人培训工作。5—7月，各单位(处室)修改完善稿件内容，编辑部搜集文物年鉴附录资料；8—9月，组织审稿人员对报送的稿件进行内审“初审”并反馈审稿意见，撰稿人按反馈意见进行修改完善；10—11月，开展组稿编排工作，并对编排书稿进行内审“二审”；12月，按计划完成文物年鉴书稿“初校”和外审“初审”工作。

【课题研究】 完成“湖北古山寨文物资源保护利用研究——基于山区长江国家文化公园建设视角”课题，该课题为湖北省长江国家文化公园建设研究课题一般项目，项目编号HCYK2022Y44，8月立项，课题负责人中心党委委员、副主任张晓云。该课题通过对湖北古山寨遗址保护利用现状及存在主要问题的梳理，提出了加强规划引领、夯实保护基础、强化考古支撑、培育示范项目、通过申遗带动、深化科技融合、探索利用模式、推动法治保障的系统性对策与建议。11月，《以古山寨为抓手，破解山区文物保护困境》阶段性报告被《湖北省国家文化公园建设工作研究专报》2022年第4期全文刊载。

文物保护

【万里茶道申遗】 省政府召开湖北省万里茶道申报世界文化遗产领导小组第一次会议，中心召开申遗系列推进会。承办万里茶道沿线九省(区)文物局长视频工作会议、《赤壁宣言》发表十周年座谈会暨申遗工作现场会、文物展览展示工作座谈会。策划开展万里茶道保护管理状况回顾性评估工作，完成《万里茶道保护管理状况回顾性评估研究报告》。持续推进多层级申遗工作，组织万里茶道申遗价值主题与跨国联合申报策略研究，开展多层级遗产地价值研究与保护管理规划实践。组织举办“世纪动脉——万里茶道九省区文物联展”安徽站、江西站巡展，与沿线重要节点城市共同承办2022万里茶道(中国段)—环中国自驾游集结赛暨九省区文旅推介会活动，筹备举办“万里茶道沿线城市申遗成果展”。与乌兰巴托中国文化中心、蒙古国立大学亚洲研究所、内蒙古自治区呼和浩特市人民政府外事办公室等单位共同举办“把握万里茶道时代内涵 促进中蒙人文交流合作——中蒙‘万里茶道’”研讨会。

【长江文物资源调查】 启动湖北省长江文物资源调查不可移动文物基础数据库(一期)建设，编制完成《湖北省长江文物资源调查工作报告》《湖北省长江文物资源调查不可移动文物名录》《湖北省长江文物保护利用规划》等成果资料，对长江文物保护利用提出可行性措施与建议。

【三峡湖北库区文物保护】 召开三峡湖北库区文物保护展示利用和数字化建设工作座谈会，推进宜昌博物馆、巴东县博物馆、秭归屈原祠纪念馆等地文物保护展示利用和数字化建设工作。

项目评估与检查验收

【项目评估】 完成石家河遗址-三房湾遗址环境整治设计方案、苏家垄考古遗址公园规划等方案、规划评估共162项，其中，通过评审125项、未通过评审37项。项目评估涉及全国重点文物保护单位94项，省级文物保护单位54项，考古调查勘探(含区域性评价)10项，文物博物馆可移动文物修复4项。

【项目检查验收】 完成楚纪南故城东城垣南段保护修缮工程、汉口中华全国总工会旧址修缮工程等项目检查共15项，其中，合格14项、不合格1项。完成华新水泥厂旧址S05粗磨车间、S20细磨车间修缮工程等项目验收17项，其中，合格16项、不合格1项，涉及不可移动文物保护项目验收8项、可移动文物保护项目验收9项。

【项目经费预算评估】 完成经费预算评估共83项，送审预算控制数33827万元。其中，不可移动文物预算评估69项，涉及全国重点文物保护单位27项、送审预算控制数20970万元，省级文物保护单位39项、送审预算控制数10480万元，成果出版3项、送审预算控制数147万元；可移动文物预算评估14项，送审预算控制数2230万元。

文物资源利用

【文物资源信息化】 依据“第一次可移动文物普查”和“第三次全国文物普查”及博物馆相关数据，围绕“文物资源数据库、重点文物三维数字化采集与建库、文物管理系统、公众服务平台”四大核心内容构建湖北文物资源大数据平台，完成《湖北文物资源大数据平台总体规划》和《湖北文物资源大数据平台建设项目建议书》，以及湖北省文物数据云存储安全维护工作。依托互联网与新技术手段，筹备建设湖北“微”文物小程序。

【文博文创】 开展文创品牌连锁运营试点工作，确定由湖北文化产业发展投资有限公司开展品牌运营推广，武汉博物馆、盘龙城遗址博物院作为湖北文博文创品牌连锁运营首批试点单位。组织省内外优质文创企业 33 家，定向为两家试点单位征集文创产品，共征集设计稿 96 件，投入生产 14 件。指导运营方为两家试点博物馆各开发 1 款 NFT 产品，指导运营方征集湖北文博文创联盟贴标产品名称、LOGO，品牌连锁运营线下体验店铺设计方案。确定“拾楚”为湖北文博文创联盟品牌名称，统一设计风格，完成试点博物馆线下体验店提档升级改造，于 9 月面对公众开放。联合荆楚网推出“文创上新全靠拼”系列活动。联合省内 5 所高校(湖北大学、中国地质大学、湖北工业大学、湖北美术学院、武汉纺织大学)，筹备开展“荆楚文创设计进校园”活动。

【鉴定工作】 提出湖北省文物鉴定专家库建议名单，按照省文化和旅游厅要求完善省文物鉴定专家库信息。专家库类别包括书画、陶瓷器、玉器、金属器、杂项、近现代文物、考古和文物修复共计 8 类 30 人。按照省文化和旅游厅印发《关于进一步加强全省博物馆藏品管理工作的通知》，制定了开展全省馆藏珍贵文物定级工作方案，明确由中心组织开展馆藏文物定级工作。制定《全省馆藏文物定级工作实施细则(试行)》，将抽取专家、现场工作、出具结论、数据更新、建档备案等全流程细化、规范化。组织专家对全省提出申请的博物馆开展文物定级工作，全年共鉴定定级文物 226 件(套)。与国家文物局签订 2022 年度国家文物进出境审核工作委托合同。受机场海关委托，组织专家鉴定扣押书画 1 件。组织专家审核全省拍卖会文物艺术品标的共计 749 件(套)。

培训工作

【遗址公园建设培训班】 为助推荆楚大遗址建设与管理工作，5 月 23—27 日，在武汉举办全省考古(文化)遗址公园建设培训班，全省 40 处荆楚大遗址保护管理单位负责人或业务骨干、厅直文博单位代表共 50 余人参加线下培训，全省文物系统 310 人次线上同步学习培训课程。聘请中国文化遗产研究院、北京建筑大学、湖南大学以及省内高校、全省文物系统的专家、教授，围绕文物遗址考古、价值阐释，考古(文化)遗址公园建设管理、展示利用、申报评定、监测运行等工作进行系统授课。组织学员赴盘龙城国家考古遗址公园、明楚王墓文化遗址公园现场教学，邀请武汉东湖高新区龙泉街道、襄阳襄州区龙王镇主要领导分别介绍明楚王墓文化遗址公园、凤凰咀遗址公园建设概况，交流建设过程中积累的经验。

【文物鉴定人才培养】 面向全省国有文物收藏单位开展全省文物鉴定人员情况摸底调研，了解基层对文物鉴定人才培养的计划和需求。7 月中旬，在汉举办首期青铜器文物鉴定专业人员培训班，来自市、州博物馆相关专业人员 21 人参加培训，内容包括专家理论授课、库房实物观摩及学员座谈交流。组织鉴定工作组参加玉器鉴赏线上培训。赴浙江省文物鉴定站参加国家文物进出境审核各地方管理处业务交流会。

2022 年全省文博系统青铜器文物鉴定专业人员培训班老师现场授课

湖北省博物馆

综述

【机构人员】 湖北省博物馆是省文化和旅游厅直属正处级公益一类事业单位，是中央与地方共建的八家国家级重点博物馆之一，是国家一级博物馆、全国爱国主义教育示范基地、“出土木漆器保护国家文物局重点科研基地”和中国博物馆协会乐器专委会主任委员单位，是湖北省重要的文物收藏、保护、研究、展示、教育机构，是展示荆楚文明和弘扬中华文化的窗口。馆领导成员为馆长方勤，党委书记兼常务副馆长万全文(10月退休)，副馆长王先福，副馆长兼纪委书记何广，副馆长罗运兵。博物馆内设办公室、人事部、计划财务部、后勤部、保卫部、信息中心、开放管理部、陈列部、社教部、保管部、市场部、文保部、老干服务部、工会。全馆员工241人，劳务派遣人员142人。核定事业编制105名，在编在职员工99人，其中专业技术人员84人，具有高级专业技术职称者29人、中级专业技术职称45人、初级专业技术职称者10人。全馆职工具有博士学位者2人、硕士学位者30人、本科44人、大专18人、中专3人、高中以下2人。

【馆藏文物】 截至2022年年底，湖北省博物馆文物藏品总数242757件(套)，其中定级文物有一级文物996件(套)、二级文物2704件(套)、三级文物33287件(套)。

【工作概况】 全年征集文物20件，开展涉案文物鉴定工作75批次，编制馆藏文物预防性保护方案2项，实施文物保护修复项目共8项；对外开放270天，接待观众99.1422万人次，完成讲解10000余批次；作为2022年国际博物馆日中国主会场活动主要承办方，圆满举办了国际博物馆日系列活动。

“楚国八百年”展入选国家文物局2022年度“弘扬中华优秀传统文化、培育社会主义核心价值观”主题展览重点推介项目。“华章重现——曾世家文物特展”在中国博物馆协会、中国文物报社“新时代博物馆百大陈列展览精品推介活动”中获“新时代博物馆百大陈列展览精品”奖。湖北省博物馆新馆基本陈列获得中国博物馆协会、中国文物报社第十九届(2021年度)全国博物馆十大陈列展览精品推介精品奖。“红色故事小达人”宣讲项目获评文化和旅游部2021年度“春雨工程”全国示范性志愿服务项目。该馆社教部主任钱红荣获“全省最美巾帼奋斗者”称号，该馆志愿者薛红被省委宣传部推荐入选2022年第四季度“中国好人榜”候选人。

【党建工作】 湖北省博物馆(湖北省文物考古研究院)突出政治引领，加强理论学习，馆(院)党委理论学习中心组集体学习 12 次，班子成员讲廉政党课 5 次、讲党的二十大精神专题宣讲党课 4 次，中心组扩大学习 2 次。深化理论武装，利用好“学习强国”平台和馆藏红色资源、党员干部教育基地，组织全体党员职工在极目新闻、湖北文旅之声等平台进行学习竞答，在官网开设《新时代 新征程 学习二十大专栏》，更新专题学习简报28 篇。湖北省博物馆馆长、湖北省文物考古研究院院长方勤作为党的二十大代表，在全省各地、考古一线宣讲党的二十大精神 10 余次。按期完成馆(院)支部换届改选工作，选优配强 13 名党支部书记，36 名支部委员成员，推荐 3 名入党积极分子参加省直工委培训班，培养确定 2 名党员发展对象。开展下基层察民情解民忧暖民心实践活动，做好联系云梦县博物馆、红安县陂安南革命旧址等工作，与红安县文旅局共建展览“陂安南县革命史陈列”于 6 月开展。持续在全省主动性考古发掘项目中，开展公众考古体验、教育活动，让公众感受考古、了解历史。开展结对帮扶、献爱心活动，依托“礼乐学堂”，更大力度开展对残疾人、留守儿童、孤寡老人等特殊困难群体的文化活动，让他们切实感受到党和政府的温暖。依托“荆楚百年英杰”展览，深入开展党的历史、政策、革命先辈、先进人物事迹的宣传宣讲，“红色故事小达人”宣讲项目获评 2021 年度“春雨工程”全国示范性志愿服务项目。成立湖北省博物馆(湖北省文物考古研究院)党员突击队，下沉新生里社区 2 次。

湖北省博物馆“红色故事小达人”宣讲项目活动现场

陈列展览

【基本陈列】 湖北省博物馆现有展厅面积 3.6 万平方米，设有“郧县人——长江中游的远古人类”“屈家岭——长江中游的史前文化”“盘龙城——长江中游的青铜文明”“曾世家——考古揭秘的曾国”“楚国八百年”“曾侯乙”“梁庄王珍藏”“越王勾践剑特展”“土与火的艺术——古代瓷器专题展”“荆楚百年英杰”“永远的三峡——三峡文物保护利用数字展”“天籁——湖北出土的早期乐器”基本陈列 12 个。

【临时展览】 湖北省博物馆主办和参与主办临时展览 24 场，其中馆内主办临时展览 6 场，参与国内交流展览 18 场。

1. 馆内临时展览。

（1）“龢：音乐的力量——中国早期乐器文化”展。展陈时间从 5 月 18 日至 8 月 29 日，是湖北省博物馆为“5·18 国际博物馆日”打造的音乐文物特展。该展览由国家文物局、湖北省人民政府主办，上海博物馆、河南博物院、湖南省博物馆等十余家博物馆联合协办。在展览内容上，设立“神人以和”“既和且平”“以和邦国”“和而不同”和“天地同和”五个单元，完整梳理了早期乐器的发展历程。该展览入选 2022 年度文博行业 100 个热门展览。

（2）“百年民俗 湖北记忆”影像展，展陈时间从 7 月 10 日至 10 月 30 日，精选 1200 余张老照片，分岁时节令、生产习俗、商业交通水利、人生礼仪、衣食居育医、文艺娱乐六个部分，汇聚了湖北约 280 个民俗事象，呈现荆楚百年记忆，使湖北地方的风土人情、习俗信仰得到真实生动的记录和反映。

（3）“尚意千载——宋代书法主题展”，展陈时间从 9 月 27 日至 2023 年 2 月。该展览以宋代书法为策展主体，由中国书法家协会、湖北省文化和旅游厅、湖北省文学艺术联合会联合主办，由故宫博物院、上海博物馆、吉林省博物院、辽宁博物馆和襄阳市图书馆等文博机构协办。9 月 9 日，该展览系列活动媒体见面会在湖北省博物馆举行，包括“宋代书法特展”“当代临摹与创作展”和“宋代书学研讨会”三个板块，以书家作品墨迹和拓片为主，并设置了网上展馆。“当代临摹与创作展”主要展出当代书法名家临摹宋代书法法帖和创作的作品。全国 80 位书法名家临摹宋代书法和以“尚意”书风创作的 100 多幅精品之作，集中在此展出。

（4）“作始也简、将毕也钜——董必武手迹展”，展陈时间从 8 月 26 日至 9 月 26 日。此次展出近百件董必武题诗、题字手迹及手迹的作品。由董老亲自题写的湖北省博物馆馆名，在展览中也进行了展出。董必武同志书法功底深厚，楷书凝重端庄、遒劲朴雅，行书清新飘逸、雄浑流畅，具有浓厚的书卷气息。他的诗作和书法相得益彰，是诗意与书艺的完美结合，具有极高的欣赏价值。

(5)“虎虎生福——壬寅(虎年)新春生肖文物图片联展”，展览时间从1月30日至2月28日。公元2022年是中国农历虎年，该展览由中国文物报社联合全国各地近50家文博机构，众筹数百幅虎文物艺术品图片，在新春之际多地同步奉展给公众。

2. 国内交流展览。

参与郑州博物馆“繁星盈天——百年百大考古发现展”、北京展览馆“奋进新时代”主题成就展、四川博物院“大美亚细亚——亚洲六国文物特展”、诸暨市博物馆“铮铮越吟——越文化精品文物特展”、中国国家版本馆基本陈列、张家港博物馆“考古里的长江文明——新时代 · 新发现”、福建博物院和广西民族博物馆“共饮一江水——长江流域青铜器展”、宜昌博物馆“曾经巴楚——‘宜荆荆恩’城市群博物馆联盟青铜文物特展”、盘龙城遗址博物馆“色如天相器传千秋：中国古代绿松石文化展”、咸宁市博物馆“荆楚文明集萃——湖北省博物馆馆藏精品文物展”等18场国内临时展览。

藏品保护与管理

【藏品征集与管理】 清理徐行可捐赠文物7504件，并编撰徐行可捐赠文物目录。全年征集文物20件。

【预防性保护】 对馆内展厅的文物进行预防性保护，对部分书画展品进行修复。

1. 预防性保护。对新馆展厅及库房文物保存环境进行全年持续性监测，完成监测系统更换电池、充电等维护工作，实施各展厅恒湿设备间漏水报警及排水管道改造工程，并调试好恒湿设备。5月，配合新馆负一楼新增“天籁——湖北出土的早期乐器”常设展厅开展恒湿管道安装及监控布设工作。9月，配合“尚意千载——宋代书法主题展”中故宫博物院、上海博物馆等珍贵纸质文物布展工作，对展柜环境进行持续调控、监测，以达到展陈要求。

2. 书画展品保护。修复“尚意千载——宋代书法主题展”苏轼《三洲岩题名》拓片立轴、黄庭坚《双井提名》拓片横批两幅，修复湖北美术馆举办的长江 · 汉水——馆藏地域题材美术作品展辛克靖《南北天堑变通途》大幅画作和周韶华书法作品各一幅。

【文物修复项目】 编制馆藏文物预防性保护方案1项，实施文物保护修复项目共5项，其中本单位修复项目3项、受理其他文博单位委托修复项目2项。

1. 长江文明馆(武汉自然博物馆)馆藏文物预防性保护方案。该方案于12月编制完成，方案编制负责人为湖北省博物馆馆员张晓珑。该项目针对当前长江文明馆(武汉自然博物馆)文物预防性保护设施不完备，特别是对环境敏感的珍贵文物缺少囊匣保护的情况，为馆藏160件(套)珍贵文物配置一批文物专用囊匣，根据文物尺寸、种类、重量、外形等因素，配置天地盖式碳纤维、摇盖式碳纤维、卷轴式碳纤维、铝合金边框等不同种类的囊匣，以满足不同文物的存储需求。

2. 蕲春县博物馆馆藏书画文物保护修复方案。该项目为国家文物局国宝专项项目，项目负责人是湖北省博物馆馆员赵艳红。对该项目所涵盖的126件(套)古旧字画进行了文物信息采集和病害调研分析，撰写了《蕲春县博物馆馆藏书画文物保护修复方案》，并提交湖北省文物事业发展中心待审核批复。

3. 枣阳郭家庙墓地出土青铜文物(二期)保护修复项目。2021年8月，省文化和旅游厅批复同意枣阳郭家庙墓地出土青铜文物(二期)保护修复项目的立项请示(鄂文旅函〔2021〕231号)。同年12月，省文化和旅游厅批复同意《枣阳郭家庙墓地出土青铜文物(二期)保护修复方案》(鄂文旅函〔2021〕332号)。2022年年初，完成了"枣阳郭家庙墓地出土青铜文物(二期)保护修复项目"经费网上申报和绩效目标填报工作。至2022年12月，该项目完成400余件珍贵青铜文物的前期调查及部分检测分析工作，同时在前期全面调查研究的基础上，使用适宜的材料和工艺对该项目200件(套)文物进行了科学、有效的保护修复。

4. 湖北省文物考古研究院所藏古籍善本(二期)修复保护项目。2021年9月，湖北省文物考古研究院委托湖北省博物馆文物保护中心编写的《湖北省文物考古研究院所藏古籍善本保护修复方案(二期)》，2021年12月获省文化和旅游厅批准(鄂文旅函〔2021〕340号)，2022年2月经费下达。2022年3月正式开展"湖北省文物考古研究院所藏古籍善本保护修复项目(二期)"的保护修复工作，已完成150册古籍善本的病害研究和70余册古籍善本的保护修复工作。

5. 浠水县博物馆馆藏古籍善本(二期)修复保护项目。2019年9月，浠水县博物馆委托湖北省博物馆文物保护中心编写的《浠水县博物馆馆藏古籍善本保护修复方案(二期)》，2020年6月获省文化和旅游厅批准(鄂文旅函〔2020〕81号)，2020年10月经费下达。2022年8月正式开展浠水县博物馆馆藏古籍善本保护修复工作，主要分为古籍病害研究、古籍修复与保护、修复档案资料整理三个阶段进行，已完成106册古籍善本的病害研究和60余册古籍善本的保护修复工作。该项目已于2022年12月8日由省文化和旅游厅组织召开项目中期验收会，与会专家听取该项目工作汇报，察看了保护修复后的古籍善本，专家组一致认为该项目实施过程中对文物的病害认识充分，为项目的实施提供充分依据，保护修复使用的材料、工艺、操作步骤合理，达到了预期的目标，为后续的保护修复工作奠定了坚实的基础。

6. 鄂州市博物馆馆藏古籍善本保护修复项目。2019年8月，湖北省博物馆受鄂州市博物馆的委托，依据《馆藏纸质文物保护修复方案编制规范》的要求，针对鄂州市博物馆馆藏古籍善本的病害特征，选取亟须保护修复的102册古籍，编制《鄂州市博物馆馆藏古籍善本保护修复方案》。2020 年 6 月获省文化和旅游厅批准（鄂文旅函〔2020〕81 号），2020 年 10 月经费下达，2021 年 11 月项目正式开展。项目主要分为设备材料采购、古籍病害研究与保护修复、档案资料整理三个阶段。2022 年 3 月，项目顺利通过省文化和旅游厅的中期评估。10 月，102 册古籍保护修复完成，项目结项报告和保护修复档案的填写工作全部完成。12 月，省文化和旅游厅组织有关专家在鄂州市博物馆召开了“鄂州市博物馆馆藏古籍善本保护修复项目”结项验收会。来自故宫博物院、中国科技大学和荆州文保中心等单位的专家对项目进行验收评审。在听取项目组汇报、查阅结项报告和修复档案、考察修复后的古籍后，专家组一致认为：该项目在实施过程中分析检测合理、保护修复材料适宜、技术路线得当、档案资料齐全且管理规范，保护修复工作严格遵循文物保护原则，保护修复效果良好。

【涉案文物鉴定】 全年开展涉案文物鉴定工作 75 批次，鉴定评估涉案陶瓷器、青铜器、玉器、书画、钱币等可移动文物共计 1525 件（套）；鉴定评估古墓葬、古建筑等不可移动文物 11 处。

社会教育活动

【对外开放与讲解】 全年线下接待观众 10 余万人次，讲解逾 10000 批次，其中包括重要接待以及知名学术团体或学者共计 10 余批次，英语讲解 90 余批次。为观众提供语音导览租借 9.6 万部，收集观众意见 8983 条，接听预约咨询电话 58860 次，发放展览宣传资料 100 万份。

【教育活动】 全年线上线下开展教育活动 639 场次。重大活动有：“长江文明大讲堂”、“云端打卡湖北省博物馆新馆”系列、“博物馆里的节日”系列、大型主题文化日系

小小讲解员风采

列、"'龢'你有'乐'"系列、研学活动系列、"尚意千载——宋代书法主题展"临展教育系列、玩转情景剧系列、"流动万年的音符"系列、跨界合作系列。

【志愿者工作】 志愿者团队全年开展协助线下线上社教活动 350 场次，讲解 2600 余批次，为老年群体、视觉障碍人士等提供线下文化服务 2.4 万小时。以综艺节目的形式，推出"宝贝你在哪"系列短视频 6 期，"我是神探"系列短视频 6 期，全年培养少年儿童"小小讲解员"100 余名，招募高校学生 175 名，为观众提供咨询导引、讲解服务、观众问卷调查等，服务时长 7600 小时，线上线下服务公众 1 万余人次。

文博文创

【文创产品】 对湖北省博物馆南北主馆的文创点位进行提档升级，文创点由 7 个增加至 10 个，8 个已投入运营。全年共开发文创新品 138 种，涵盖食品、复仿制品、生活日用、文房用品、益智玩具等多个品类，文创销售收入(含编钟演出)超 1700 万元。

【编钟乐团建设】 编钟乐团在"千古绝响——曾侯乙编钟音乐会"的日常演出基础上，精心打造专题编钟音乐会品牌，共策划、组织、实施大型编钟专题音乐会 5 台 8 场。全年完成演出场次近 700 场，共计接待观众 117499 人次，门票收入 512.2 万元。

湖北省博物馆与楚天书局、倍悦文创联手推出的"剑"证风云、书写时代——越王勾践剑系列文创产品

信息化建设

【数字展览】 完成新馆曾侯乙、曾世家、楚国八百年、梁庄王、越王勾践剑、天籁、音乐的力量展厅 VR 全景展示系统建设，部分重要展品实现实景三维展示。在长江文明百物展厅建设知识图谱数据系统，开发并上线云展览平台，展示长江流域先秦时期遗址、出土文物及馆院丰富的考古研究成果。完成木兰湖数字交互展示系统建设，观众可通过展厅的数字交互展示屏幕，在展厅现场选择、观看和分享数字文物，提升公众观展体验。完成"陂安南县革命史陈列"展览线上展览，展示陂安南县苏维埃政府旧址群航拍建模、文物全景等。

【网络技术保障】 "5·18 国际博物馆日"活动期间，为"尚意千古"展览系列讲座、十大考古发现汇报、主题论坛、青年论坛、"全国博物馆十大陈列展览精品"终评会等活动提供会议技术支持和网络保障。完成湖北考古博物馆开馆仪式现场直播技术支持工作。

科研学术工作

【课题研究】 全年主持或参与研究课题 8 个，均为国家级课题，其中主持的课题有 2 个、参与的课题有 5 个、结项的课题有 1 个。

1. 清华大学藏战国竹简所见东周人物人名用字及其族系诸问题研究。该课题为 2022 年立项的国家社科基金一般项目(22BYY105)，课题负责人为北京语言大学副教授杨蒙生，湖北省博物馆馆员罗恰参与。课题从出土文献、特别是古文字学角度入手，综合运用古文字考释的多种方法和二重证据法等文史研究法，对清华简所涉重要疑难字形进行研究，从族系的视角出发，按照国别，对具体人物人名用字及相关问题分章节展开研究，其具体顺序为：周、鲁、郑、卫、晋(魏、赵、韩)、齐、秦、楚、吴、越、其他。通过对东周列国人物，如越国国君、田齐族人陈颈子牛、韩氏族人䖝羌等人的人名用字与其所在族系的考证，系统梳理东周列国的人物活动交织情况，并将之与先秦诸子研究相勾连，揭示其背后的深层文化内涵和学术史意义。

2. 两周曾国玉器整理与研究。该课题为 2020 年立项的国家社科基金一般项目(20BKG045)，课题负责人为湖北省博物馆研究馆员陈春。课题组按照课题计划，开展叶家山西周墓葬、郭家庙春秋墓葬、枣树林春秋墓葬和曾侯乙墓出土玉器的分类整理及纹饰、功用研究。利用红外检测仪对曾侯乙墓出土玉器抽样检测材质，同时对大冶四方塘春秋楚墓出土全部玉器进行整理和玉料检测工作。四方塘春秋玉器中的边缘刃薄玉玦表明西周时期流行的边缘刃薄工艺延续至春秋时期。春秋时期，边缘刃薄工艺在许多发达或核心地区都基本消失，但出现在四方塘这类较偏僻的作坊从业人员墓葬中，一定程度上说明制玉技术在地区传播的滞后性。制玉技术滞后性的现象是否在曾国腹心地区之外的小型曾国墓葬玉器上出现，值得注意和考察。

3. 科技考古视角下曾侯乙墓出土青铜器的再研究。该课题为 2017 年立项的国家社科基金青年项目，课题负责人为湖北省博物馆(湖北省文物考古研究院)副研究馆员江旭东。该课题完成鉴定结项成果的整理，结项成果分为：绪论、检测方法和图例说明、检测结果与分析、曾侯乙青铜器制作工艺的再认识、其他相关问题讨论、总结、后记等，共 320 页，15 万字。

4. 馆藏脆弱铁质文物劣化机理及保护关键技术研究项目。该课题为 2020 年立项的科技部国家重点研发计划项目，课题负责人为国家博物馆研究馆员潘路，湖北省博物馆(湖北省文物考古研究院)副研究馆员江旭东、馆员赵艳红、谢梦、张晓珑、魏蓓、陈亦奇参与。该课题进行湖北省地区部分铁器的科学检测，研究湖北地区环境因素对脆弱铁器的影响，并遴选出 20 件待进行综合病害防治技术规程研发和示范的脆弱铁器。

5. 水性氟柔韧改性粘接剂治理古旧字画折条病新方法及其机理研究。该项目为2022年立项的国家自然科学基金面上项目(22272102)，项目负责人为陕西师范大学历史文化遗产保护教育部工程研究中心邢惠萍教授，湖北省博物馆馆员赵艳红参与。该项目由陕西师范大学牵头，陕西省文化遗产研究院和湖北省博物馆共同参与完成，项目主要针对古旧字画在保存和展览利用过程中出现的折条病病害，通过开展实验研究、材料筛选、机理研究和修复方法对比应用等一系列工作，选择水性氟柔韧改性粘接剂作为治理古旧字画折条病的修复新方法，并对其进行应用示范。该项目于2022年9月立项。

6. 简帛农事资料分类汇释疏证。该课题为2021年立项的国家社科基金后期资助一般项目(21FZSB024)，课题负责人为湖北省博物馆(湖北省文物考古研究院)馆员高一致。该课题系统辑录、分类和整理出土简帛文献所见农事资料，并完成相应古文字考释和拓展疏证，在一定程度上填补了我国农学经典《齐民要术》成书之前(即公元6世纪之前)存世农书不足的缺憾。作为基础性资料整理，课题主体部分简帛农事资料的汇释与疏证已完成90%。

7. 出土简牍所见秦汉仓储制度研究。该课题为2020年立项的国家社科基金青年项目(20CZS014)，课题负责人为江南大学人文学院副教授谢坤，湖北省博物馆(湖北省文物考古研究院)馆员高一致参与此项目。该课题以出土秦汉简牍所见仓储制度类资料为研究对象，结合传世典籍与考古发掘资料，力图揭示、复原与秦汉帝国中央和地方行政运行关联极为密切的仓储系统，探究秦汉时期仓储的实际规模、运营管理以及其后的发展演变等系列问题。课题组撰写和发表了大批围绕秦汉仓储制度的研究论文，课题结项报告进入最后修订阶段。

8. 出土文献所见楚历新探索研究。该课题为2022年立项的国家社科基金“冷门绝学”项目(22VJX007)，课题负责人为湖北省社会科学院文史研究所副研究员吕传益，湖北省博物馆(湖北省文物考古研究院)馆员高一致参与此项目。该课题侧重在天文观测实验的基础上，利用传世文献与新见金文、出土简牍中的天文资料综合性探索楚国历法这一冷门“旧课题”。课题研究力求将自然科学实证和人文社科思辨相结合，特点鲜明。课题组已发表了部分以专业论文为代表的前期成果，相关天文观测工作已陆续开展，整体项目进展有序。

【学术成果】 发表学术论文及专题文章46篇(详见附录六《湖北省文物工作研究著述目录》)。出版图书7部：《楚国八百年》《湖北省博物馆 考古院2021》《百年民俗 湖北记忆》《荆州博物馆馆藏书画修复保护》《荆楚陶雅 瓷韵江夏——湖北省博物馆陶瓷收藏与研究》《望山楚简普及本》《百馆之城：武汉地区博物馆(纪念馆)巡礼(湖北省博物馆篇)》。

【学术交流】 主办、承办相关学术、课题、专家咨询会、专家座谈会 10 个，参加各类学术会议 16 个。配合展览、培训等形式在馆外举办楚文化、曾文化及考古、博物馆等相关知识讲座 20 次。

博物馆协会工作

【中国博物馆协会乐器专业委员会】 全年举办学术讲座、研讨会等活动 8 场。专委会副秘书长王圆圆作为 ICOM-CIMCIM 执委，代表中国乐器博物馆进行履职，参与线上理事会议 7 次。专委会承担了其挂靠单位湖北省博物馆三期新馆音乐专题固定陈列展览“天籁——湖北出土的早期乐器”及临展“龢：音乐的力量——中国早期乐器文化”的策划、专家论证、文本设计、艺术设计统筹和展项落地。

【湖北省博物馆协会】 组织“第六届(2021 年度)湖北省博物馆、纪念馆六大陈列展览精品推介活动”项目评选，评出精品奖 6 个、优胜奖 6 个、特别奖 4 个。举办“奋进新征程 建功新时代”2022 年湖北省文博系统学习贯彻党的二十大精神演讲大赛，评出一等奖 4 名、二等奖 8 名、三等奖 18 名、优秀奖 24 名。开展湖北省文博系统“喜迎二十大 强国复兴有我——青少年荆楚文物我来讲”主题志愿服务评选活动，评出优秀志愿服务项目 16 个。以“博物馆的力量”为主题，开展年度学术研讨会论文征集活动，共收录论文 105 篇，评出一等奖 6 名、二等奖 12 名、三等奖 22 名。组织《湖北博物馆年鉴 2021》编撰工作，书稿新增加领导讲话等特刊内容，收录当年国家出台的相关法律、法规、文件。

湖北省文物考古研究院

综述

【机构人员】 湖北省文物考古研究院是省文化和旅游厅直属正处级公益一类事业单位，下辖木兰湖考古整理基地(内设部门)、纪南城工作站(近年无考古工作任务)。核定事业编制100名。院领导成员：院长方勤，党委书记兼常务副院长万全文(10月退休)，副院长王先福、何广(兼纪委书记)、罗运兵。建设有“国家水下文化遗产保护武汉基地”和“海峡两岸考古教学交流基地”。内设机构：办公室、人事部、老干部、计财部、后勤部、保卫部、史前考古部、历史时期考古部、考古协调部、水下文化遗产保护中心、科技考古部、文保部、学术研究中心(《江汉考古》编辑部)、考古博物馆。与地方合作建设了屈家岭、石家河等10个考古工作站和武当山考古研究中心。全院在职在编职工95人，其中专业技术人员89人，高级、中级、初级职称分别为26人、32人、31人；均为大专及以上学历人员，其中博士13人、硕士41人、本科34人、大专7人。

【工作概况】 全年完成主动性考古发掘项目7个，配合基本建设调查、勘探和发掘项目54个。

钟祥肖家冲墓地发掘现场

2022年，省文物考古研究院被人社部、国家文物局评为“全国文物系统先进集体”，其田野考古团队被湖北省直机关工会评为“湖北省工人先锋号”，其文保部被授予“湖北省文物工作先进单位”。建成开放的全国第二家大型考古博物馆——湖北考古博物馆，荣获武汉城区传播力十佳案例；主办的《江汉考古》入选“国家哲学社会科学文献中心2016—2021年最受欢迎期刊”和“2022中国最具国际影响力学术期刊”；主持发掘的“湖北云梦县郑家湖战国秦汉墓地”入选“2021年中国考古新发现”和2021年度“全国十大考古新发现”。

主动性考古发掘

【郧阳区学堂梁子遗址考古发掘】 1989年发现“郧县人”1号头骨化石后，湖北省文物考古研究所(现为湖北省文物考古研究院)在学堂梁子遗址开展过5次考古发掘，发掘出“郧县人”2号头骨和丰富的动物化石以及石制品。为解决有关“郧县人”学术问题，并为建设考古遗址公园、活化历史场景创造条件，经国家文物局批准，2021年起，湖北省文物考古研究院联合中国科学院古脊椎动物与古人类研究所、武汉大学、郧阳博物馆、十堰市博物馆等单位，组成多学科交叉考古团队，对该遗址开展新一轮考古发掘与研究。为保障考古发掘的质量和文物安全，湖北省文物考古研究院、十堰市和郧阳区政府共同努力，在遗址修建了温湿可控、设施齐全、功能完备的考古方舱和考古工作站等。同时，为使考古发掘更加科学、系统、有序和可持续，考古队引进了考古发掘数字管理平台、ArcGIS系统和国际通用的最新旧石器时代遗址发掘与记录方法，对遗址进行地点和发掘区的划分，纳入新的布方与测控系统。以遗址范围内的山梁为基本地貌单元分为若干地点，各地点又分为若干发掘区。5月18日，在与“郧县人”1号头骨相距33米远的考古发掘地层壁面上，“郧县人”3号头骨破土面世。针对该重大发现，考古团队制定了科学周密的工作方案，采用最新的田野考古规程和前沿科技手段，多学科联合攻关，对埋藏头骨化石的部位及时进行了扩方发掘。12月3日，“郧县人”3号头骨化石在学堂梁子遗址考古方舱中被考古团队从地层中完整地提取出土。提取出土的“郧县人”3号头骨原样保持了提取前出露的头骨两侧眶上圆枕、左侧眼眶、左侧颧骨及颧弓、左侧颞骨、额骨大部、左侧顶骨及右侧顶骨局部、枕部左侧。另外，出于保护和为后续地质学、分子生物学、残留物分析等保留足够的样品的目的，在头骨上部右侧保留厚约2厘米的地层堆积物，下方保留约10厘米厚的地层堆积物基座。提取过程中未发现该头骨所代表个体的其他骨骼单元。头骨周边伴生的其他动物化石和发掘坑原样保留在发掘现场。“郧县人”3号头骨是迄今欧亚内陆发现的同时代最为完好的古人类头骨化石，保留该阶段人类重要而稀缺的解剖学特征；该化石处在古人类近200万年演化历程的中间和关键环节上，为探讨东亚古人类演化模式、东亚直立人来源、东亚直立人与智人演化关系等重大课题提供了翔实而关键的化石及文化证据。此次发掘为实证中华大地百万年的人类演化史、讲好东方人类故乡先民演化和文化发展的故事，提供了关键节点的重要依据与信息。

【京山屈家岭遗址考古发掘】 完成发掘面积800平方米，出土文物、标本数量共计160余件。在屈家岭遗址南部岗地揭露出一处高等级建筑区(清理工作尚在持续)，包括面积约200平方米的室外活动广场、主体面积达180平方米的大型多间式建筑及其附属设施，这批遗存的相对年代不晚于屈家岭文化晚期，推断其为一处公共礼仪性建筑，应为举行大型集会的公共场所。多年的工作表明，屈家岭遗址点南部岗地应为屈家岭文化至石家河文化时期的中心居住区，对于进一步探索遗址的功能区划及其历时性演变具有重要意义。

【保康穆林头遗址考古发掘】 为配合国家文物局“考古中国——长江中游文明进程研究”课题的开展，进一步弄清保康穆林头遗址墓地的分布范围和遗址的性质，省文物考古研究院与保康县博物馆联合组队对遗址进行了第二次发掘。发掘面积500平方米，发现新石器时代墓葬8座，灰坑35个，房址7座，其中有一座Π字形排房，窑2座；西周半地穴房址2座、灰坑2个、东周墓8座、清代墓23座。出土有硫化铜矿石，玉钺、玉璋及玉璜、玉镯、银钗、银戒指、银耳环、铜坠子等饰件和少量乾隆通宝等。穆林头遗址的发掘是长江中游文明进程考古的重要发现，此次发掘完整地揭露了一处屈家岭文化时期的核心聚落，基本弄清穆林头遗址核心聚落的布局：北面为居住生活区，南部为墓地，东边挖有人工壕沟，壕沟外为耕作区。两次考古发掘表明该遗址是一处高等级的聚落遗址，其聚落功能完备、分区明显，有较为发达的手工业和农业。穆林头遗址新石器时代遗存的揭示为屈家岭文化时期聚落形态和高级别墓的葬俗研究提供了极有价值的材料，对于长江中游文明进程的研究具有重要的参考价值。同时，发现的西周遗存为早期楚文化研究提供了重要依据。

【天门石家河城址及水利系统考古发掘】 在1992年发现并确认石家河古城成果的基础上，湖北省文物考古研究院于2022年利用护城河干涸利于调查勘探的机遇，联合北京大学考古文博学院和天门市博物馆共同对石家河古城进行全面调查勘探和试掘，发现北城墙沿毛家岭、京山坡、黄家山、严家山一线，并新发现外郭城，城址面积达300余万平方米。在组织对谭家岭、三房湾、张家湾发掘的同时，还开展了大规模的现场调查、勘探和局部试掘工作，基本捋清了石家河城的城墙、城壕(护城河)、外郭城，并勘探明确了三条从城外进入城壕(护城河)和城内的水系，其中两条进入城壕(护城河)，一条进入城内。石家河古城城墙的确认、城壕(护城河)和外郭城的新发现，深化了对距今5500~3800年前长江流域的城市规划和布局的认识。引河流进入护城河、小型蓄水水库、引水入内城以满足用水需求以及水门、滚水坝的新发现，反映出距今5000年前长江流域居民对水资源的管控与利用。古城居于岗地可以防洪，引水入护城河、城内以及建蓄水小型水库用于抗旱，这些是长江水利文明高度发达的体现。

【赤壁大湖咀遗址考古发掘】 遗址位于赤壁市高新区赤马港办事处夏龙铺社区三组，7月至12月，通过考古工作确认为西周城址，遗址北距107国道约200米，南距京广铁路线约500米，根据同治《蒲圻县志》的记载将其命名为大湖咀遗址。该遗址外围有城垣和护城河环绕，城址分为东、西二城，城内总面积约17.2万平方米，为长江以南面积最大、保存最完整的西周城址。城内地势较高，总体上呈南高北低、东高西低的局势。发掘成果初步显示该城的年代约为西周中期至春秋晚期，遗址文化面貌呈现出大路铺、周文化、楚文化前后相继的阶段性变化。此次发掘初步揭示城内功能分区，清理出护城河、房址、窑址、水井、灰坑等大量遗迹，出土锡扁壶、青铜器、陶器、石器等各类文物标本200多件，对于研究长江以南地区商周时期考古学文化谱系具有重要价值。

【三峡库区秭归段消落带古墓群考古发掘】 6月至12月，会同宜昌市博物馆、秭归县博物馆组成联合考古队对三峡库区秭归段消落带古墓群展开考古发掘工作。发掘了乌龟包墓群、何家屋场墓群、卜庄河墓地和老坟园墓地，完成发掘面积500平方米，共发掘墓葬30座，其中乌龟包墓群清理墓葬12座、何家屋场墓群清理墓葬13座、卜庄河墓地清理墓葬4座、老坟园墓地墓葬1座。墓葬以石室墓为主，有少量砖室墓与土坑墓。古墓群年代从汉代延续至明代，主体为汉代墓葬。出土遗物有陶器、瓷器、铜器、银器与石刻等，陶器有双耳罐、大口罐，以及灶、陶俑、契砖；瓷器有盏、碗、碟、壶、高足杯等；铜器有铜镜、带钩、环首刀与铜钱；银器有手环、指环等；石刻有石握、石柱与石雕，特别是石柱上刻有“墓师南里名子姓己字孟公贾钱四万给米粮富寿乐未央”隶书字样。

【武当山五龙宫遗址考古发掘】 3月至12月，发掘五龙宫遗址南宫西道院，发掘面积1970平方米，深度在0.5~3米。主要发现有建筑遗存5处，其中房屋建筑遗址4处(编号F7-F10)、院落遗址1处(编号院5)。西道院整体坐西朝东，沿山体修建。在山坡上建数级崇台，并在崇台上修建道路、房屋等建筑遗存。房屋屋架结构已损，但房屋地面地砖、柱础、墙基及台阶、排水沟等建筑遗迹单位保存较好。此次考古发掘出土的遗物非常丰富，有陶、瓷、铜、铁、骨、石、琉璃等七大类200余件。除勾头、滴水、板瓦、筒瓦、脊兽、脊筒、门钉泡等建筑构件外，还有碗、盘、杯、碟、钱币等生活用器，另有少量的灵官像等宗教用器。遗物年代最早为金元时期，多为明清。部分瓷器、钱币可作为标准器为发掘区提供一个可参考的年代标尺，为日后深入研究五龙宫遗址不同时期的时代特征提供重要依据。根据现有建筑布局和单体建筑位置及形状，结合2020—2021年考古发掘认识，再比对文献史料，可确定发掘区是五龙宫道士的修行区，并判断出部分建筑的功能和名称。这些建筑，对研究明代五龙宫的整体建筑布局有重要意义，对包括武当山在内的明清山地建筑研究有着重要价值。对部分建筑进行考古发掘解剖后，发现金元时期的建筑遗存，证实了文献中关于五龙宫早在宋元时期就有建筑存在的记载，为之后的考古发掘寻找金元时期的建筑遗存提供了线索，对研究五龙宫宋元时期的建筑布局和历史沿革有着重要意义。

基建考古重点项目

【当阳杨家湾遗址考古发掘】 遗址位于当阳市玉泉办事处关陵庙村二组。为配合沿江高铁工程建设，7月至10月对遗址展开考古发掘工作，实际发掘面积2000平方米。发现遗迹有灰坑和墓葬二类。灰坑25个，年代为春秋晚期至战国早期。墓葬7座，其中M3~M7应为杨家湾明代中晚期的家族墓地。杨家湾遗址主要文化内涵应为东周时期楚文化聚落址，集中分布在发掘区域的中部台地上。从遗址中南部密集的灰坑分布，以及大量炭屑和陶片等出土物判断，该区域应为生活区，但未发现房址等居住遗迹，推测可能为遗址北部一条晚期蓄洪沟所破坏。该遗址的发掘为沮漳河流域东周时期楚文化的研究提供了重要线索和依据。

【钟祥陈家畈遗址考古发掘】 陈家畈遗址位于钟祥市长滩镇与旧口镇结合部，东邻汉北河。7月至12月，湖北省文物考古研究院联合荆门市博物馆、钟祥市文化和旅游局对陈家畈东周遗址进行发掘。通过勘探与调查，探明遗址由南部居址区和北部肖家冲墓地构成，南部居址区分布着西陈家畈、廖台、东陈家畈、平原一队等四个小型土台，土台略高于周围耕地0.5~1.5米左右，分布总面积达250万平方米。北部肖家冲墓地在南部居址区西北1千米处，分布于多条山岗上，由南向北、前后绵延1千米，总面积约18万平方米。此次发掘在陈家畈遗址南部发掘点内发现了少量铜矿、坩埚壁等冶铸活动遗存，表明陈家畈遗址已掌握冶炼金属的技术。在钟祥市境内新发现一处与居址区相对应的楚国晚期墓地，表明钟祥市南部的汉北河中游地区至少分布着一处以陈家畈遗址为中心的楚国晚期聚落群。此次发掘为研究战国晚期楚国中心区以外的楚系墓葬制度提供了实物资料，为探讨楚文化在大洪山南北两地的差异化现象提供了研究对象。

【大悟吕王城遗址考古发掘】 为配合大悟县吕王中学综合楼建设项目，7月至9月，对遗址进行考古调查和勘探。调查前详细查阅了早期的卫星影像资料和考古资料，并联合武汉大学历史学院利用无人机等设备对遗址进行了航拍和测量，制作航拍照片、数字高程模型和三维模型，分析和研究遗址的形态和周边地形地貌的变化情况。考古调查采取实地踏查的方式，对遗址进行拉网式调查，采集到大量陶片，以夹砂红褐陶、夹砂灰陶为主，少量夹砂红陶，纹饰有绳纹、网格纹、附加堆纹、按窝纹等，可辨器形有鼎、板瓦、筒瓦、鬲、罐、缸、豆等，另采集到少量饰绳纹和几何纹图案的墓砖。遗物年代为新石器时代屈家岭文化时期、西周、东周和东汉。遗址所处的滠水上游地区，是淮河流域和长江流域、中原地区和江汉地区重要的交通要道，也是商周时期南方地区“金道锡行”的重要通道。考古调查发现，该区域西周遗址较多，分布较为密集，文化内涵丰富，大致形成了以吕王城遗址为中心，中小型聚落遗址密集分布的特点。这些遗址对于研究鄂东北地区古代南北方文化的交流与融合，尤其是周王朝经营南方、“金道锡行”铜锡铅矿资源的流通和管理具有重要学术意义。

【荆门双河桥遗址考古发掘】 遗址位于大洪山南麓的荆门市屈家岭管理区，地处季河与汉北河古河道交汇处。为配合高速铁路文物保护工程，8月20日，对其进行抢救性考古发掘，发掘面积约1100平方米，发现了一批种类丰富、内涵清晰的东周时期遗存，其中灰坑137个、房址7座、井10口、灰沟12条、瓮棺2座、灶1座，出土了陶器、铜器、铁器等数量众多的遗物，年代上限可自春秋晚期，下限至战国晚期。通过此次考古发掘可知，双河桥遗址东周遗存应自春秋晚期开始形成，发展至战国早中期达到繁盛，战国晚期趋于衰落。双河桥东周居民在遗址西部、西北部及西南部开挖壕沟，东北部、东部及东南部利用自然河流汉北河、季河作壕，并分别与西北部壕沟东端、西南部壕沟东端相接，构成双河桥遗址周围一个封闭的泄洪防御灌溉系统。双河桥遗址的发掘有助于进一步认识楚文化面貌、楚国东进路线及楚聚落布局，为研究探讨楚国冶炼技术、双河桥遗址东周聚落形态、房屋建造技术及功用等问题提供了一批崭新的材料。

【潜江李氏家族墓地考古发掘】 湖北潜江代滩明代李氏家族墓地位于潜江市杨市办事处代滩村五组，为明代嘉靖至万历年间李氏家族墓地。3月至7月，为配合西气东输三线（潜江—仙桃联络线）工程对其展开考古工作。经勘探，代滩墓群茔园整体近圆形，门朝东，茔园墙基呈弧形布局，茔园整体面积约为2880平方米。此次发掘面积600平方米，发掘墓葬5座，其中M1为现代墓，其余4座为明代三合土灌浆墓（M2～M5）。该茔园布局规划完整，墓室头向均朝东，墓志铭和拜台均位于墓室西侧，三者呈南北向直线排列。此次发掘主要填补了潜江明代考古的空白，可为构建和完善该区域明代文化发展脉络提供关键材料，是迄今为止在潜江乃至湖北省内考古发现最为完整、规划清楚的明代下级官宦阶层家族墓地，对研究江汉平原地区明代嘉靖到万历年间李氏家族及其近亲家属历史、家族茔园规划、埋葬制度、官员制度、婚姻制度及宗教信仰等都具有重大参考价值；实证我国古代繁荣的传统服饰文化，对研究和了解明代服饰发展史、继承和弘扬我国古代传统服饰文化有着重要价值和意义。

考古合作与宣传

【考古合作】 与相关科研机构、高校和省内相关文博机构开展考古合作项目5项。与中国社会科学院考古研究所合作开展"湖北沙洋城河遗址2022—2023年度合作发掘"项目；与中国科学技术大学合作开展"湖北云梦郑家湖战国秦汉墓地科技考古研究""湖北沿江高铁沿线各遗址科技考古研究"；与武汉大学、湖北大学合作开展"新建沪渝蓉高速铁路武汉至宜昌段文物保护项目"；与武汉大学开展"新建沪渝蓉高速铁路武汉至宜昌段文物保护项目监理工作"。

【文化讲座】 举办宣传、科普楚文化"漫谈楚文化：青铜时代长江文化交流与融合""楚地出土文献研读举隅——以诸子为中心"讲座，为社会大众提供有关楚文化的丰富的社会背景资料，其中楚简的释读科普为各类楚辞作品从创作时地、思想内容的认识到字句含义的解释提供了很大的帮助，让受众进一步感受到楚文化、文学的魅力。通过线上、线下相结合的方式，向大众普及最新考古成果，宣传楚文化，让考古成果走向公众。举办介绍最新考古发现成果"探秘十大考古新发现——湖北云梦郑家湖考古新发现""一统之途：湖北云梦郑家湖考古新发现""秦楚旧事——大一统进程中的云梦印记""帝国征途：云梦郑家湖考古新发现"等讲座。讲座发挥考古出土文物的科普价值，引导公众了解真实的考古工作是什么，并向公众介绍蕴含在文物中的科技价值与科技内涵，通过举办系列科普活动，和社会各界一起共享文化和科学的盛宴。讲座活动加大对相关文化遗产的保护力度，全面促进考古成果面向全社会的科普和宣传，充分搭建起博物馆与公众沟通的桥梁，通过视、听、互动等形式使文化与科技携手，让大众感受中华文明的魅力。

【考古宣传】 参与央视《看见纪南城》和东方卫视《何以中国》2部大型纪录片拍摄工作。为云梦郑家湖遗址制作云梦考古队2022跨年视频，参与文博之夜跨年直播大会；制作曾国考古三讲系列视频，总计130分钟；协助制作云梦郑家湖全国十大考古新发现汇报幻灯片，设计云梦郑家湖墓地幻灯片封面，并拍摄制作十大工作汇报视频，助力云梦郑家湖墓地入选2021年度"全国十大考古新发现"。

文物调查与保护方案编制

【文物调查】 组织开展了石家河水系考古调查研究项目。主要调查东河、西河和天门河等水系及沿岸文物资源，了解石家河流域遗址分布、水文、改道等情况，探索河流与古代人类生存关系，梳理石家河文化与三条水系在交通、水资源利用、迁移等方面关系。调查采用实地走访和史料口述相结合的方式，起始于京山市钱场镇东河发源地，结束于汉川市新沟镇汉北河入汉江处，总调查里程约100千米，面积约25平方千米，调查码头渡口17处，发现涉水文化遗址点3处。

【可移动文物保护方案编制】 全年编写文物保护修复方案6项，其中预防性保护方案1项、纸质文物修复方案1项、金属文物修复方案2项。

文物保护检测

1. 京山市博物馆预防性保护方案。该方案经省文化和旅游厅批复，编制负责人为湖北省文物考古研究院研究馆员李玲。在对京山市博物馆展陈和库房环境全面调查、馆藏文物全面统计的基础上，完成了“京山市博物馆预防性保护项目”方案编制工作。

2. 湖北省博物馆馆藏杨守敬收藏碑帖拓片保护修复方案。湖北省博物馆委托湖北省文物考古研究院编制了《湖北省博物馆馆藏杨守敬收藏碑帖拓片保护修复方案》，方案编制负责人为湖北省文物考古研究院馆员赵晓龙。这批碑帖拓片制作年代主要为清代，原由著名的金石学家、书法家杨守敬毕生所藏，1970年被湖北省博物馆收藏。该方案对100件(套)杨守敬收藏碑帖拓片文物进行分析检测，制定相应的保护修复技术路线。依据现代科技的分析结果，结合传统的书画修复工艺，让典型病害得到有效治理，尽可能地减缓文物的老化速度和恢复文物的历史原貌，便于后续的陈列、保管和研究，使文物能够充分发挥其价值。

3. 枣阳郭家庙曾国墓地M1出土青铜文物保护修复方案。该方案经省文化和旅游厅批复，编制负责人为湖北省文物考古研究院研究馆员李玲、副研究馆员卫扬波。在对枣阳郭家庙曾国墓地M1出土青铜文物全面调查的基础上，选取了86件亟须保护修复的青铜文物，经科学分析，编制完成了《枣阳郭家庙曾国墓地 M1 出土珍贵青铜文物保护修复方案》。

4. 鄂州市博物馆馆藏青铜文物保护修复方案。该方案经省文化和旅游厅批复，编制负责人为湖北省文物考古研究院研究馆员李玲、副研究馆员卫扬波。在对鄂州市博物馆馆藏青铜文物全面调查的基础上，选取了 248 件亟须保护修复的青铜文物，经科学分析，编制完成了《鄂州市博物馆馆藏青铜文物保护修复方案》。

【不可移动文物保护方案编制】 主要为配合基本建设编制不可移动文物保护方案，通过专家评审并报送省文化和旅游厅，共计 8 项。

1. 襄阳至宜昌高速公路襄阳段文物保护方案。该方案由中交第二公路勘察设计研究院有限公司委托湖北省文物考古研究院编制，项目负责人为该院馆员余成龙。此次调查共确定地下文物点 9 处：其中远安县 5 处、当阳市 2 处、夷陵区 2 处。调查发现的文物点价值有高有低，保存状况参差不一，按照“重点保护、重点发掘”的“两重”原则，对所有文物点合理划分出类别和档次，并据之采取不同的保护措施，做到“保证重点、分等分级、针对不同情况、采取不同措施”。

2. 福银高速公路(谷城至柳陂段改扩建工程)文物保护方案。建设单位为湖北省交通规划设计院股份有限公司，湖北省文物考古研究院具体负责该项目，项目负责人为该院副研究馆员康予虎。通过对福银高速公路谷城至柳陂段改扩建工程用地范围内及影响区域详细的调查，发现红马庙遗址、张家营遗址、孙家湾墓群、西河墓地 4 处文物点处于施工建设区域，修建高速公路将对其造成严重破坏，基于此，提出对后 3 处文物点进行重点勘探、发掘的意见。

3. 新建铁路武汉枢纽直通线工程文物保护方案。该方案由中铁第四勘察设计院集团有限公司委托湖北省文物考古研究院编制，项目负责人为该院研究馆员郭长江。经调查，工程线路沿线涉及 4 处地下文物点：其中江夏区 1 处，为栗山遗址；云梦县境内 3 处，分别为陈家墩墓群、张陈古墩东汉墓、尿塘墩墓群。这些墓群(墓葬)和遗址均位于正线上或靠近线路，工程建设施工有可能对文物造成破坏或产生影响，经文物价值评估，前 3 处为 A 级，尿塘墩墓群为 B 级，基于此，提出对所有文物点进行重点勘探、发掘的意见。

4. 十堰市潘口抽水蓄能电站(下水库淹没及枢纽区)文物保护方案。建设单位汉江水电开发有限责任公司，湖北省文物考古研究院、十堰市博物馆联合承担，项目负责人为该院馆员董兵。2022 年 9 月，省文物考古研究院根据委托方提供的施工征占地范围图等工程设计资料对项目涉及区域进行了实地文物调查，调查面积约 48 万平方米，新发现文物点 3 处，均以旧石器时代遗存为主，分别为鱼岭旧石器地点、圣工桥东旧石器地点、圣工桥西旧石器地点。文物保护方案根据实地调查情况，视文化遗物丰富程度、年代跨度及其在古文化发展序列中的研究价值，贯彻重点文物“重点保护、重点发掘”的方针，按A、B、C、D四个文物保护级别对各文物点进行文物价值评估，将圣工桥东和圣工桥西两处旧石器地点列为B级点，鱼岭旧石器地点列为C级点，根据级别提出针对性的文物保护措施和工作方法。

5. 湖北房县抽水蓄能电站文物保护方案。委托单位为长江勘测规划设计研究有限责任公司，湖北省文物考古研究院、十堰市博物馆、房县博物馆联合承担，项目负责人为该院馆员董兵。2022年11月下旬，省文物考古研究院根据委托方提供的图纸资料组织联合工作队对项目涉及区域进行了实地文物调查和勘探工作，调查范围包括电站项目永久征地、临时用地及上、下库淹没区等区域，勘探范围主要集中在上、下库淹没区域。调查面积约28.2平方千米，因区域大部裸露基岩，地表土层堆积较浅，所以仅选择有可能埋藏文化遗存的区域进行勘探，实际勘探面积约13万平方米。通过对工程周边区域的实地调查和勘探，进一步确认了大包子墓地、墓子沟墓地两处文物点，并实地走访了古建筑刘家院子。经过此次调查和勘探工作，确认在房县抽水蓄能电站规划建设范围内未发现有确切文化遗存。因地下文物的不可预见性，建议工程部门在后续施工过程中如发现文化遗存应及时配合文物部门做好文物保护工作。

6. 京港澳高速公路湖北境鄂豫界至军山（汉洪）段改扩建工程文物保护方案。该方案是湖北省文物考古研究院依据中交第二公路勘察设计研究院提供的设计线路图进行实地调查后，根据《中华人民共和国文物保护法》（简称《文物保护法》）等法规政策拟定。此方案基础材料、数据、照片等由具体参与调查人员提供，由史前考古部陆成秋编辑、考古协调部张成明修改、唐宁校对，由湖北大学特聘教授、博士生导师孟华平教授审核定稿。该线路168千米，调查共确定地下文物点25处，其中大悟县9处、孝昌县7处、孝南区6处、蔡甸区3处，经文物价值评估，A级文物点有7处、B级文物点14处、C级文物点4处。考古发掘按照“重点保护、重点发掘”的“两重”原则，并根据勘探发现地下文物的分布范围、深度以及古墓葬的数量、规格等具体情况，对于工程无法避开而价值又较高、保存状况较好的A类文物点，将进行优先保护、重点发掘。B类文物仅进行小面积的发掘。

7. 潜江区域性建设项目工程考古调查勘探报告及文物保护方案。建设单位为潜江市高新技术产业投资开发有限公司，湖北省文物考古研究院、潜江市博物馆联合承担调查勘探工作，项目负责人宋贵华馆员。园区总面积107.66平方千米，调查总面积约60平方千米、勘探总面积约15.78平方千米、实际评价总面积约60平方千米。通过调查，此次参与评价的 6 个园区共发现遗址点 13 个，其中国家重点文物保护单位 1 个(龙湾遗址)，省级文物保护单位 1 个(十号湖墓)，其余均为市级文物保护点或未定级文物点。报告系统全面介绍了此次工作的具体情况，并对发现的文物点进行评估定级，根据各文物点级别不同，提出合理有效的文物保护措施。

8. 黄石大冶湖高新技术产业开发区区域性文物保护统一评价文物调查、勘探及文物保护方案。建设单位黄石大冶湖高新技术产业开发区管理委员会，湖北省文物考古研究院和黄石市博物馆联合承担，项目负责人为该院馆员瞿磊、杨胜。在充分准备的基础之上，对黄石大冶湖高新技术产业开发区文物保护统一评价区域内进行田野调查和局部勘探，实际调查面积约 8 平方千米，完成勘探面积约 0.5 平方千米，新发现文物点 3 处，其中古墓葬 2 处，分别为陈家庄墓群(明清时期)、罗家桥墓地(清代)；古建筑 1 处，为青松村黄氏纯孝堂(清代)。文物保护方案根据调查踏勘的实际情况，视其文化遗物丰富程度、年代跨度及其在古文化发展序列中的研究价值，贯彻重要文物“重点保护、重点发掘”的方针，按 A、B、C、D 四个文物保护级别对各文物点进行文物价值评估，然后根据级别提出不同文物保护措施和工作方法。

【保护修复项目】 全年共实施文物保护修复项目 9 项，共保护修复文物 782 件，其中，实施馆藏书画名家项目修复书画 38 件，包含“尚意千载”和湖北美术馆“长江 · 汉水”展览中 4 件修复书画；实施馆藏古籍（二期）、浠水古籍（二期)和鄂州古籍等 3 项修复项目，保护修复古籍 240 册；实施郭家庙(二期)、苏家垄(三期)、鄂州六朝金属器等 3 项

修复京山苏家垄春秋墓地出土青铜文物

修复项目，修复金属文物 379 件；配合湖北考古博物馆陈列布展，修复擂鼓台青铜器 7 件；京山苏家垄春秋墓地出土青铜文物(二期)保护修复项目，修复青铜文物共计 114 件(套)，并编写了《京山苏家垄春秋墓地出土青铜文物(二期)保护修复项目结项报告》。

【漆器保护与研究】 独立完成郑家湖墓地出土饱水木漆器脱水保护与修复项目，涉及文物 493 件(套)，已完成 113 件(套)；对湖北省博物馆综合馆的出土竹木漆器构件和残片进行清理，整理出已脱水竹木漆器 346 件(套)，饱水漆木器 121 件(套)。与中国科学技术大学合作开展“出土饱水木漆器文物的漆膜、彩绘及埋藏环境”样品检测分析，与武汉工程大学合作开展“竹木漆器智能修复与管理平台”计算机软件开发维护项目，与浙江省博物馆合作开展“木质文物脱水新方法”研究。

技术手段服务考古研究

【图像采集】 湖北省文物考古研究院完成云梦郑家湖墓地出土器物、配合湖北省文物交流信息中心《中国少数民族图谱 · 湖北卷》所收相关文物、武当山五龙宫遗址以及省博曾侯乙青铜器的摄影摄像。

【考古测绘】 省文物考古研究院完成当阳杨家湾遗址现场测绘与 RTK 布方，地形图、遗迹图与正摄影像的信息采集，并制作三维影像图。

【测量检测】 省文物考古研究院对潜江代滩明代墓群出土的人体骨架进行现场鉴定、采集、保护和研究，对纪南城东垣遗址和黄陂郭元咀遗址出土炭化植物遗存的显微形态学鉴定与测年，当阳杨家湾遗址、石家河古城张家湾与谭家岭遗址炭化植物遗存的取样浮选，以及与中国科学技术大学合作开展沪渝蓉高速铁路田野考古发掘项目唐马台、边家湾、王家坡、陈万家湾和谢家湾等处新石器时代遗址的植物残留物采样和检测，配合合作高校完成谭家岭遗址的测年和动植物遗存采集工作。

【玉石器鉴定】 对印信台遗址出土石器进行分类、定名、测量及加工特征统计，对郧阳包包岭遗址、龙湾岭遗址和当阳九里岗遗址出土石器的岩性进行鉴定，对十堰郧阳乔家院和荆门沙洋新村出土玉器分析检测。

湖北考古博物馆

【陈列展览】 湖北考古博物馆于 1—4 月完成了“千年文脉——长江文明展 · 湖北”和“世纪工程——三峡考古成果展”的涉及 1000 余件文物的基本陈列布展工作。5 月“湖北考古博物馆基本陈列”在“第六届(2021 年度)湖北省博物馆、纪念馆六大陈列展览精品推介活动”中获特别奖。6 月 10 日湖北考古博物馆正式开馆，开馆仪式线上同步直播，179 余万人次在线观看。

湖北考古博物馆“千年文脉——长江文明考古展·湖北”

【考古标本库建设】 依托木兰湖考古整理基地建设，湖北考古博物馆二期建设“湖北省考古标本库项目”已纳入国家发改委“十四五”规划文物保护利用项目储备库，并完成了可研报告的编制和批复。

湖北考古博物馆全貌

木兰湖考古整理基地

【考古整理项目】 2月，大悟县驸马墩遗址考古发掘整理项目进驻基地，分配整理间和标本室，在整理间配置文物架、修复台、绘图台等设施，并安排专人做好日常安全管理、安防消防维护等工作。3月至4月，谷城擂鼓台墓地整理修复项目进驻基地，为其提供后勤保障和整理间，安排基地工作人员完成绘图。

【基地建设】 5月，完成木兰湖基地安防消防维保招标工作，确定安防消防维保服务单位，开始全馆消防安全月度、季度巡检及日常维护保养工作。

【教育培训】 与北京大学、武汉大学、吉林大学、四川大学、复旦大学等15所高校文博专业和湖北省社会科学院楚学所挂牌合作，建立实习实训基地，成为高校文博专业学生人才培养的重要实践场所。

科研学术工作

【学术会议】 主持完成重大学术项目结题鉴定1项，即《随州叶家山——西周曾国墓地考古发掘报告》。该项目被国家社科基金科研创新服务管理平台结项验收审批，鉴定等级为优秀。该报告分文字和图版两大部分，正文、附录文字总数近170万字，加上线图和图版，总篇幅达600余万字。此项工作是西周考古的重大收获，具有重要的学术价值和意义。

主持开展考古发现评选终评工作会。为纪念中国考古学百年，开展举办“湖北百年百大考古发现”终评会及“2021年湖北六大考古新发现”评选活动，展现湖北百万年人类史，一万年文化史，五千年文明史。通过这些考古发现，可以了解湖北荆楚文明的悠久，文化底蕴的深厚，考古资源的博大精深。其中不少考古发现是长江中游文明的集中体现，对进一步深入研究荆楚文化、长江文明具有重要而积极的意义。

积极参加古文字研究、文物保护、文物科技赋能、设计美学等方面学术会议、论坛，促进行业国际、国内交流。参加“中国博物馆协会藏品保护专业学术委员会2022年学术年会”“科技赋能交叉融合文物科技保护学术论坛”等学术会议，深入交流合作，开展文保项目、课题研究，破解文物保护领域中的共性关键技术，提升文保水平，促进行业交流；参加“中国传统艺术美学与当代设计教育2022年教学论坛”，通过对尊盘主体和附件的制作工艺细节、连接方式的观察，结合无损检测技术对尊盘制作工艺进行深入研究，传播提升荆楚美学影响力。

【课题研究】 主持或参与课题12项，其中国家级课题7项、省级课题5项。12项课题中已完成或结项5项，在研7项。

1. “随州叶家山西周曾国墓地考古发掘报告”子项目。该课题为2014年立项的国家社科基金重大项目“随州叶家山西周曾国墓地考古发掘报告”的子项目，子课题负责人为湖北省文物考古研究院研究馆员李玲。该项目已通过结项验收审批，鉴定等级为优秀。

2. “考古中国”之“长江中游地区文明进程研究(夏商周时期)”。该项目于“十三五”期间规划，为国家文物局重大研究项目，2020年5月国家文物局批准立项，明确湖北、安徽、湖南、江西等地考古机构联合实施。课题负责人为湖北省文物考古研究院院长方勤。长江中游文明进程研究针对长江中游地区夏商周考古学年代框架、华夏化进程研究、资源的获取和利用在本地区文明进程中的作用等三方面学术问题，开展长江中游地区夏商周时期考古学文化的年代框架、谱系与文化变迁，方国和诸侯国文化，矿冶考古与文明进程，以及长江中游地区夏商周时期文化和其他地区文化互动与交流等四个方面的研究任务。目前，长江中游文明进程研究已初步达到预期的学术设想，完善了文化谱系与阐述考古学文化交互作用的演进过程。

3. “枣阳郭家庙墓地发掘报告(2014—2016)”。该课题为2018年立项的国家社科基金重点项目，课题负责人为湖北省文物考古研究院院长方勤。该课题完成了枣阳郭家庙墓地2014—2016年发掘的108座墓葬、6座陪葬坑的发掘资料整理、出土文物修复和保护、文物标本照相和绘图、出土青铜器的检测分析工作，现已完成考古发掘报告初稿的编写工作，出土玉石器的检测分析和综合研究、漆木器的文物保护和复原研究等正在进行中。

4. 湖北随州枣树林春秋曾国墓地考古发掘资料的整理和研究。该课题为2021年立项的国家社会科学基金重大项目(21&ZD236)，课题负责人为湖北省文物考古研究院研究馆员郭长江。该课题已完成《龢钟鸣凰——春秋曾国编钟》图录的撰稿、校稿，以及枣树林墓地发掘资料的梳理，初稿正在编写中。

5. 曾侯乙尊盘的数字化复原本课题。该课题为2020年立项的中宣部“宣传思想文化青年英才”项目，课题负责人为湖北省文物考古研究院副研究馆员江旭东。该课题完成曾侯乙尊的数字化复原，对尊体的结构、制作工艺进行形象描述，以视频、解说词等形式在曾侯乙展厅呈现。

6. 湖北黄陂盘龙城遗址考古报告及综合研究。该课题为2016年立项的国家社科基金重大招标项目(16ZDA146)，资助金额60万元，课题负责人为武汉大学长江文明考古研究院副院长、历史学院教授张昌平，湖北省文物考古研究院研究馆员陈丽新参与。该项目进一步推进1995—2018年盘龙城遗址考古发掘报告的编写，完成40万字的考古报告初稿。与此同时，该项目围绕盘龙城出土的陶器、玉石器和青铜器展开专项研究，完成《盘龙城遗址出土陶器研究》第一、二、三、五章，共计约20万字；完成《盘龙城遗址出土玉石器》中石器研究部分；初步完成《盘龙城遗址出土青铜器研究》。依托该项目，课题组成员发表研究论文《概说古代中国绿松石器的发展及其礼仪性》《武汉市盘龙城遗址杨家湾商代墓葬出土绿松石器》(《江汉考古》2022 年第 4 期)等。

7. 华中与华东地区先秦两汉时期矿冶遗址综合调查。该课题为 2022 年立项的科技基础资源调查专项“中国先秦两汉时期矿冶遗址综合调查”之课题，该课题拟开展湖北、湖南、江西、安徽、江苏、浙江、上海、福建 8 省区的先秦两汉时期矿冶生产遗址的系统调查，课题负责人为湖北省文物考古研究院副院长罗运兵。该课题已经通过课题实施方案论证并成功启动，目前结合华中华东地区地理、考古、历史、地质等领域文献，正在汇编该区域先秦两汉时期矿冶遗址资料。

8. 湖北省长江文物资源专题调查与课题研究。该课题于 2021 年立项。根据《国家文物局关于开展长江流域文物资源调查工作的批复》(文物保函〔2021〕1033 号)、《湖北省文物事业发展“十四五”规划》(鄂文旅办发〔2021〕38 号)要求，组织全省开展长江文物资源调查工作，在对调查数据统计分析及相关文献资料研究的基础上，编制完成《湖北省长江文物资源调查工作报告》《湖北省长江文物资源调查不可移动文物名录》《湖北省长江文物保护利用规划》等成果资料，对未来加强长江文物保护利用提出可行性措施建议。

9. 楚出土文物资源专项调查与课题研究。根据 2016 年中共中央政治局《长江经济带发展规划纲要》、《国家文物局关于开展长江流域文物资源调查工作的批复》(文物保函〔2021〕1033 号)和《湖北省文物事业发展“十四五”规划》(鄂文旅办发〔2021〕38 号)、《关于楚文化专题调查与课题研究实施方案的批复》(鄂文旅函〔2022〕14 号)要求，对楚文化文物资源进行专项调查与研究，该课题为省文化和旅游厅重大项目，负责人为湖北省文物考古研究院院长方勤。

10. 京山苏家垄春秋墓地出土青铜文物(三期)保护修复项目。2021 年，省文化和旅游厅批复同意京山苏家垄春秋墓地出土青铜文物(三期)保护修复项目的立项申请(鄂文旅函〔2021〕231 号)，同年 12 月批复同意其保护修复方案(鄂文旅函〔2021〕316 号)。项目主持人为湖北省文物考古研究院研究馆员李玲、副研究馆员卫扬波。该项目完成了“京山苏家垄春秋墓地出土青铜文物(三期)保护修复项目”经费网上申报和绩效目标填报工作。至 2022 年 12 月，完成 300 余件珍贵青铜文物的前提调查及部分检测分析工作，在前期全面调查研究的基础上使用适宜的材料和工艺对 46 件(套)文物进行科学有效的保护和修复。

11. 鄂州考古出土汉魏六朝时期金属文物保护修复项目。2021 年，省文化和旅游厅批复同意鄂州考古出土汉魏六朝时期金属文物保护修复项目的立项申请(鄂文旅函〔2021〕231 号)，同年 12 月同意批复其保护修复方案(鄂文旅函〔2021〕315 号)。项目主持人为湖北省文物考古研究院研究馆员李玲、副研究馆员卫扬波。完成 170 余件珍贵青铜文物的前提调查及部分检测分析工作，在前期全面调查研究的基础上使用适宜的材料和工艺对 65 件

(套)文物进行了科学有效的保护和修复。

12. 湖北省文物考古研究院藏湖北籍书画名家作品保护修复项目。2021年年初，湖北省文物考古研究院编制《湖北省文物考古研究院藏湖北籍书画名家作品保护修复方案》，此批书画文物共80件套，年代主要为清代和民国时期，作者有张裕钊、赵半跛、唐醉石、刘心源、钱越荪、甘鹏云等，这些书画技艺精湛，有较高的历史、艺术、科学价值，为湖北地区该时期的美术史研究提供了重要的佐证，也为当时社会形态等研究提供了支撑。2021年12月，该项目获省文化和旅游厅批复同意(鄂文旅函〔2021〕338号)，项目负责人为湖北省文物考古研究院馆员赵晓龙。7月启动，先后开展文物病害的无损检测、取样分析等工作，在相关检测完成之后采用传统技艺对文物进行修复与装裱工作，共修复完成42件套文物。

【获专利发明：多功能古书画修复清洗台】 2022年7月申请的“一种多功能古书画修复清洗台”于2022年11月22日获实用新型专利，专利号17855528，授权公告号CN217870785 U，发明人：赵晓龙。

【《江汉考古》编辑出版发行】 《江汉考古》编辑部收到简报44篇、45万余字，论文312篇、352万余字，按程序进行登记建档及审稿。全年按期完成《江汉考古》期刊六期编辑和发行工作，共刊发稿件99篇，其中简报24篇、论文74篇、特稿1篇，发行《江汉考古》订刊3562本，赠刊5397本，与国内其他期刊社交换期刊230本，共发行9189本。

湖北省文物交流信息中心

综述

【机构人员】 湖北省文物交流信息中心是省文化和旅游厅直属正处级公益二类事业单位。主要职能是负责开展文物交流，文物复仿制品、艺术品及其他文化创意产品研发，文物鉴定、文物修复文博人才培训、文物考古发掘相关服务工作，协助有关机构开展文物展览等交流活动。中心核定事业编制55个，领导职数1正2副。中心内设综合部、财务部、文物保护修复部、藏品保管部、社会文物鉴定部、保卫部。现有在编工作人员39人，其中专业技术人员35人，具有高级专业技术职称12人(含正高级职称3人)、中级专业技术职称18人、初级专业技术职称5人。具有硕士学位9人、本科17人、大专9人、中专4人。

【藏品资源】 根据“一普”数据统计，中心共有文物藏品207750件，其中一级文物1件(套)、二级文物19件(套)、三级文物1638件(套)，有青铜器、陶瓷器、金银玉器、石器、书画、砚台、牙骨角器、杂项、化石标本等不同材质藏品。根据省文化和旅游厅批复意见，2021年6月，调拨897件“辛亥革命”题材类藏品给辛亥革命武昌起义纪念馆，2021年10月调拨70件家具构件藏品给湖北明清古建筑博物馆，截至目前中心共有文物藏品206783件。

【工作概况】 湖北省文物交流信息中心发挥古陶瓷修复技术优势，共完成省内外5家博物馆200件(套)文物保护修复工作；开展藏品保管工作，整理相关文物藏品5455件；组织文物鉴定专业人员为广大收藏爱好者免费提供鉴定服务，累计服务群众1000余人次，鉴定各类文物藏品1600余件；发挥服务基层博物馆作用，共征集藏品738件(套)。承担了《湖北省非国有博物馆调研报告》《中国少数民族文物图谱·湖北卷》编纂出版工作。

中心副主任李奇作为评委参加贵州省2022年文物行业职业技能选拔赛；文物保护修复部张济夏参加湖北省“工友杯”首届“e有绝活”高技能人才技能大赛新就业形态+传统工艺类赛项，荣获“十佳绝活奖”，被湖北省总工会授予“荆楚工匠”称号。

【党建工作】 湖北省文物交流信息中心(湖北省古建筑保护中心)党委切实履行管党治党主体责任，中心党委研究“三重一大”事项20次，党委理论学习中心组集体学习8次，党建和党风廉政建设专题会议4次、综治(平安)专题会议4次、精神文明建设专题会议2

次，党史学习教育专题民主生活会1次，认真履行意识形态工作主体责任，定期进行意识形态分析研判。扎实开展党员干部下基层察民情解民忧暖民心实践活动，组织党员干部下沉社区参与志愿服务、疫情防控、党员教育，选派党员突击队赴对口社区承担疫情防控任务，35名党员下沉社区服务295次、服务总时长865小时，完成率100%。加强支部建设，严肃党内政治生活，严格落实“三会一课”、民主生活会、民主评议党员、领导干部双重组织生活会等制度，举办学习党的二十大专题培训班，开展支部主题党日12次，专题集中学习3次，专题党课辅导4次，班子成员到所在党支部和党建工作联系点党支部作二十大精神主题宣讲。组织8人次参加厅系统党支部书记和党务干部培训班，组织党员干部参加省直机关、文旅行业“学习二十大·建功先行区”线上学习竞答活动，以“学习强国”在线学习为抓手，发挥党组织教育党员、团结群众的“堡垒”作用。

业务工作

【文物修复】 受省内外文博单位委托，完成200件(套)文物保护修复工作，具体为：中国(海南)南海博物馆出水瓷器40件、重庆文化遗产研究院瓷器80件、景德镇御窑博物馆瓷器文物6件、蕲春县博物馆瓷器35件、京山市博物馆陶瓷39件。另外，中心承担并完成了全国十佳文物藏品修复项目推介活动申报工作，完成湖北省地方标准《瓷器文物病害与图示》初稿、《荆门市博物馆陶瓷保护修复方案》、《绘说陶瓷》样稿编制工作。

湖北省文物交流信息中心一行人在景德镇陶瓷大学古陶瓷研究所指导修复文物

【藏品整理】 整理相关文物藏品5455件。2月，为配合宿舍库区新修保卫值班室开展文物库房藏品清点、打包、标记、存放等工作，共计3408件罐类文物藏品；6—8月，整理字画类藏品1034件；8月，为湖北明清古建筑博物馆整理鼻烟壶系列藏品426件，包括2019年6月在荆门市博物馆展出的190件晚清民国时期的精品鼻烟壶；9月，为荆门市博物馆整理瓷器261件、为潜江市博物馆（“两李祖居”）整理明清家具、瓷器297件；10月，开展库房精品文物研究工作，整理精品文物藏品29件。

【藏品保管】 核对“一普”数据和藏品保管明细账，登记藏品分类账，共计登记总分类账超过16500件，其中木杂件已登账完毕；4月，整理藏品保管部2021年度主要工作档案资料并编制成电子档；5月，购置藏品库房春夏季工作用品并开展重点藏品库房春夏季除湿、防霉、防虫等保护性工作；6—8月，开展了退休保管员保管的字画类藏品的清理、清点工作，逐一查看藏品的保存状况并登记在册，办理了交接手续；针对藏品库房报警警情拟定加强库房安全巡查报告，加强藏品库房安全巡查，开展夏季用电安全宣传，确保库房藏品安全。

【文物鉴定】 免费鉴定各类文物藏品1600余件，服务群众近1000人次，包括在办公大楼设立鉴定窗口接待文物收藏爱好者，在“5·18国际博物馆日”“文化和自然遗产日”期间，组织鉴定专家赴荆门市博物馆、黄石市博物馆和黄陂区博物馆开展民间收藏品公益鉴定活动等。8月，受武汉市黄鹤楼公园管理处委托，组织专家对9处市级及以上不可移动文物，12处一般文物点以及10处新发现文物点进行评估，并现场出具《评估意见书》。

【文物征集】 共开展了3次藏品征集工作，征集藏品738件（套）。具体为：1月，受孝感市博物馆委托，组织专家征集623件秦简复制品、20件红色藏品及8件（套）绣品；4月，受唐河革命纪念馆委托，组织专家征集70件革命文物；9月，受湖北省奥林匹克体育中心委托，组织鉴定团队征集17件藏品。

【人员培训】 派员参加全省文博系统青铜器文物鉴定培训班、古代玉器线上鉴赏培训、全国博物馆展览实践高级讲习班、2022年文博短视频制作及直播研修班等。依托已实施的修复项目对外开展古陶瓷修复技艺人才培养工作，为上海视觉艺术学院、武汉大学历史学院、湖北工业大学艺术研究设计学院、湖北东方学院、武昌工学院、汉口学院培养古陶瓷修复技术人才20余名。

学术工作

【出版图书】 全年编著出版《修和集粹——湖北省文物交流信息中心陶瓷文物保护修复研究与实践汇编》图书1本，编写《文物修复师国家职业技能标准——陶瓷文物修复师教材》1本。

1. 8月,《修和集粹——湖北省文物交流信息中心陶瓷文物保护修复研究与实践汇编》一书出版。该书由中心保护修复部工作人员、合作单位专业人员、合作院校的老师与学生共同撰稿,分上、中、下三篇。上篇主要介绍中心陶瓷文物保护修复工作的历史沿革、整体架构和各方面的管理实践;中篇全面展示中心多年来在陶瓷文物保护修复上的理论与实践结果;下篇系统梳理中心在陶瓷文物创新性保护、人才培育和国家级项目实施上的思考与行动。

2. 5月,中国文化遗产研究院委托中心朱祥德、李奇、余艺、周丹编写《文物修复师国家职业技能标准——陶瓷文物修复师教材》,为陶瓷文物修复师职业培训与学习活动提供系统化、标准化、科学化、专业化指导,提升学员陶瓷文物修复职业技能。教材共分为3个部分:第一部分概述陶瓷文物修复师需具备的基础理论与文化知识,帮助学员对陶瓷文物及其修复技术、文物修复师的职业发展形成初步认知;第二部分将陶瓷文物修复过程分为前期准备、中期实施、后期总结三个阶段,依次详细讲解其工作流程、操作要领、注意事项等内容;第三部分介绍陶瓷文物修复领域前沿技术与应用案例,以提升学员的技术敏感性和面向未来的发展潜能。

【学术交流】 5月,中心副主任李奇在"行而知之 乐缮好修——中国古陶瓷文物保护修复现状和未来发展方向与欧洲理论实践国际研讨会(视频会议)"上作题为"对中国流行的陶瓷无痕修复手法的认识"的发言。7月,中心副主任李奇参加在中国国家博物馆举办的"科技赋能·交叉融合"——文物科技保护国际学术论坛。10月,文物保护修复部王双超在景德镇国际元青花学术交流会上作"中国(海南)南海博物馆保护修复重点问题的探讨"的发言。

中心副主任李奇在中国博物馆协会主办的"2022年中国文物保护青年人才培训班"作题为"博物馆陶瓷藏品保护修复常见问题探讨"的讲座,在2022年湖南省文物行业职业技能培训班作题为"陶瓷文物修复技能要点解析"的讲座,在杭州市考古研究所陶瓷文物培训班作题为"出土(出水)陶瓷文物保护修复讨论"的讲座,在武昌工学院作题为"百搭百艺——古陶瓷创新性保护"的讲座。

【出版基金项目】 全年推进出版基金类项目1个,获批出版基金项目2个。

1. 3月,中心与湖北长江传媒数字出版有限公司申报国家出版基金项目《瓷气永宝——瓷器保护、修复与创新性再造》获批。

2. 5月,中心与武汉理工大学出版社申报湖北省公益学术著作专项出版基金资助项目《湖北博物馆馆藏陶瓷文物保护与利用研究丛书(第一辑)》获批。

3. 8月,《中国古陶瓷修复技艺实录》完成两次拍摄工作。

【承担课题】 全年承担《湖北省非国有博物馆调研报告》《中国少数民族文物图谱 · 湖北卷》编纂出版工作。

1.《湖北省非国有博物馆调研报告》编纂出版工作。受省文化和旅游厅委托，承担《湖北省非国有博物馆调研报告》编纂出版工作。项目实施时间为 2021 年至 2022 年。12 月，完成《湖北省非国有博物馆调研报告》编写工作。

2.《中国少数民族文物图谱 · 湖北卷》编纂工作。受湖北省民族宗教事务委员会委托，承担《中国少数民族文物图谱 · 湖北卷》编纂出版工作。项目实施时间为 2021 年至 2023 年。全年完成全省少数民族文物数据的汇总统计与筛选、文物遴选目录的报送与审核、80%入选文物的实地核查与摄影摄像、入选文物条目初稿撰写工作。11 月 15 日，由《中国少数民族文物图谱 · 湖北卷》编纂出版委员会组织的遴选文物目录终审会在湖北省民族宗教事务委员会召开，会议确定了最终入选的文物目录，明确入选文物数量和拟出版的《中国少数民族文物图谱 · 湖北卷》的卷册数量。

组织举办《中国少数民族文物图谱 · 湖北卷》遴选文物目录终审会

湖北省古建筑保护中心

综述

【机构人员】 湖北省古建筑保护中心是省文化和旅游厅直属正处级公益二类事业单位，原名湖北省文化厅古民居抢救保护中心。主要职能是依据国家文物保护法律法规，对全省古民居建筑加强管理，制定保护措施和抢救保护工作，为相应文物保护单位和其他具有文物价值的古建筑、近现代重要史迹及代表性建筑提供保护方案和技术咨询。下辖湖北明清古建筑博物馆。

中心核定事业编制 20 个，领导职数 1 正 2 副。中心内设综合部、财务部、勘察设计部、规划科研部、湖北明清古建筑博物馆 5 个部门。中心在编工作人员 19 人，其中专业技术岗人员 15 人，含高级职称 4 人、中级职称 8 人、初级职称 3 人；博士 1 人，硕士 4 人，本科 14 人。

【工作概况】 湖北省古建筑保护中心发挥不可移动文物保护技术优势，全年共编制文物保护规划设计方案 10 个、文物保护展示利用设计方案 6 个、文物保护修缮勘察设计方案 17 个，其中涉及全国重点文物保护单位 14 个、湖北省文物保护单位 3 个。配合全省各地编制文物保护单位涉建项目的文物影响评估报告 12 项。先后派员参加革命文物保护、管理与展示利用高级研习班、全国博物馆展览实践高级讲习班。与武汉大学、华中科技大学、武汉理工大学等联合培养文物保护专业人才，开展文物保护工程专业培训。

中心规划部主任李长盈入选省委组织部青年拔尖人才，中心副主任邓蕴奇获省文化和旅游厅“全省文物工作先进个人”荣誉称号、省总工会“荆楚工匠”称号。

编制保护规划方案

【西路军片区保护规划项目】 2021 年 9 月，承担《新疆革命文物西路军片区保护规划》编制工作，2022 年 8 月完成并提交新疆维吾尔自治区文化和旅游厅。该规划全面梳理新疆维吾尔自治区境内的西路军相关遗产及文化、自然资源，结合保存现状和当地实际，通过整体保护、连片展示、融合发展等规划内容完善西路军片区保护利用措施，助力新疆革命文物西路军片区保护工作成为全国重要的革命主题文物保护利用示范区。

【乌鲁木齐保护规划项目】 2021 年 9 月，承担《新疆革命文物乌鲁木齐片区保护规划》编制工作，8 月完成并提交新疆维吾尔自治区文化和旅游厅。该规划梳理了乌鲁木齐市内分布的各个时期的革命文物，从整体着眼把握各遗产点的价值和在线路体系中的定位，开展整体保护和展示，结合红色旅游全面推动提升乌鲁木齐市革命文物的展示水平，探索符合中国国情、具有新疆特色的革命文物保护利用模式。

【红安县革命文物保护利用示范项目】 1 月，承担《红安县革命文物保护利用示范项目总体规划方案》编制工作；7 月，完成并提交红安县文物事业管理局。此次总体规划设计，进一步对红安县革命文物进行梳理和研究，全面摸清红安县革命文物的数量、分布、价值、区位、现状等各方面要素，针对不同革命文物提出科学、适度、合理的保护利用策略。

【湖北省长江文物保护利用规划项目】 1 月，承担《湖北省长江文物保护利用规划》编制工作；9 月，完成并提交省文化和旅游厅。该规划通过对湖北长江文物资源的梳理与评估，总结了湖北长江文物的资源现状与价值特点，确立了“一轴、一廊、三片区、多组团”的保护利用格局，提出了保护利用规划措施，以期进一步扩展长江文物的展示利用与传承方式，推动建成一批“长江国家文化公园”，为长江文物保护利用与长江国家文化公园建设提供规划保障。

【中共五大旧址保护规划项目】 1 月，承担《中国共产党第五次全国代表大会旧址保护规划》修改工作；9 月，完成修改并提交国家文物局。该规划重新梳理了旧址的文物构成，重点分析旧址周边的人文环境和基础设施，结合保护利用实际需求调整了旧址的保护区划，完善旧址周边的基础设施建设规划和展示利用规划，进一步提高了规划的针对性和可操作性。

【荆州城墙总体保护规划项目】 3 月，承担《荆州市荆州城墙保护总体规划》编制工作。通过对荆州城墙多次现场踏勘及调研，进一步明确其文物构成、文物价值及保护、管理、利用、研究现状，合理调整了荆州城墙的保护区划，制定相应的管理规定和环境整治、景观控制原则等。该规划旨在研究城墙保护与展陈的方法，扩展城墙保护利用开发空间，正确处理文物保护与区域建设发展的关系，真实全面地保存并延续其历史文物价值，发挥其社会价值。

【襄阳市襄樊码头遗址保护规划项目】 9 月，承担《襄樊码头遗址文物保护规划》编制工作；12 月，完成并提交襄阳市文物管理处。该规划针对襄城、樊城汉江两岸遗址保护范围内的 26 处码头及其周边历史环境现状进行现场勘察及调研，进一步明确其文物构成、文物价值及保护、管理、利用现状，确定合理的保护区划，制定有效的文物保护措施，制定襄樊码头遗址保护、管理和展示利用等专项规划，为襄樊码头遗址本体及周边环境进行科学规划。

【荆州市楚纪南故城考古遗址公园规划项目】 11 月，承担《楚纪南故城考古遗址公园规划》编制工作。该规划通过对楚纪南故城(含雨台山墓群)价值主体进行提炼，进一步明确文物构成，梳理并分析遗址公园现存情况，凝练遗址公园展示主题、展示体系，规划整体布局，制定整体景观控制原则等，为下一步规划的深化和完善打好基础。

编制修缮勘察设计方案

【武当山古建筑群回龙观修缮项目】 2020 年 9 月，承担《武当山古建筑群——回龙观修缮工程勘察设计方案》编制工作。2022 年 6 月根据《国家文物局办公室关于武当山古建筑群回龙观修缮方案的函》(办保函〔2021〕1144 号)完成方案修改。该方案是以 2018 年中止施工的文物保护工程及 2019 年考古结束后的现场为基础开展的修缮设计，以回龙观文物本体现状整修、结构加固为主，周边环境整治设计为辅，消除文物建筑的安全隐患，最大限度保存其历史信息。

【莲青楼附属建筑和发电房保护修缮项目】 2020 年 11 月，承担《全国重点文物保护单位——重庆黄山抗战旧址群莲青楼附属建筑和发电房保护修缮工程勘察设计方案》编制工作；2022 年 3 月，完成并提交重庆抗战遗址博物馆。该方案根据重庆黄山抗战旧址群——莲青楼附属建筑和发电房的建筑本体病害、成因、安全稳定性、现状评估结论等进行文物保护修缮设计，消除其安全隐患，使其历史风貌得以延续，为旧址的保护利用、开放展示创造良好的条件。

【唐崖土司城址 14 号墓葬保护修缮项目】 2021 年 10 月，承担《湖北省恩施州唐崖土司城址 14 号墓葬保护修缮工程勘察设计方案》编制工作；2022 年 5 月，完成方案编制并提交湖北恩施唐崖土司城遗址管理处。此次修缮设计主要解决因石构件断裂导致墓室结构失稳的问题，尽可能做现状加固，而不做完整性修复。

【元佑宫影壁和围墙保护修缮项目】 2 月，承担《元佑宫—影壁和围墙保护修缮工程勘察设计方案》编制工作；4 月，完成并提交至钟祥市明显陵管理处。该方案旨在修缮元佑宫影壁和围墙因自然和人为因素造成的种种损伤，消除其安全隐患，恢复文物建筑风貌，为文物景观的正常开放、展示创造安全良好的人文环境。

【牌楼垸民居(二期)修缮项目】 2 月，编制的《牌楼垸民居(二期)修缮工程勘察设计方案》获省文化和旅游厅批复通过[《省文化和旅游厅关于牌楼垸民居(二期)修缮工程勘察设计方案的批复》(鄂文旅函〔2022〕49 号)]。该方案旨在消除文物点安全隐患，确保文物本体安全，更好地延续并发挥其文物价值。

【武当山南岩宫修缮项目】 3 月，编制的《南岩宫—北天门、东西配殿、配房修缮工程勘察设计方案》获省文化和旅游厅批复通过[《省文化和旅游厅关于南岩宫北天门、东西配殿、配房修缮工程设计方案的批复》(鄂文旅函〔2022〕88 号)]。该方案针对文物建筑本体及周边风貌的安全隐患进行系统的修缮设计，确保文物建筑整体安全，最大限度保存建筑历史信息，发挥其社会价值。

【新店明清石板街文物保护项目】 3月，编制的《新店明清石板街(胜利街53号、胜利街55号-建设街35号、建设街31号)文物保护工程勘察设计方案》获省文化和旅游厅批复通过[《省文化和旅游厅关于新店明清石板街胜利街(53、55)号、建设街(31、35)号文物保护工程设计方案的批复》(鄂文旅函〔2022〕64号)]。该方案对修缮对象、产权关系、管理使用现状以及修缮后建筑用途进行了细致调研，重新评估了文物价值及残损情况，针对不同建筑的情况，分别提出了重点维修与现状整修的相关修缮措施。

【五祖寺修缮项目】 3月，编制的《五祖寺道源桥、白莲池和讲经台修缮工程勘察设计方案》获省文化和旅游厅批复通过[《省文化和旅游厅关于五祖寺道源桥、白莲池和讲经台修缮工程勘察设计方案的批复》(鄂文旅函〔2022〕92号)]。该方案针对三个文物点的安全隐患问题进行系统的修缮设计，确保文物本体安全。

【武当山建筑群五龙宫龙虎殿修缮项目】 5月，承担《武当山建筑群——五龙宫龙虎殿修缮工程勘察设计方案》的编制工作。武当山建筑群——五龙宫龙虎殿修缮工程范围包括龙虎殿文物本体、两侧八字影壁及宫墙的文物本体修缮，针对其残损现状在符合五龙宫遗址整体氛围下，重点解决龙虎殿及两侧八字影壁因自然、人为因素造成的种种损伤，为五龙宫后续整体开放、展示创造安全良好的条件。

武当山五龙宫测绘

【武当山建筑群凌虚岩修缮项目】 6月，编制的《武当山建筑群凌虚岩修缮工程勘察设计方案》获省文化和旅游厅批复通过[《省文化和旅游厅关于武当山古建筑群凌虚岩文物保护工程设计方案的批复》(鄂文旅函〔2022〕167号)]。该方案主要针对凌虚岩安全隐患作系统的修缮设计，为文物景点的开放、展示创造良好条件，延续并发挥其文物价值。

【上津古城城墙修缮项目】 6月，承担《上津古城城墙修缮工程勘察设计方案》编制工作。通过多次现场勘察和对历次修缮的评估总结，以期提供一套更优良的修缮方案，重点解决城墙顶部海墁开裂沉降、墙体鼓胀变形等安全隐患以及城墙排水与基础安全问题，使这一珍贵的文物建筑能真实、全面地保存下来并延续其全部价值。

【襄阳城墙全面勘察和建档项目】 6月，承担《襄阳城墙全面勘察和建档项目勘察研究方案》编制工作。该次方案旨在对襄阳城墙进行全面的勘察研究，完成包括襄阳城墙历史文献研究、档案资料汇编、精细测绘数字化模型及贴近摄影量、电子图纸、结构安全报告、现状勘察报告、地质工程报告、安全评估、保护建议等成果文件。通过完成项目对襄阳城墙有一个较为科学的全面认识，为今后的价值研究提供依据。

【小悟抗大十分校旧址修缮项目】 7月，编制的《小悟抗大十分校旧址修缮工程勘察设计方案》获省文化和旅游厅批复通过[《省文化和旅游厅关于小悟抗大十分校旧址修缮工程勘察设计方案的批复》(鄂文旅函〔2022〕178号)]。2021年12月承担该项目，此次设计方案对旧址建筑因自然和人为因素造成的种种损伤进行现状整修，重点解决局部墙体歪闪倾斜，屋面严重漏雨等安全隐患，为文物保护单位的保护和展示利用创造良好条件。

【石家河遗址三房湾遗址环境整治项目】 8月，编制的《石家河遗址三房湾遗址环境整治工程勘察设计方案》获省文化和旅游厅批复通过[《省文化和旅游厅关于石家河遗址三房湾遗址环境整治工程设计方案的批复》(鄂文旅函〔2022〕198号)]。2月，承担该项目，重点对石家河遗址三房湾遗址进行村庄风貌整治、景观绿化整治、道路交通调整、配套设施设计等。

【襄阳城墙襄阳公园后门段修缮项目】 10月，承担《襄阳城墙襄阳公园后门段修缮工程勘察设计方案》的编制工作；12月，完成并提交至省文化和旅游厅。此次方案设计在认真梳理和研究了襄阳城墙襄阳公园后门段城墙文献史料、历史档案、考古勘探成果及近年已开展的保护工程等资料的基础上，对该段城墙进行了全面的勘察测绘，对城墙现状、病害等进行分析，提出有针对性的保护措施，为襄阳城墙的保护和展示利用创造良好的条件。

【武当山建筑群玉虚宫泰山庙保护修缮项目】 11月，编制的《武当山建筑群玉虚宫泰山庙文物保护工程设计方案》获省文化和旅游厅核准通过[《省文化和旅游厅关于武当山古建筑群玉虚宫泰山庙文物保护工程设计方案的核准意见》(鄂文旅函〔2022〕290号)]。2021年11月承担该项目，重点对玉虚宫泰山庙东西配殿、大殿、宫墙以及院落的文物本体进行修缮设计，针对残损现状开展重点修复与现状整修，主要解决屋面坍塌等安全隐患，为文物景观的正常开放、展示创造安全良好的条件。

【乐山市首座受控核聚变实验装置旧址修缮项目】 11月，编制的《首座受控核聚变实验装置旧址修缮工程勘察设计方案》获四川省文物局核准通过[《四川省文物局关于核准首座受控核聚变实验装置旧址修缮工程勘察设计方案的函》(川文物革〔2022〕32号)]。2021年4月，承担该项任务，对旧址进行踏勘并系统制定修缮方案，消除文物存在的结构安全隐患，解决日常性病害问题，同时结合后期使用需要对建筑本体内部暖通、电气进行必要的设计，在避免对文物造成破坏的前提下，尽可能地保持和体现旧址的原始风貌，延续人与文物、场地之间的记忆。

编制保护展示利用方案

【红二十五军军部旧址保护展示项目】 1月，编制的《红二十五军军部旧址保护展示方案》获省文化和旅游厅批复通过[《省文化和旅游厅关于核准红二十五军军部旧址展示利用方案的意见》(鄂文旅函〔2022〕23号)]。2021年3月，承担该项目，从整体规划和各建筑空间功能两个层次进行展示策划设计，讲述红二十五军在此作战、生活的故事。

【明楚王墓愍王墓保护展示项目】 5月，编制的《明楚王墓愍王墓保护展示(二期)勘察设计方案》获省文化和旅游厅批复通过[《省文化和旅游厅关于明楚王墓愍王墓保护展示(二期)勘察设计方案的核准意见》(鄂文旅函〔2022〕150号)]。2021年7月，承担该项目，该方案是《湖北省武汉市明楚王墓群楚愍王墓保护展示工程方案设计(一期)》的有效衔接，用以指导明楚王墓——愍王墓考古发掘揭露的建筑基址、明堂、外神道、排水管道等重要遗迹遗物保护工作。

【荆州城墙11号马面保护展示项目】 6月，承担《荆州城墙11号马面保护展示工程勘察设计方案》的编制工作；10月，完成并提交至荆州博物馆。该方案坚持最小干预原则，最大程度保护现有遗存，针对荆州城墙11号马面考古发掘范围内的砖石和土质文物进行展示设计并提出有针对性的保护措施，同时做好相关标识说明设计，使荆州城墙的文物价值得到充分阐释，为参观者提供更完善的遗址参观体验。

【新四军第五师司令部旧址保护展示项目】 8月，编制的《新四军第五师司令部旧址展示利用工程设计方案》获省文化和旅游厅批复通过[《省文化和旅游厅关于新四军第五师司令部旧址展示利用设计方案的批复》(鄂文旅函〔2022〕206号)]。2月，承担该项任务，主要针对随州市九口堰地区新四军第五师司令部旧址进行室内外展示设计，做好物品的整理归纳和辅助设施的设计，优化旧址内的展示空间与展示效果，进一步保证旧址历史信息的真实、完整。

【华新水泥厂旧址新青年半岛片区保护展示项目】 11月，编制的《华新水泥厂旧址——新青年半岛片区保护展示项目设计方案》获国家文物局批复通过[《国家文物局关于华新水泥厂旧址新青年半岛片区保护展示项目设计方案的批复》(文物保函〔2022〕1252号)]。2021年6月，承担该项任务，该方案旨在消除建筑各种病害与残损的同时，结合后续展览展示及商业需求，对各单体建筑进行必要的加固及适当的改造、更新、移除等。

【楚皇城城址西城垣南段保护展示项目】 12月，编制的《楚皇城城址西城垣南段保护展示工程设计方案》获国家文物局批复通过［《国家文物局关于楚皇城城址西城垣南段保护展示工程方案的批复》（文物考函〔2022〕1307号）］。该方案结合楚皇城西城垣保护展示条件，分为本体保护、利用与展示、环境整治三个部分，对楚皇城西城垣南段进行保护与展示，消除现存安全隐患，改善文物保存环境，不断提升楚皇城城址的教育、科学、旅游功能，推动文物展示利用与区域社会经济协调发展。

其他业务工作

【编制影响评估报告】 全年配合全省各地编制文物保护单位涉建项目的文物影响评估报告12项，包括黄石市黄石港区沿江大道涉建项目、武当山古建筑群周边福银公路建设项目、襄阳市南漳县长渠水体污染治理项目、襄阳市襄阳城墙护城河南湖段景观建设项目等。其中7月编制的《湖北省文物保护单位长渠遗址保护范围内武安镇区域水体污染治理工程建设项目文物影响评估报告》通过国家文物局审批［《国家文物局关于省级文物保护单位长渠遗址保护范围内武安镇区域水体污染治理工程建设项目的批复》（文物考函〔2022〕629号）］。该评估报告综合分析了长渠遗址的价值、现状，系统评估了武安镇区域水体污染治理工程的各项建设指标及对长渠的影响，认为工程对长渠影响可控，对长渠水体改善有较大帮助，认定该工程总体可行。

【标准规范制定】 受省文化和旅游厅委托，联合湖北省标准化与质量研究院共同编制《湖北省文物保护单位保护标志及保护界桩管理规范》；受荆门市屈家岭遗址保护中心委托，编制《屈家岭遗址保护条例》。

【学术科研】 8月，《长江文化遗产保护标准体系研究》《长江国家文化公园四类功能区的识别与湖北段规划布局》课题成功立项；12月，均完成初稿编制工作。《长江文化遗产保护标准体系研究》通过研究和整理国内外文化遗产保护标准化现状，梳理出相关领域现有标准，结合实地调研充分挖掘出长江国家文化公园建设中对文化遗产保护的标准化需求，分析确定亟待制定的标准项目，进而从顶层设计的角度，构建层次清晰、分类合理的长江文化遗产保护标准体系；《长江国家文化公园四类功能区的识别与湖北段规划布局》根据湖北省长江沿线文物和文化资源的整体分布、禀赋差异及周边人居环境、自然条件、配套设施等情况，对长江国家文化公园四区布局进行总体设计、统筹规划、分类指导，通过四类功能分区的识别和划定，整合湖北省长江相关文物和文化资源，实现保护传承利用、文化教育、公共服务、旅游观光、休闲娱乐、科学研究功能。

湖北明清古建筑博物馆工作

【基本陈列】 湖北明清古建筑博物馆的基本陈列为"雨霖古建筑群展览""湖北明代藩王历史文化专题展览""神工意匠——古建筑知识展"。"雨霖古建筑群展览"的主体为馆内搬迁复建的12栋名人故宅、富商豪宅、百姓民居、宗祠、会馆等古民居建筑；“湖北明代藩王历史文化专题展览”汇集了湖北省历年来考古发现的明代藩王遗迹及相关的科研成果等，专题展示湖北明代藩王的历史人文轨迹；“神工意匠——古建筑知识展”以中国古代建筑基本架构为主线，通过展示省内典型建筑图片、建筑构件和模型等实物，运用光、电等现代科技，重点展现我国古代建筑的辉煌成就。

【临时展览】 与荆门市博物馆、恩施州博物馆、武汉革命博物馆、贵州省博物馆合作，引进4个展览，在湖北明清古建筑博物馆展出。

1. 古楚遗珍——郭店楚简特展。与荆门市博物馆合作的该展览于1月15日至3月15日展出。该展览全面介绍郭店楚简的出土过程、墓葬时代和墓主身份，完整地展示战国中晚期楚国贵族生前的生活品质、个人修行及楚国葬俗，多视角揭示郭店楚简所承载的历史文化内涵，探寻中华文明智慧和精髓。

2. 花铺盖——中国土家族织锦西兰卡普展。与恩施州博物馆合作的该展览于5月10日至7月10日展出。该展览集中展出土家族织锦西兰卡普作品。土家织锦“西兰卡普”已有2000多年的传承发展史，是土家族文化的杰出代表，2006年被列入国家级非物质文化遗产保护名录。

3. 用生命诠释忠诚——中国共产党首届中央监察委员会委员生平展。与武汉革命博物馆合作的该展览于6月6日至7月6日展出。该展览主要展示了党的历史上第一个中央纪律检查监督机构——中央监察委员会的七名委员和三名候补委员的生平。十名委员中八人先后牺牲，无一人叛党，以鲜血浇灌了信仰，用生命诠释了忠诚，成为党的纪检先驱。

4. 梭戛故事——一个村庄的影像史。与贵州省博物馆合作的该展览于7月27日至9月20日展出。该展览展示摄影师蒋行远、杨安迪、曹经建三人历经长达30余年的追踪与探索，拍摄的几千幅照片。通过照片记录下梭戛长角苗这一族群的沧桑与巨变，为大家揭开大山深处长角苗族群的神秘面纱，以过去与现代的强烈对比展示在新时代背景下箐苗社区崭新的生活状态和精神面貌，持续关注乡村振兴这一中国新的发展时期建设社会主义现代化强国的重大战略。

【交流展览】 与贵州省博物馆、重庆中国三峡博物馆、恩施州博物馆、上海市嘉定博物馆、东莞市可园博物馆合作，举办交流展览5个。

1. 与贵州省博物馆、重庆中国三峡博物馆合作展出本馆原创展览“碧瓦朱甍——荆楚古建筑图片展”。该展览撷取了最能代表和反映荆楚地区人类文明和智慧的明清古建筑遗产，并对其进行了系统整理和集中展示。展览以68张图片展板为依托，配合7个古建筑模型，将城池防御建筑、陵墓、宗教祭祀建筑、书院会馆建筑、古塔桥梁建筑、居住和纪念建筑等遗存的佳作和典范进行展出，全面、客观、真实地体现了荆楚古建筑的悠久历史、传统风貌和保护工作成就。

2. 与恩施州博物馆、上海市嘉定博物馆、东莞市可园博物馆合作展出本馆原创展览“神工意匠——古建筑知识展”。

【宣教工作】 为来馆观众提供了 178 场免费讲解，共服务观众近 2400 人次，博物馆还根据自身特色和定位打造了丰富的线上和线下社教活动共计 38 场，惠及 30000 人次。5 月 18 日，开展“楚韵非遗 · 以艺战疫”——“5 · 18 国际博物馆日”系列活动，以线上线下相结合的方式呈现一系列精彩内容，邀请社会公众共同参与古宅逛非遗、戏楼赏楚剧、云逛博物馆等活动；6 月 14 日，与荆门市博物馆联合开展“时代共进 人民共享——文化和自然遗产日”系列主题活动，开展了文物保护知识讲座、“古建课堂”社教活动和民间收藏品公益鉴赏等一系列人民群众喜闻乐见的文化遗产保护、宣传、展示体验活动。组织荆楚“红色文艺轻骑兵”小分队前往重庆、上海、东莞以及省内恩施、荆门、英山等地，为广大人民群众带去了古建文化知识宣传、现场文物鉴定、非遗文艺展演、古建知识课堂、文化遗产保护讲座等文化大餐。

“文化和自然遗产日”活动——民间收藏品公益鉴赏

【古建进课堂活动】 分别与上海市嘉定博物馆、东莞市可园博物馆合作，推出线上“古建课堂”活动，将《古人是怎么建房子的？》《中国古代住宅建筑》等原创精品课程通过在线直播的方式与更广泛的群体分享，向学生、相关领域专业技术人才等普及中国古代建筑知识，展现古人的智慧和技艺。

湖北明清古建筑博物馆"古建课堂"进校园

各市州文物工作

武汉市

综述

【文物资源】 截至2022年年底，武汉市共有市级以上文物保护单位278处，包括全国重点文物保护单位33处、省级文物保护单位106处、市级文物保护单位139处，其中，近现代重要史迹及代表性建筑159处、古文化遗址54处、古墓葬23处、古建筑36处、石窟寺及石刻6处。有各类博物馆126家，其中备案博物馆96家(国有文物系统博物馆20家、非国有博物馆47家、国有行业和高校博物馆29家)；全市备案博物馆藏品数量95万余件(套)，珍贵文物62639件(套)[一级文物1227件(套)、二级文物3568件(套)、三级文物57844件(套)]。

【机构人员】 武汉市文化和旅游局为市政府组成部门，负责指导、管理全市文物和博物馆事业。核定行政编制101名，在编人员97人，党委书记、局长肖敏主持全面工作，党委委员、副局长刘兴元分管文物工作，二级巡视员张宏斌协管文物保护利用、考古、“万里茶道”申遗等工作。局机关内设16个处室，文物保护与考古处(文化遗产综合协调处)、博物馆与社会文物处共同承担文物业务工作。局直属文博单位11个。

【工作概况】 2022年，武汉市不断加大文物保护力度，积极推进文物活化利用，持续筑牢文物安全防线，切实加强文博人才队伍建设，深入开展文物学术研究，文物工作成效明显。11月14日，武汉市政府召开常务会议，贯彻落实全国、全省文物工作会议精神。全市12处不可移动文物入选第二批湖北省革命文物名录，7处不可移动文物入选第六批中国20世纪建筑遗产，汉口中华全国总工会旧址纪念馆建成开放，明楚王墓考古遗址公园入选第四批国家考古遗址公园立项名单。成功举办“5·18国际博物馆日”中国主会场城市活动“博物馆之夜·长江灯光秀”活动。

江汉关博物馆荣获“湖北省文物系统先进单位”。盘龙城遗址博物院荣获2022年度“全国最具创新力博物馆”称号，武汉革命博物馆等三家单位获评全国首批“大思政课”实践教学基地，武汉博物馆社教部获评“一星级全国青年文明号”，八路军武汉办事处旧址纪念馆荣获“全国机要密码系统革命传统教育基地”称号，武汉中共中央机关旧址纪念馆“拓展展示利用渠道，小场馆亦有大作为”入选国家文物局《全国革命文物保护利用案例集(2022)》，八七会议会址纪念馆“百年征程 初心如磐——中国共产党成立100周年主题献礼活动”获全国革命文物保护利用案例宣传推介活动“优秀案例”。

考古工作

【考古勘探与调查】 完成考古勘探与调查项目10项，考古调查面积约79平方千米、勘探面积约2.8平方千米，发现各类遗存26处。其中28处地下文物保护范围核查项目，考古调查约50平方千米；洪山区青菱工业园区文物保护统一评价项目，考古调查约10.77平方千米、勘探约0.47平方千米，发现遗址1处、墓群2处；黄陂区临空产业园文物保护统一评价项目，考古调查约13.5平方千米、勘探约1.66平方千米，发现遗址2处；黄陂区罗汉现代模具园区文物保护统一评价项目，考古调查约2.17平方千米、勘探约0.54平方千米，发现遗址1处；武昌区斗级营综合改造提升项目(民主路北片)文物调查、勘探项目，考古调查约0.37万平方米、勘探约0.22万平方米，发现遗址1处；武汉都市环线黄陂至新洲段文物调查、勘探项目，考古调查约2.69平方千米，发现文物点16处；黄陂区宋家岗加压站工程用地文物调查、勘探项目，考古调查约1.5万平方米、勘探约0.66万平方米，发现窑址1处；新洲区邾城街城东片区棚户区改造工程项目文物调查、勘探项目，考古调查约0.12平方千米、勘探约0.08平方千米；黄陂区盘龙城地下文物埋藏区刘店村建设用地考古调查、勘探项目，考古调查约5.35万平方米、勘探约2.56万平方米；新洲区仓埠街龙王墩墓地、曾家墩遗址、寨墩遗址调查勘探项目，考古调查约6万平方米、勘探约0.2万平方米，墓葬1座、遗址1处。

【考古发掘】 考古发掘项目主要有3项，考古发掘面积约2900平方米。

1. 盘龙城遗址考古发掘项目。2月至8月，完成盘龙城遗址王家嘴2022年度考古发掘工作，发掘单位为武汉大学、湖北省文物考古研究院、武汉市文物考古研究所、盘龙城遗址博物院，发掘领队为武汉大学长江文明考古研究院副院长，历史学院教授张昌平。此次发掘面积200平方米左右，发现房址10处、灰坑24处，出土陶瓷片102袋(其中小件完整陶瓷器40件)，有鼎、罐、鬲、甗、大口尊、小口瓮、盆、簋、爵、斝、大口缸及少量印纹硬陶、原始瓷等器类；石器标本114件，石块标本78件，石器主要见有刀、锛、镰、铲、凿、磨石等器类；此外还出土有青铜箭镞、绿松石片等器物。此次考古发掘为探索盘龙城建城早期外围聚落与地理景观的变迁、重塑当时的聚落环境提供了资料，也为探索盘龙城聚落的始建年代、认识早期中原王朝对长江流域的开发提供了线索。

2. 武胜门遗址考古发掘项目。3 月至 5 月，完成武胜门遗址涉及地铁五号线东站口 300 平方米考古发掘工作，发掘单位为武汉市文物考古研究所，发掘领队为该所主要负责人、研究馆员许志斌。此次考古发掘清理武胜门瓮城东墙中部区段明代城墙和清代城墙遗迹各 1 处，出土大量明清生活瓷器。其中，明代城墙遗迹基槽中出土一件明代中前期青瓷碗，为其建筑年代提供了实物证据；清代城墙遗迹墙外出土了大量青花瓷碗、杯、盘、碟，粉彩碗、碟、杯、笔洗，单色系黄褐釉碗、豆青釉碗等清代生活遗物，并采集了大量城墙铭文砖。

3. 东湖新技术开发区新发现文物点考古发掘项目。2021 年 12 月至 2022 年 11 月，完成东湖新技术开发区新发现文物点新集湾遗址、大金湾墓群等遗址、墓群的考古发掘工作，发掘单位为武汉市文物考古研究所，发掘领队为该所主要负责人、研究馆员许志斌。此次考古发掘面积 2400 平方米，发现墓葬 25 座、窑址 19 处、灰坑 1 处，出土器物有瓷器、陶器、砖、瓦等。其中，大金湾墓群共发现 16 座墓葬，初步判断为六朝时期墓葬 4 座，明清时期墓葬 12 座；张炳湾遗址发现墓葬 2 座，窑址 1 处；王景湾遗址发现墓葬 3 座，窑址 6 处；陈金风湾墓群发现墓葬 4 座，初步推测均为明清时期墓葬；大林湾遗址发现窑址 3 座；新集湾遗址发现窑址 1 处；江鲁司湾遗址发现窑址 2 处；王家店湾遗址发现窑址 2 处；新庙邹湾遗址发现窑址 4 处。

文物保护工作

【基础工作】 加强文物资源调查，做好文物保护“四有”工作，强化文物保护资金保障，不断夯实文物保护工作基础。

1. 完成武汉市长江文物资源调查工作。根据省文化和旅游厅《湖北省长江文物资源调查工作实施方案》要求，成立武汉市长江文物资源调查工作领导小组，组织召开武汉市长江文物资源调查工作动员会暨培训会，完成现场调查、数据核查与信息录入、资料汇总等相关工作，最终形成《武汉市长江文物资源调查报告》，进一步摸清武汉市文物资源家底。

2. 完成全市尚未核定公布为文物保护单位的不可移动文物标志设立工作。根据国家文物局《尚未核定公布为文物保护单位的不可移动文物保护管理暂行规定》、省文化和旅游厅工作要求，印发《市文化和旅游局关于做好不可移动文物标志设立工作的通知》，组织 15 个区（功能区）全面完成辖区内尚未核定公布为文物保护单位的不可移动文物标志设立，亮明文物身份，做好挂牌保护工作。

3. 印发《武汉市文物保护专项资金管理办法（试行）》。武汉市文化和旅游局会同武汉市财政局设立市级文物保护专项资金，并制定《武汉市文物保护专项资金管理办法（试行）》，明确补助范围包括不可移动文物日常安全监管、市级及以上文物保护单位保护、考古等方面。

【文物保护宣传】 举办武汉市2022年“文化和自然遗产日”活动。2022年6月11日，由省文化和旅游厅指导，武汉市文化和旅游局、东湖新技术开发区管委会主办，武汉博物馆、武汉市文物考古研究所、明楚王墓文物管理所（龙泉山风景区管理处）承办的“保护文化遗产　传承文明薪火——武汉市2022年文化和自然遗产日活动”在明楚王墓考古遗址公园正式举行，活动汇聚“寻访武汉城市文明——从远古到1949”巡展、明楚昭王茔园展示和明楚王墓群专题陈列展、明楚王墓现场考古课堂等文博活动，让广大市民和游客共享文化遗产保护利用成果，努力营造“文物保护 人人有责”的良好社会氛围，光明日报客户端、新华网客户端等主流媒体对活动进行了报道。

明楚王墓考古课堂活动现场

【长江文物资源调查】 完成湖北明藩王文物专项调查与课题研究工作。根据《湖北省长江文物资源调查工作实施方案》，组织开展明藩王文物专项调查与课题研究项目，调查范围涉及全省8个市、15个区县，明确明代藩王相关文物遗存164处，类别包括王府遗址、古桥、井、碑刻、墓葬、城址、砖窑址、宗教建筑等，基本摸清了湖北省内明代藩王文物资源的分布、保存以及利用情况。

【万里茶道申遗】 充分发挥“万里茶道”联合申遗牵头城市作用，夯实申遗工作基础，加快申遗步伐。

1. 6月，调整武汉市万里茶道申报世界文化遗产领导小组成员，召开2022年工作会议，印发《武汉市加快推进万里茶道申遗工作方案》等文件，进一步明晰了武汉市申遗目标任务、工作路径和责任分工。

2. 巴公房子保护修缮工程通过竣工验收，江汉关大楼局部修缮工程通过初验，大智门火车站文物保护工程修缮方案编制工作基本完成，武汉市“万里茶道”遗产点保护状况持续改善。8月，经专业机构评估，武汉市3处遗产点(包含10个点位)保护状况综合评分在“万里茶道”中国段97处遗产点中均排名前十。“万里茶道申遗”官方网站和微信公众号运行良好，“万里茶道”保护和申遗工作影响力和传播力持续扩大。6月30日至7月1日，万里茶道《赤壁宣言》发表十周年座谈会暨申遗工作现场会在湖北赤壁成功召开，国家文物局副局长关强以视频连线形式出席会议并致辞，充分肯定武汉市作为申遗牵头城市所做的工作。

3. 7—12月，参与组织2022万里茶道(中国段)—环中国自驾游集结赛和“世纪动脉——万里茶道九省(区)文物联展”，全方位多视角宣传“万里茶道”申遗工作，促进沿线茶产业与文旅、体育融合发展。

【革命文物保护利用】 加强革命文物保护利用，汉口中华全国总工会旧址纪念馆建成开放，武汉中共中央组织部旧址修缮工程竣工，12处不可移动文物入选第二批湖北省革命文物。

1. 汉口中华全国总工会旧址纪念馆建成开放。11月17日，汉口中华全国总工会旧址纪念馆开馆仪式在汉举行，中华全国总工会副主席、书记处书记魏地春为纪念馆颁授“全国职工爱国主义教育基地”牌匾。建成开放的汉口中华全国总工会旧址纪念馆，与同在汉口历史文化风貌区内的武汉中共中央机关旧址、八七会议会址、武汉中共中央组织部旧址、汉口中共中央宣传部旧址等，共同组成大革命时期“中共中央在武汉”序列，实证了武汉曾作为全国革命中心的重要历史地位。

2. 武汉中共中央组织部旧址修缮工程竣工。武汉中共中央组织部旧址修缮工程于2022年6月开工，于2023年1月通过竣工验收。同时，展示利用工程进展顺利，武汉中组部旧址复原陈列展览已基本完成。

3. 武汉市12处不可移动文物入选第二批湖北省革命文物。12月1日，省文化和旅游厅印发《关于公布第二批湖北省革命文物的通知》，武汉中共中央组织部旧址、联保里湖北特种委员会旧址等12处不可移动文物入选湖北省第二批革命文物。

【保护利用工程】 指导完成汉口中华全国总工会旧址、八七会议会址、武昌起义军政

汉口中华全国总工会旧址纪念馆建成开放

府旧址、武汉剧院、永利银行旧址、圣心堂旧址等 32 项文物保护利用工程。编制完成石骨山人民公社办公楼、武汉轻型汽车厂办公楼等文物保护工程方案。汉口中华全国文艺界抗敌协会旧址、詹天佑故居等 4 项文物保护工程已立项，下拨汉口中共中央宣传部旧址抢险加固工程、武汉轻型汽车厂办公楼修缮工程专项资金 500 万元。

【遗址公园建设】 提升和发挥盘龙城国家考古遗址公园功能和作用，持续推进明楚王墓考古遗址公园建设。

1. 盘龙城遗址与盘龙城国家考古遗址公园。举办临展“色如天相 器传千秋——中国古代绿松石文化展”，完成博物馆安防系统建设和室外管网改造工程，进一步改造展厅设备、美化园区环境、优化园区公共服务设施，公园游客体验不断提升，全年完成接待观众 47 万人次。2022 年，盘龙城遗址博物院获评“全国最具创新力博物馆”“第五批湖北省爱国主义教育基地”，基本陈列获评“新时代博物馆百大陈列展览精品”，盘龙城遗址获评“2021 年湖北六大考古新发现”。

2. 明楚王墓与明楚王墓考古遗址公园。12 月 16 日，国家文物局印发《关于公布第四批国家考古遗址公园名单和立项名单的通知》（文物考函〔2022〕1316 号），明楚王墓考古遗址公园入选第四批国家考古遗址公园立项名单。6 月，在“2021 年湖北六大考古新发现”评选活动中，明楚愍王墓获“入围奖”。

博物馆工作

【博物馆建设】 辛亥革命博物院于 7 月 16 日正式挂牌组建。八七会议会址纪念馆完成馆舍本体修缮工程，江汉关博物馆实施江汉关钟楼及主楼底层地面保护修缮工程，武汉市中山舰博物馆完成玻璃幕墙维修工程。

【藏品保护与管理】 武汉博物馆启动馆藏金属文物修复项目，已完成180件文物修复。辛亥革命博物院完成南北两区文物搬迁工作，共搬迁文物1.3万余件(套)。武汉革命博物馆新增藏品26件(套)，完成第二批湖北省革命文物名录申报工作，馆藏48件(套)革命文物核定入选，完成馆藏1件三级文物退出馆藏备案工作，对138件(套)出现不同程度损耗现象的展厅纸质文物和资料进行仿真件替换，完成169件(套)馆藏访谈(回忆)资料数字化工作。晴川阁新增藏品3件。江汉关博物馆新增藏品2件。八路军武汉办事处旧址纪念馆和武汉革命博物馆分别完成中国共产党历史展览馆借用3件(套)和22件(套)珍贵文物的续借备案工作。

【陈列展览】 武汉市文化和旅游局直属各文博场馆共举办各类展览58个，场馆接待观众166万余人。武汉博物馆举办的“‘花开并蒂 梅韵江城’——湖北省博物馆、武汉博物馆藏元青花四爱图梅瓶联展”，该展将湖北地区的两个元代青花梅瓶首次联袂亮相展出，同时为了让国宝活起来，该馆以线上直播+线下体验相结合的方式，特别推出“瓶瓶双和梅绽江城”博物馆之夜沉浸式展演。辛亥革命博物院推进“首义英雄——辛亥武昌起义志士事迹陈列”“共和之基”基本陈列第五部分局部改陈等展览整合优化工作。武汉革命博物馆和共青团武汉市委等单位联合推出“复兴路上 青春闪光——武汉庆祝中国共产主义青年团成立100周年专题展”。武汉中共中央机关旧址纪念馆联合黄埔军校同学会举办“不爱红装爱武装——纪念武汉中央军事政治学校女生队成立95周年特展”，中共湖北省委常委、统战部部长宁咏出席展览开幕式。

【社会教育与公众服务】 武汉市文化和旅游局直属各文博场馆举办社教活动400余场，展览“五进”活动156场。

1. 2022年国家文物局将“5·18国际博物馆日”主会场设立在湖北省武汉市，围绕“博物馆的力量”主题，武汉市以展览和社会教育活动彰显“博物馆的力量让生活更加美好”，展现“博物馆之城”新气象。5月18日晚，在万里长江武汉段的核心区，举办“博物馆之夜长江灯光秀”活动，将武汉25千米长江主轴化身巨幅画卷，通过灯光秀的形式，将文物与现代光影技术、数字技术、AR技术等融合呈现。全市文博单位结合实际，提前谋划，开展了30余项特色鲜明的陈列展览、学术研讨、社会教育和文化遗产推介活动，多点发力充分彰显博物馆的力量。交通、城建、城管等部门和武昌、江汉、东湖风景区等区政府，在高铁站、公交站点、活动周边道路等重要点位投放户外广告、道旗，营造良好的活动氛围。

2022年“5·18国际博物馆日”全国主会场(武汉)活动

2. 武汉博物馆“寻访武汉老街 悦读城市故事”和武汉革命博物馆“我在红巷讲党史”志愿者团队建设案例入选首届全国博物馆志愿服务典型案例。八七会议会址纪念馆“百年征

武汉革命博物馆“我在红巷讲党史”志愿者团队建设案例入选首届全国博物馆志愿服务典型案例

程 初心如磐——中国共产党成立100周年主题献礼活动”在“全国革命文物保护利用案例宣传推介活动”中荣获“优秀案例”。

文物安全与执法督察工作

【安全责任】 5月12日上午，组织召开全市文物安全工作会议，强化文物安全检查，加强涉文物建设工程监管，持续推进文物“四有”工作，进一步落实文物安全责任。印发《全市文化和旅游行业安全生产大检查工作实施方案》《关于开展全市文化和旅游行业消防安全大检查工作的通知》等文件，督促各区切实履行文物安全主体责任，确保辖区内文物安全。

【执法检查】 4月，武汉市人大常委会启动《武汉市文物保护若干规定》实施情况执法检查工作，经市、区政府与职能部门自查、执法检查，全面摸清武汉市文物保护体系、市文物保护经费保障、文物保护管理、文物展示利用等情况。9月20日至21日，《武汉市人民代表大会常务委员会执法检查组关于检查〈武汉市文物保护若干规定〉实施情况的报告》经市第十五届人大常委会第五次会议审议通过，武汉市文物保护工作成效获充分肯定。

【安全督查】 1月11日至30日，联合消防部门开展全市文博单位消防安全督查，重点抽查了15个区（功能区）30余处文博单位。8月，开展涉及文物保护单位违建问题专项排查，根据《省文化和旅游厅关于开展涉及文物保护单位的违建问题专项排查的通知》要求，组织各区完成自查，并在市政府指导下，会同市自然资源和规划局、市城建局、市城管执法委等部门成立联合督导组，结合各区自查情况、坚持问题导向，分级分类选取各级文物保护单位30余处进行现场督导。截至2022年年底，全市实施文物安全检查8000余次，发现并处理文物安全隐患120处。

【技防工程建设】 詹天佑故居、汉口新四军军部旧址等安防工程，汉口中华全国总工会旧址安防、消防工程均已完成。汉口商业银行大楼、大余湾古民居建筑群等消防工程方案已获批。武汉国民政府旧址、问津书院、东湖毛泽东旧居等安全防护工程已立项。

人才队伍建设及培训工作

【人才队伍建设】 坚持以制度保障为基础，以增强工作力量为重点，加强人才队伍建设。

1. 完善人才队伍建设制度。印发《武汉市文化和旅游局高级专业技术人员岗位聘用管理办法（试行）》《武汉市文化和旅游局关于加强中青年人才引进培养暂行办法》，充分发挥文博事业单位专业技术高级岗位人员示范引领作用，支持和鼓励中青年人才为文博事业建功立业。

2. 武汉市文物考古研究所增加编制15名。为加强文物保护和考古工作，经中共武汉市委机构编制委员会批准，武汉市文物考古研究所(武汉市文化遗产保护研究中心)增加15名事业编制。

【人员培训】 持续开展文博培训工作，提升从业人员素质。

1. 全市文博场馆讲解员培训。10月10日至11日，武汉市文化和旅游局邀请业内专家，对全市博物馆(纪念馆)120余名讲解员进行了为期两天的线上培训。

2. 各区文物保护与安全培训。江岸区、洪山区、青山区、江夏区、东西湖区文化和旅游局组织辖区内各级各类文物安全工作负责人，开展安全生产与消防安全知识、消防应急演练、文物保护法律法规等内容丰富多样的培训，积极推动落实文物保护主体责任、监管责任和直接责任，不断筑牢文物安全防线，切实提升文物保护工作水平。

襄阳市

综述

【文物资源】 截至2022年年底，襄阳市共有不可移动文物4115处，其中，全国重点文物保护单位18处、省级文物保护单位112处、市级文物保护单位65处、县级文物保护单位768处。现有国有博物馆10家，非国有博物馆3家(尧治河博物馆、襄阳贞元博物馆、襄阳金石博物馆)，馆藏文物75727件(套)，其中一级文物149件(套)、二级文物385件(套)、三级文物4738件(套)。

【机构人员】 襄阳市文化和旅游局为市政府组成部门，加挂市文物局牌子，负责全市文化、旅游、广播电视、体育、文物工作。核定行政编制47名，设局长1名、副局长4名。正科级领导职数17名，副科级领导职数15名。党组书记、局长袁晓宁主持全面工作，党组成员、副局长刘超分管文物工作。内设科室17个，其中文物科承担文物业务工作。直属文物保护和考古机构2家，均为公益一类事业单位。

【工作概况】 襄阳市配合基建项目完成地下文物勘探发掘，持续推进中国明清城墙和万里茶道申遗工作进程，实施全市长江文物资源调查工作，申报和推进实施19项不可移动文物保护工程，获批实施4项全国重点文物保护单位和省级文物保护单位安全防护工程，推动开展7处重点文物保护单位陈列布展项目。米公祠、夫人城、襄王府和习家池等文物景区严格落实各阶段疫情防控政策，确保正常对外开放，大力开展文化传承交流活动，巩固和提升全国文明城市创建成果，全年接待游客90余万人次。压实主体责任，落实文物安全属地管理体制机制，加强文物安全巡查工作，大力推进文物安防工程建设。

全国重点文物保护单位——襄阳古隆中被省人民政府公布为第二批湖北省文化遗址公园。米公祠荣获“中国华侨国际文化交流基地”称号。

考古工作

【勘探与发掘】 襄阳市博物馆开展考古勘探调查及发掘项目54项，勘探调查面积共计3.17平方千米，考古发掘面积共计1700平方米。勘探调查项目有魏荆线老旧管道整治工程(湖北襄阳段)项目、东西轴线还建房项目、新建铁路襄阳小河港区疏港铁路专用线项目、唐白河航运枢纽工程、襄阳古城墙及城门全面考古勘探项目等36个，考古发掘项目有深圳工业园比亚迪项目、总部经济城项目(东王家墓地遗址发掘)、汉江一品及庞公别苑等13个，出土陶、瓷、铜、铁、石器等各类文物共计1700余件(套)。

【考古成果】 襄阳市博物馆主导发掘的熊家埂遗址墓地、卞营遗址墓地及参与发掘的襄阳凤凰咀遗址，入围“2021年湖北省六大考古新发现”全省十二个终评项目，其中凤凰咀遗址考古发掘项目被评为“2021年湖北省六大考古新发现”，卞营遗址墓地获得“2021年湖北省六大考古新发现”入围奖。王志刚、刘江生、杨一、王伟、梁超作为主要参与人的国家社会科学基金项目《周代邓国考古学文化研究》结项定级为优秀；刘江生、高顺利联合撰写《湖北襄阳王伙北宋纪年墓》刊发于《江汉考古》2022年第6期；完成《襄阳考古年报2021》出版工作。

“‘小小考古家’探梦五千年”主题科普研学活动

文物保护工作

【长江文物资源调查】 根据省文化和旅游厅统一部署，2021年12月至2022年6月，组织实施了襄阳市长江文物资源调查工作，顺利通过省级审查。此次调查工作在襄阳市第三次全国文物普查时登记的4052处不可移动文物的基础上，新增发现不可移动文物63处，为全面摸清襄阳文物资源保护现状、建立动态数字管理、提升展示利用水平提供了支撑。

【万里茶道申遗】 完成《襄阳市襄樊码头遗址保护管理办法(送审稿)》的起草工作，于10月中旬报请襄阳市政府审议。委托湖北省古建筑中心修编《襄樊码头遗址文物保护规划》，万里茶道申遗博物馆完成陈列布展方案，进入施工招标阶段。积极落实省联合申遗办各项工作任务，完成万里茶道遗产点整体保护管理状况回顾性评估工作，配合提供襄阳万里茶道和文化旅游成果相关图文资料，参加“万里茶道”沿线城市申遗和文化旅游成果展。配合万里茶道申遗在抚州会馆建设“襄阳市万里茶道申遗博物馆”的陈列布展方案经市文化和旅游局核准。

【中国明清城墙申遗】 1 月 27 日，连续第三年在小北门广场举办“城门挂春联”品牌活动，市委常委、宣传部部长陈剑出席揭联仪式并致辞。9 月 9 日晚，在襄阳城墙震华门城台举办了“2022 年中秋古琴演奏会”，通过抖音等媒体进行网上直播。这些活动将古城墙与传统文化有机结合，充分宣传和展示了文化遗产的时代魅力，既丰富了人们的文化生活，又扩大了申遗工作影响力。

【保护工程建设】 市直及各县（市、区）文博部门结合文物实际，充分考虑紧迫性与可行性需要，成功申报了襄阳城墙西门至夫人城段修缮工程、襄阳城墙安防工程、习家池安防工程等 13 项文物保护工程立项。实施了襄阳城墙仲宣楼段修缮工程、万寿宫、高公村桥、陕山会馆等古建筑修缮项目。在单家祠堂、仲宣楼、襄王府、长门分别建设单懋谦纪念馆、登楼文学展示馆、襄王历史文化展示馆、襄阳古城军事文化展示馆的陈列布展方案，获市人民政府、市古城保护委员会审议通过。经市文化和旅游局批准，确定与市级非遗项目“李氏漆器髹饰技艺”传承人隗鹏合作，将小江西会馆打造成“襄阳传统漆器博物馆”，严格按照文物建筑的保护要求和开放导则，开展陈展方案的编制。

博物馆工作

【博物馆建设】 襄阳市博物馆新馆位于襄城区凤凰山冲，占地面积近 15 万平方米，建筑面积 3 万平方米，布展面积 8400 平方米，新馆由东到西依次为学术报告楼、综合馆、文物修复中心。新馆室外景观工程已完成 95%，综合馆施工已进入装修阶段，布展装修方案已报市政府审议。开展新馆展览主标题征集活动，共有 537 人次投稿，收到标题合计 2284 条，已组织业务人员进行筛选。

【馆藏文物修复】 襄阳市博物馆完成 82 件（套）金属文物保护修复并顺利通过验收。实施了南漳县博物馆馆藏文物保护修复项目、保康县博物馆馆藏陶器保护修复项目。整理修复熊家埂遗址墓地、卞营遗址墓地、贾巷遗址墓地、襄城区人民医院项目工地等出土文物 520 件（套）。整理修复王府大殿地下室文物。成功申报襄阳市馆藏纸质文物修复项目立项。

【陈列展览】 全年通过馆际交流和社会合作，共制作、引进、推出专题展览 13 个。挖掘馆藏文物资源开展原创临时展览 2 个，一为选取馆藏和历年发掘出土的 22 件（套）形态各异的“虎”文物，举办的“十二生肖迎新春系列特展——瑞虎迎祥”，与该展览的相关采访《湖北襄阳市博物馆：22 件珍贵藏品现悠久“虎”文化》被学习强国采用；另一为荣获 2021 年省六大陈列展览精品特别奖的“石勒功垂——襄阳市石窟寺与摩崖石刻调查成果展”，详尽介绍了襄阳地区的石窟寺和摩崖石刻专项调查工作成果。

【交流展览】 推动襄阳优秀文物资源“走出去”，推出原创展览 5 个，参加联合展览 6 个。其中原创展览“天国之享——南北朝画像砖艺术展”在新疆生产建设兵团五师陈列馆和内蒙古自治区阿拉善盟博物馆展出，米芾书法拓片展在安徽含山博物馆、江西赣州市博物馆和抚州市博物馆展出。参加成都武侯祠博物馆的“明良千古——刘备与诸葛亮君臣合展”，湖北省博物馆的“曾世家 · 考古发现的曾国”“楚国八百年”“凤凰故国——青铜时代曾楚艺术展”合展，清华大学艺术博物馆的“跨越东西的审美：中日交流两千年”合展。其中“明良千古——刘备与诸葛亮君臣合展”荣获 2021 年度“全国博物馆十大陈列展览精品推介优胜奖”。

“妙想天开：米芾的书房——襄阳市博物馆馆藏书法拓片展”在抚州市博物馆展览

【宣传教育与社会服务】 襄阳市博物馆积极发挥社会教育、宣传职能，不断扩大社会影响。依托“昭明课堂”特色品牌，开展各类线下主题教育实践活动，持续秉持“走出去、引进来”理念，联合社区、学校共开展各类线下活动 24 场。开展“乡村振兴 你我同行”文化志愿服务活动，以文化建设助力乡村振兴，把历史文化知识覆盖到县、乡、镇中，发挥博物馆“第二课堂”的作用。结合二十四节气及重要传统节日，在公众号上发布“昭明课堂”微课堂及襄博“科普云课堂”49 期，通过图文解说各节气特征及节日习俗。

【“5 · 18 国际博物馆日”活动】 市博物馆开展“在诗词中邂逅最美襄阳”诗词文化竞

襄阳市博物馆开展“彩绘庆元旦 寅虎送吉祥”元旦主题社教活动

赛活动，以文物、襄阳文化历史和诗词相结合，让市民、学生深刻感受中华文化之美，提升文学素养，进一步坚定文化自信；推出“襄博雅韵”小小讲解员文物知识普及视频 14 期，由未成年人担当文化推介官，用童趣的嗓音，为深藏“闺阁”的文物代言。开展“襄阳农耕文明的前世今生”精品科普课程，引导青少年追寻历史遗存，感知民俗、热爱劳动，坚定文化自信，让收藏在博物馆的那些饱经沧桑的农耕器物熠熠生辉。

文物安全与执法督察工作

【安全管理】 坚持不定期联合消防、公安等部门对文物保护单位开展安全巡查，一旦发现问题，及时向文物保护单位的管理人、使用人发放整改通知，并在后期的日常巡查中对整改情况开展复查和督办整改，确保了 2022 年文物安全工作平稳运行，无安全事件和违法建设发生。

【技防工程建设】 邀请国内石刻保护专家召开了“2022 年襄阳市区石刻文物保护展示专家视频研讨会”，完成了米公祠石苑碑刻保护性附属设施建设。成功申报襄阳城墙安防工程、抚州会馆消防工程、樊城山陕会馆消防工程和习家池安防工程立项。

【文物行政执法】 市文物管理处、襄阳古城管理委员会、市文化和旅游市场综合执法支队常态化开展文物行政执法检查 30 余次，未发现文物违法案件。

宜昌市

综述

【文物资源】 截至2022年年底，宜昌市共登记不可移动文物3244处，其中全国重点文物保护单位18处、省级文物保护单位75处、市级文物保护单位126处。国有文物收藏单位44家，共收藏文物114777件(套)，其中一级文物109件(套)、二级文物205件(套)、三级文物2935件(套)。全市备案博物馆19家，其中国有博物馆15家、非国有博物馆4家，国家一级博物馆1家、国家三级博物馆4家。

【机构人员】 宜昌市文化和旅游局为市政府组成部门，加挂市文物局牌子，主管全市文化、旅游、体育、广播电视和文物工作。核定行政编制46名，设局长1名、副局长4名、总规划师1名，正科级领导职数20名，副科级领导职数14名。党组书记、局长苏海涛主持全面工作，党组成员、副局长郭青芸分管文物工作。内设科室19个，其中文物科承担文物博物馆业务工作。现有市直属文博单位3个：宜昌博物馆、宜昌市三游洞管理处、三峡工程博物馆。全市备案的19家博物馆共有编制177名，在编人员数150人，其中正高级职称3人、副高级职称29人、中级职称57人。

7月1日，中共当阳市委机构编制委员会办公室同意增核当阳市关陵文化遗产保护中心人才专项事业编制8名。调整后，市关陵文化遗产保护中心核定全额拨款事业编制16名(含人才专项事业编制8名)。10月9日，中共当阳市委机构编制委员会办公室同意增核当阳市博物馆人才专项事业编制2名，调整后，当阳市博物馆核定全额拨款事业编制13名(含人才专项事业编制2名)。

【工作概况】 全年，服务全市经济社会发展大局，配合重大工程项目建设在全市开展地下文物保护工作，其中宜昌博物馆、当阳市博物馆独立承担完成的考古发掘项目5个，发掘面积共计5527.25平方米。宜昌博物馆等专门考古机构配合有关单位开展文物调查勘探与评估工作6项。新增三峡工程博物馆，全市备案登记博物馆共计19家，各博物馆持续对公众开放，共举办各类临时展览42个，接待观众1175359人次。积极争取上级专项补助资金开展重点文物保护和利用工作，全年争取上级各类补助资金1775万元，其中国家文物保护专项资金570万元、省级文物保护专项资金215万元、三峡后续文物保护资金340万元、博物馆免费开放中央补助资金650万元。全市文物安全形势整体平稳，全市各级公安机关共破获各类文物刑事案件7起，追缴三级文物4件(套)、一般文物447件

(套)。

2022年，宜昌博物馆肖承云被授予“全国文物系统先进工作者”荣誉称号，宜昌博物馆何中源、长阳土家族自治县博物馆罗建平被表彰为“全省文物工作先进个人”。宜昌博物馆被表彰为“全省文物工作先进单位”。宜昌博物馆、重庆中国三峡博物馆和长阳土家族自治县博物馆联合举办的“西南有巴国——三峡区域巴文化特展”获得“第六届(2021年度)湖北省博物馆、纪念馆六大陈列展览精品推介活动”精品奖。宜昌博物馆“我是小小讲解员”志愿服务项目获得湖北省文博系统“喜迎二十大 强国复兴有我——青少年荆楚文物我来讲”优秀志愿服务项目荣誉称号。宜昌博物馆“博物雅读”馆校共建校本课程入选2022年度全国文博社教百强案例名单。宜昌长阳人遗址、宜昌白庙遗址等15个项目入选“湖北百年百大考古发现”名单。

考古工作

【基建考古】 为配合新建沪渝蓉高速铁路武汉至宜昌段项目建设，7月至12月，湖北省文物考古研究院联合宜昌博物馆、当阳市博物馆分别对九里岗、向家湾、杨家老洼子等墓群或遗址进行考古发掘。

1. 九里岗墓群考古发掘。该墓群位于当阳市庙前镇旭光村六组，7月21日至12月1日开展发掘工作。项目证照号为考执字〔2022〕第1042号，项目负责人向其芳。此次发掘面积为2000平方米，共发现遗迹27个，包括23座墓葬(春秋战国时期)、3座车马坑(春秋战国时期)、1条灰沟(近现代)，出土遗物78件(套)。九里岗墓群的发掘为研究春秋战国时期丧葬习俗、楚文化的发展提供了材料。

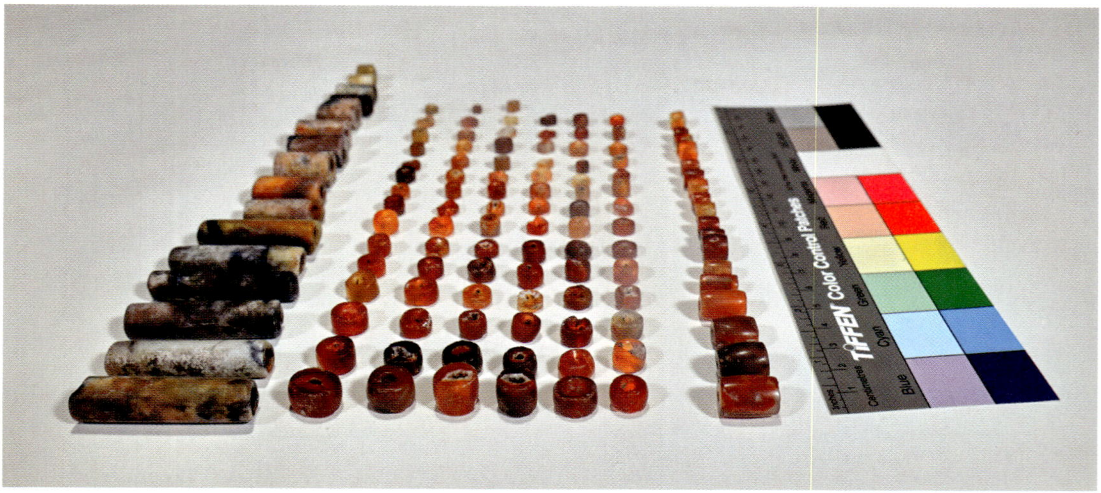

当阳九里岗墓群北木岗墓地出土玉组件

2. 向家湾遗址考古发掘。该遗址位于夷陵区龙泉镇香烟寺村二组，7月21日至11月14日开展发掘工作。项目证照号为考执字〔2022〕第1034号，项目负责人吴义兵。此次发掘面积为1027.25平方米，共发现遗迹48个，包括灰坑27座、灰沟9条、墓葬4座、瓮棺5座、窑3座，出土遗物380件(套)，遗址年代包括石家河文化、六朝、明、清。向家湾遗址的发掘为研究宜昌地区新石器时代、六朝及明清时期的文化面貌与聚落形态，探讨该区域人地关系、文化格局及社会演变过程提供了材料。

3. 杨家老洼子遗址考古发掘。该遗址位于当阳市玉泉办事处关陵庙村二组，7月至9月开展发掘工作。项目证照号为考执字〔2022〕第985号，项目负责人闻磊。此次发掘面积300平方米，仅见明、清时期文化层堆积，暴露有灰坑遗迹，仅见瓦片、青砖和青花瓷片等遗物。

4. 九里岗遗址考古发掘。该遗址位于当阳市庙前镇井岗村四组，7月至11月开展发掘工作。项目证照号为考执字〔2022〕第1042号，项目负责人向其芳。此次发掘面积500平方米，出土石制品300余件，类型有手镐、砍砸器、尖状器、刮削器等，年代从旧石器时代中期一直延续至晚期。九里岗遗址是早期人类从洞穴走向平原的过渡性遗存，提供了一个年代跨度较大且连续不断的纵剖面，对于研究早期人类生产生活及与环境变迁的关联等问题，具有重要学术价值。

5. 赵家台古墓葬考古发掘。3月6日至3月11日，宜昌博物馆对点军赵家台古墓葬进行抢救性考古发掘。发掘地点位于点军区联棚乡长岭村二组，项目证照号为考执〔2022〕第561号，项目负责人为吴义兵。此次发掘面积25平方米，清理墓葬1座，出土遗物5件(套)，墓葬年代为明代。通过此次发掘，尤其是纪年铭文的发现，对墓主身份、明代丧葬习俗等方面有了初步认识。

6. 邓家坝墓群考古发掘。为配合昭君雁栖水岸项目建设，4月，湖北省文物考古研究院联合宜昌博物馆、兴山县文物事业管理局对该项目用地范围开展考古勘探、发掘。共发掘清理古墓葬2座，均为坐东北朝西南的带甬道券顶单室砖室墓，墓葬年代为汉代，出土器物有铜环、铜镜、五铢钱、弧形扁铁片、筒瓦及器物口沿等。

7. 王家洲墓地考古发掘。王家洲墓地位于当阳市河溶镇观基寺村七组的沮漳河河道，因河流水位下降而被发现。11月至12月，湖北省文物考古研究院联合当阳市博物馆对已暴露的7座墓葬和1座陶窑进行清理。墓葬均为长方形竖穴土坑单室砖室墓，3座墓葬券顶保存完好，M5和M7在墓门处均发现2块疑似封门空心砖。出土器物有陶器、铜器、铜钱和瓷器，以陶器为主，陶器可辨器型有鼎、壶、罐、仓、井、灶、甑、碗等。根据墓葬形制、墓砖和出土器物等判断，初步推测王家洲墓地年代为汉代。

【调查勘探与评估】 全年专门考古机构共配合有关单位开展文物调查勘探与评估工作6项，分别是：

1. 远安县工业园区文物保护区域性统一评价。受远安县政务服务中心和大数据管理局委托，2021年12月17日至2022年4月19日，宜昌博物馆对湖北远安县工业园区5个片区(军民融合产业园城东城南片区、江北工业园片区、洋坪工业园片区、石头店工业园片区、嫘祖工业园片区)共计约47.5平方千米的规划范围进行了全覆盖的地面踏查及部分区域的勘探工作。规划范围内涉及孙家岗遗址、孙家岗墓群两处不可移动文物，并研究提出保护措施。

2. 恩施东—朝阳500千伏线路文物调查。为配合渝鄂背靠背联网湖北电网配套加强系列工程建设，3月25日至4月22日，宜昌博物馆对国网湖北中超恩施东—朝阳500千伏线路工程范围(路径长度188千米，其中恩施州境内70.9千米、宜昌市境内117.1千米)宜昌段进行了全覆盖的地面踏查，未发现文物迹象。

3. 长阳清江抽水蓄能电站项目文物影响评估。受湖北长阳清江抽水蓄能有限公司委托，3月2日至3月15日，长阳土家族自治县博物馆对长阳清江抽水蓄能电站项目约1.8867平方千米的规划用地范围进行了文物调查、勘探。该项目用地范围内新发现4处清至民国古墓葬，分别是：鸡公山墓群(9座)、蔡家坳墓群(3座)、杨家坳墓群(3座)、胡纯洁墓。5月5日，省文化和旅游厅下达《关于湖北长阳清江抽水蓄能电站工程文物保护工作的函》(鄂文旅函〔2022〕129号)，批复同意长阳清江抽水蓄能电站项目，并提出文物保护意见。

4. 远安抽水蓄能电站项目文物影响评估。为配合远安抽水蓄能电站项目建设，湖北省文物考古研究院联合远安县博物馆对项目4.2855平方千米规划用地范围进行了文物调查、勘探，暂未发现文物线索。5月23日，省文化和旅游厅下达《关于湖北远安抽水蓄能电站项目文物保护工作有关意见的函》(鄂文旅函〔2022〕143号)，批复同意远安抽水蓄能电站项目。

5. 五峰太平抽水蓄能电站项目文物影响评估。受五峰土家族自治县文物保护中心委托，6月7日至8月31日，宜昌博物馆对五峰太平抽水蓄能电站项目3.8084平方千米的规划范围进行了全覆盖的地面踏查及部分区域的勘探。该项目涉及叶天位夫妇墓、殷承先夫妇墓、段(殷)福海夫妇墓、沙湾墓群、叶家湾墓群、万里村七组墓群、郑启伦墓、胡必悦夫妇墓8处不可移动文物。省文化和旅游厅下达《关于五峰太平抽水蓄能电站文物保护工作有关意见的函》(鄂文旅函〔2022〕241号)，批复同意五峰太平抽水蓄能电站项目。

6. 宜都潘家湾抽水蓄能电站项目文物影响评估。受宜都市国通投资开发有限责任公司委托，9月20日至10月13日，宜昌博物馆对宜都潘家湾抽水蓄能电站项目1.6367平方千米规划范围进行了全覆盖的地面踏查及部分区域的考古勘探。该项目涉及杨氏家族墓地、熊渡浆踏子坡古茶道、熊渡窖藏址三处不可移动文物。10月18日，省文化和旅游厅下达《关于宜都潘家湾抽水蓄能电站文物保护工作有关意见的函》)(鄂文旅函〔2022〕244号)，批复同意宜都潘家湾抽水蓄能电站项目，并提出文物保护意见。

文物保护工作

【长江文物资源调查】 7月4日，宜昌市长江文物资源调查报告编写完成，标志长江文物资源调查工作全部结束。经调查，截至2022年6月15日，宜昌市登记的不可移动文物共计3244处，其中，全国重点文物保护单位18处，共有文物点106处；省级文物保护单位75处，共有文物点155处；市级文物保护单位126处，共有文物点133处；县级文物保护单位469处，共有文物点489处。

【万里茶道申遗】 8月23日至25日，2022万里茶道(中国段)—环中国自驾游集结赛宜昌站成功举行。宜昌站活动涵盖发车仪式、"茶颜观色"非遗主题旅游线路推介、长盛川青砖茶品鉴、游览三峡大坝、宜都市万里茶道打卡点揭牌暨文旅大巡游等多项环节，60余台赛车、200余名参赛选手参加宜昌站活动。

2022万里茶道(中国段)—环中国自驾游集结赛宜昌站发车仪式

【革命文物保护】 12月1日，省文化和旅游厅公布了第二批湖北省革命文物名录，宜昌市18处不可移动文物、2件(套)可移动文物被列入。截至2022年年底，宜昌市共有

62 处不可移动文物、11 件(套)可移动文物被列入湖北省革命文物名录。

【保护工程建设】 全市获批立项文物保护修缮项目 3 个：归州城遗址修缮工程、乃见天日坊修缮工程、古夫甘氏老屋修缮工程。开工实施修缮项目 3 个：五峰精制茶厂展示利用工程(一期)、杨家河兵寨群修缮工程、玉泉铁塔修缮工程。完工待验项目 2 个：长阳人遗址本体保护工程、曾家湾民居修缮工程(二期)。竣工验收项目 3 个：桃源塔修缮工程、五峰精制茶厂展示利用工程(一期)、抗日将士纪念碑修缮项目。重大项目情况如下：

1. 玉泉铁塔修缮工程。8 月 6 日，玉泉铁塔修缮工程开工仪式在当阳市玉泉寺举行，同时组织召开了玉泉铁塔修缮工程专家现场咨询会。省文化和旅游厅文物保护与考古处处长陈飞，荆州市文化和旅游局党组成员、副局长王立静，宜昌市文化和旅游局四级调研员伍启军，当阳市人民政府副市长黄锋等出席活动。李化元、吴顺清、铁付德、马清林、潘路、龚德才、梁宏刚、胡东波、方云、谌文武、朱祥德、童华、廖俊、周松峦、李玲等 15 名专家参加了开工仪式和专家咨询会议。该工程业主单位为当阳市文化和旅游局，设计和施工单位均为荆州文物保护中心，监理单位为安徽省中灏工程咨询有限公司，工程主要针对玉泉铁塔锈蚀病害开展修缮保护，计划工期 3 年。

玉泉铁塔修缮工程开工仪式

2. 桃源塔修缮工程。该工程主要内容包括对文物本体修缮加固、文物周边环境整理。业主单位为秭归县文物保护中心，方案设计单位湖北东弘古建工程有限公司，施工单位为湖北丰景园林古建有限公司，监理单位为武汉宣华大匠文物工程有限公司。3 月 7 日，桃源塔修缮工程通过竣工验收，验收单位为宜昌市文化和旅游局。

3. 五峰精制茶厂展示利用工程(一期)。该工程主要利用五峰精制茶厂原擀茶车间进行陈列布展，展览以五峰土家族自治县非物质文化遗产展示为主题。一楼为非遗技艺类工作室，共计478平方米；二楼为非物质文化遗产传承展示馆，共计490平方米。该项目业主单位为五峰土家族自治县文化馆，设计和施工单位均为上海宽创国际文化科技股份有限公司，监理单位为宜昌信泽建设管理有限公司。10月20日，五峰精制茶厂展示利用工程(一期)通过竣工验收，验收单位为五峰土家族自治县文化馆。

4. 抗日将士纪念碑修缮项目。抗日将士纪念碑，位于宜昌市长阳土家族自治县高家堰镇青岩村五组，属县级文物保护单位。因风蚀雨侵和人为破坏，9月，长阳土家族自治县博物馆自筹资金对文物本体进行修缮，设计和施工单位均为当阳市神驰古代工程研究所。10月15日，抗日将士纪念碑修缮项目通过竣工验收。

【遗址公园建设】 10月5日，省人民政府批准屈原祠为第二批湖北省文化遗址公园。屈原祠位于宜昌市秭归县茅坪镇滨湖社区凤凰山麓，首建于唐元和十五年(820年)，因葛洲坝水利枢纽工程、三峡水利枢纽工程先后两次搬迁。现有建筑于2006年建成，建筑面积5800平方米，由大殿、前殿、享堂、屈原墓等构成。截至2022年年底，宜昌市有2处湖北省文化遗址公园。

博物馆工作

【博物馆建设】 8月5日，三峡工程博物馆正式对公众免费开放。该馆位于三峡枢纽工程右岸下游，占地面积15万平方米，主体建筑造型为大江截流中发挥重要作用的截流四面三角体，建筑面积2.1万平方米，设有三馆三中心和一个临时展厅，“三馆”为三峡

新建成的三峡工程博物馆

馆、工程馆和水电馆，“三中心”为好奇水电研学中心、专业交流中心、文创中心。

【藏品管理】 截至2022年年底，全市19家博物馆共登记在册藏品202570件(套)。新增藏品562件(套)，其中宜昌博物馆5件(套)、宜都市博物馆3件(套)、当阳市博物馆11件(套)、秭归县屈原纪念馆9件(套)、长阳土家族自治县博物馆118件(套)、三峡工程博物馆416件(套)。修复藏品609件(套)，其中当阳市博物馆105件(套)、宜昌博物馆292件(套)、三峡工程博物馆212件(套)。

【馆藏文物修复】 全市获批立项可移动文物保护项目5个：秭归县屈原纪念馆可移动文物保护修复项目、宜昌博物馆三江墓群出土文物保护修复项目、当阳市博物馆馆藏瓷器文物保护修复项目、远安县博物馆预防性保护项目、当阳市博物馆预防性保护项目。竣工验收项目1个：当阳市博物馆馆藏金属文物保护项目。

当阳市博物馆馆藏金属文物保护项目。该项目业主单位为当阳市博物馆，方案编制单位为湖北省博物馆，修复实施单位为湖北喆霖苑文化发展有限公司，该项目共修复馆藏金属文物105件(套)。11月21日，该项目由省文化和旅游厅委托省文物事业发展中心验收结项。

【数字藏品发行】 宜昌博物馆、秭归县文物保护中心先后发布数字藏品，其中宜昌博物馆发行的“太阳人”石刻数字文创是宜昌市文博系统的首次尝试。

1. 3月28—29日，宜昌博物馆和洛客—海星宇宙公司共同设计的“太阳人”石刻数字产品分两期在超维空间线上发售。此次数字产品包括5款数字藏品，分别是“东君神降苍穹”“东君回首望乡”“东君不舍飞升”“东君赐福人间”“东君长矢射天狼”，该系列产品以“太阳人石刻”IP为基础，融入屈原《九歌·东君》里的东君人物特征，并结合三峡地貌特点设计而成。两期共限量发行12000份，全部售罄。

2. 11月3日，宜昌博物馆联合苏州和云观博数字科技有限公司以馆藏珍贵文物——建鼓为原型，通过三维建模设计了“建鼓”数字藏品，并在鲸探平台发行了“建鼓”数字藏品10000份，全部售罄。

3. 6月，秭归县文物保护中心联合郢棒信息科技(上海)有限公司以秭归县博物馆收藏的瓷龙舟、铜权、编钟、鐎斗、铜剑等5件藏品为原型，设计发行文物数字藏品各1000份。

【陈列展览】 枝江市博物馆、兴山县民俗博物馆、长阳土家族自治县博物馆分别对原有基本陈列进行提档升级。

1. 枝江市博物馆基本陈列增设“馆藏精品文物展”。该展览挑选枝江市博物馆收藏的36件(套)精品文物，采用场景、灯光、现代数字多媒体技术等手段和方式，展示了枝江地方历史人文风貌，宣传了地方历史文化和考古研究成果。该展览面积 163 平方米，5 月 18 日正式对外开放。

2. 兴山县民俗博物馆基本陈列增设“木间乾坤——兴山木雕文物展”。该展览展出了兴山县清代和民国时期各种建筑、家具等构件精品木雕藏品 165 件(套)。展品上雕刻有精美的人物、动物、花草，以及吉祥图案，体现了兴山地区木雕独特的艺术魅力和深厚的文化意蕴。该展览面积 170 平方米，7 月 1 日正式对外开放。

3. 长阳土家族自治县博物馆更替部分基本陈列。为全面展示长阳土家族自治县的土家族织锦文化，长阳土家族自治县博物馆将三楼的“文化长阳”更替为“山花烂漫——长阳博物馆馆藏土家族织锦文化展”。该展览展出近 100 件(套)馆藏精品西兰卡普，通过实物和图片、文字等讲述了土家族织锦的历史与现状等。该展览面积约 200 平方米，7 月 1 日正式对外开放。

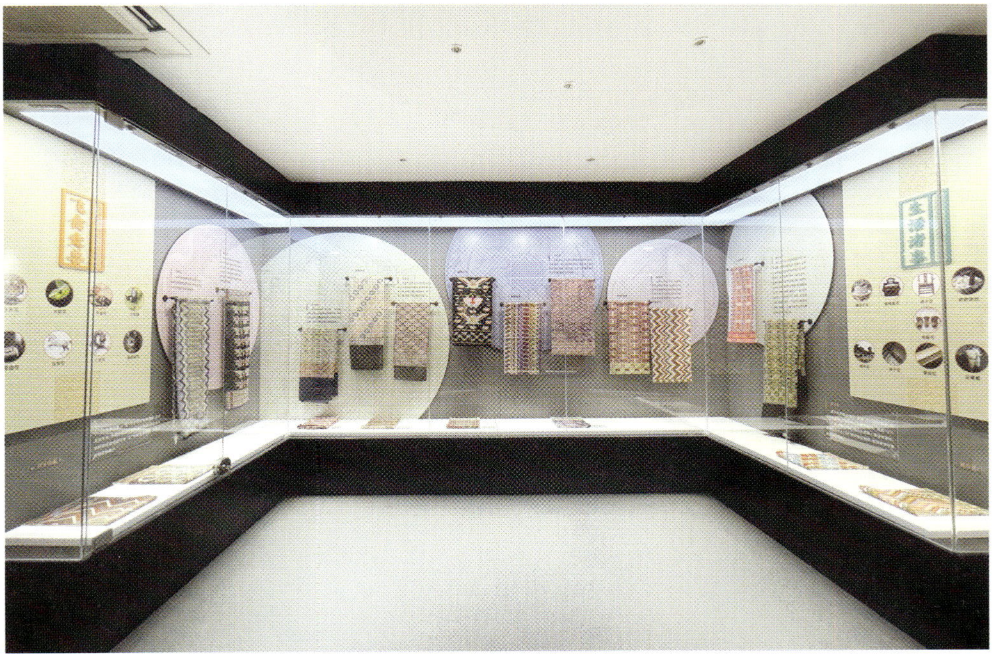

长阳土家族自治县博物馆“山花烂漫——长阳博物馆馆藏土家族织锦文化展”

【临时展览】 全年 19 家博物馆共举办各类临时展览 42 个，较为重要的临时展览有：

1. “丹青迎春——馆藏精品绘画作品展”。1 月 31 日至 4 月 3 日，宜昌博物馆举办原创“丹青迎春——馆藏精品绘画作品展”，展览精选 60 件(套)馆藏古代绘画作品，展示中国古代绘画艺术魅力，弘扬优秀传统文化。

2.“虎虎生风——壬寅年虎文物展”。1月31日至4月30日，宜昌博物馆举办“虎虎生风——壬寅年虎文物展”原创展览，通过61件(套)藏品展示宜昌地区虎文化的发展历程，传承以虎文化为代表的优秀传统文化。

3.“逸响伟辞 卓绝一世——屈原文化特展”。秭归县文物保护中心策划制作26块屈原文化展牌，讲述屈原忠君爱国、独立不迁、上下求索、廉洁修身的精神品格。从3月1日至12月31日以流动展览的方式进军营、企业、学校、景区、机关等12个单位，参观人数达10000人次。

4.“宜昌记忆——老照片展”。3月9日至5月15日，宜昌博物馆举办“宜昌记忆——老照片展”原创展览，展出作品40件，展览以流动展览进社区的方式，带领市民感受宜昌老城区的历史文化魅力。

5.“魂系三峡 艺立百年——武昌艺专三人美术作品与文献展”。5月18日至7月17日，宜昌博物馆举办“魂系三峡 艺立百年——武昌艺专三人美术作品与文献展”，展出绘画作品与文献资料100件(套)，展示宜昌区域美术事业发展历程。

6.“诗画忆屈原 廉风润伍家——艺术成果展”。5月25日至7月24日，宜昌博物馆联合伍家岗区纪委监委、伍家岗区委宣传部、伍家岗区文联共同举办“诗画忆屈原 廉风润伍家——艺术成果展”原创展览，展示宜昌市书法家协会、美术家协会、摄影家协会和民间艺术家协会创作的200幅“清廉”主题的书法、绘画、摄影以及剪纸作品。

7.“曾经巴楚——‘宜荆荆恩’城市群博物馆联盟青铜文物特展”。6月3日至8月3日，“宜荆荆恩”城市群博物馆联盟举办“曾经巴楚——‘宜荆荆恩’城市群博物馆联盟青铜文物特展”原创联展，展览以“宜荆荆恩”四地三个诸侯国历史文献的梳理为基础，展出宜昌万福垴、荆门苏家垄、荆州左冢、恩施东瀼口等重要遗址出土青铜器118件(套)。

8.“中国有电140周年‘新征程、新跨越’——全国电力摄影作品展”。8月5日至9月8日，三峡工程博物馆举办的“中国有电140周年‘新征程、新跨越’——全国电力摄影作品展”，展出全国电力摄影爱好者的140幅作品，让观众重温电力工业发展之路，见证电力职工开拓创新、拼搏奋进的新时代精神。

9.“秋生物华——馆藏秋意书画作品展”。2022年10月1日至2023年2月12日，宜昌博物馆举办“秋生物华——馆藏秋意书画作品展”，展出书画作品60件(套)，包括花鸟画、山水画、人物画、书法等。展览结合创新性的艺术理念和中国传统文化，展示中国传统书画艺术，弘扬中国传统文化精神。

【交流展览】 宜昌博物馆开展借展交流活动，全年向国有博物馆借出4批次共计92件(套)馆藏文物。

1. 宜昌博物馆向湖北省博物馆借出11件(套)文物，其中一级文物1件(套)、二级文物10件(套)，参加“龢：音乐的力量——中国早期乐器文化”专题展览，展览地：湖北省博物馆，借用期：5月13日至7月23日。

2. 宜昌博物馆向三峡工程博物馆借出70件(套)文物，均为一般文物，展览地：三峡工程博物馆，借用期：2022年7月1日至2023年6月30日。

3. 宜昌博物馆向重庆中国三峡博物馆借出11件(套)文物，其中一级文物1件(套)、二级文物10件(套)，参加“一见钟琴——从宫廷礼乐到文人雅兴”专题展览，展览地：重庆中国三峡博物馆，借用期：8月29日至12月20日。

【城市群博物馆联盟建立】 5月19日，在“中国旅游日”湖北分会场现场，省文化和旅游厅为“宜荆荆恩”城市群博物馆联盟正式授牌。“宜荆荆恩”城市群博物馆联盟由宜昌、荆州、荆门、恩施四地21家博物馆单位组成，联盟将坚持“共通、共建、共享”原则，以陈列展示、文物保护、社会教育、文创开发、考古发掘、人才培训交流等为主要合作内容，推动“宜荆荆恩”城市群博物馆资源整合。

【社会教育与公众服务】 全年19家博物馆共接待观众1175359人次，其中未成年人299202人次、境外观众96人次。共举办社会教育活动222次。宜昌博物馆常态化开展传统佳节系列亲子活动，同时专门为青少年打造了“屈原故事”“光影的艺术”“金甲片之谜”三套智慧社教课程。在新媒体方面，宜昌博物馆继续打造“知行学堂”音频讲解品牌，全年推出7个系列主题31期线上音频讲解。秭归县博物馆常态化开展《云讲瑰宝》《屈子讲堂》线上讲解28期。

【“5·18国际博物馆日”活动】 “5·18国际博物馆日”期间，全市博物馆围绕主题“博物馆的力量”开展相关活动。

1. 5月13日至17日，宜昌博物馆组织开展“讲好宜昌故事”青少年演讲比赛和“我是小小皮影家——走进杨岔路小学”主题活动。通过主题演讲、皮影社教课程、皮影剧目表演、皮影DIY制作、爱心图书捐赠、虎虎生风壬寅年虎文物流动展等多种方式，讲好宜昌故事，弘扬优秀传统文化。

2. 5月18日，“宜荆荆恩”城市群博物馆联盟共同推出“争艳——‘宜荆荆恩’城市群博物馆联盟镇馆之宝联展”，遴选联盟博物馆最具代表性的100件(套)镇馆之宝，以虚拟展览的形式在线上呈现。

3. 5月18日，由宜昌邮政为搬迁新址后的宜昌博物馆发行的四枚邮资明信片和一枚邮资封，以及启用的一枚“宜昌博物馆”风景戳在宜昌博物馆正式亮相。同日，宜昌博物馆联合宜昌三峡日报新媒体有限责任公司、湖北神工动画设计有限公司制作的《当文物唱响橘颂》短视频上线发布。

4. 5月18日，秭归县文物保护中心策划“考古百年·秭归有巴人成果展”，并送展览进武警宜昌支队执勤十中队。长阳土家族自治县博物馆联合长阳土家族自治县科协举办“清江生物群”专题科普展览，并送展览进何家坪社区。枝江市博物馆“馆藏精品文物展”完成布展，并正式对外开放。

文物安全与执法督察工作

【法规宣传】 12月10日，宜昌市文化和旅游局(宜昌市文物局)联合宜昌三峡广播电视台举办反文物诈骗直播宣传活动，活动以文物诈骗案例分析为主线，穿插讲解文物相关法律和政策，同时邀请吴晓松、王晓钟、李奇三位专家现场开展免费鉴定，共鉴定27位市民朋友54件(套)藏品。活动通过三峡广电视频号、抖音号、手机台等网络平台进行全程线上直播，累计在线观看人数超过10万人次。

【技防工程建设】 全市获批立项文物安全防护项目3个：三游洞摩崖安防升级改造工程、关陵防雷工程、宜都红茶厂消防工程。开工实施项目5个：凤凰山古建筑群安防工程、青山墓群安防升级改造项目、古夫民居安防工程、杨家湾老屋消防工程、玉泉寺及铁塔防雷工程。竣工验收项目1个：凤凰山古建筑群防雷工程。

凤凰山古建筑群防雷工程。该防雷工程主要是对秭归县凤凰山古建筑群、屈原祠等文物建筑安装防雷设施，业主单位为秭归县文物保护中心，设计单位为武汉市长兴安装工程有限公司，施工单位为湖北京博艺展设计有限公司，监理单位建基工程咨询有限公司，第三方检测单位为湖北天地雷电科技有限公司。11月21日，省文化和旅游厅下达《关于对秭归县凤凰山古建筑群防雷工程竣工验收的批复》(鄂文旅函〔2022〕294号)，同意凤凰山古建筑群防雷工程通过验收。

【打击文物犯罪】 2022年，全市各级公安机关共破获各类文物刑事案件7起，其中盗掘古文化遗址、古墓葬案件2起，倒卖文物案1起，盗窃文物案件2起，隐瞒犯罪所得(文物类)2起，抓获犯罪嫌疑人11名，抓获在逃人员7名，追缴三级文物4件(套)、一般文物447件(套)。

黄石市

综述

【文物资源】 截至2022年年底，黄石市共有全国重点文物保护单位8处(古遗址3处、近现代史迹及代表性建筑5处)、省级文物保护单位54处(古遗址17处、古墓葬4处、古建筑23处、石窟寺及石刻1处、近现代重要史迹及代表性建筑9处)、县(市)级文物保护单位184处(古遗址29处、古建筑121处、古墓葬10处、石窟寺及石刻6处、近现代重要史迹及代表性建筑18处)。全市登记备案的博物馆、纪念馆9家，其中文物系统博物馆8家、国有行业博物馆1家(大冶铁矿博物馆)。全市馆藏文物36867件(套)，其中含一级文物94件(套)、二级文物299件(套)、三级文物1735件(套)。

【机构人员】 黄石市文化和旅游局为市政府组成部门，负责全市文化、文物、旅游、广播电视、体育行政管理工作。核定行政编制31名，实有在职在编干部32名，其中党组成员5名(含不占用编制的兼职党组成员1名)，其他副县级及以上干部6名，科级及以下干部22名。党组书记、局长肖婷主持全面工作，二级调研员官东平分管文物工作；内设机构12个，其中文物科承担文物业务工作。下辖4家全额拨款事业单位，1家实行事业单位企业化管理单位。全系统现有在职干部职工236人，其中党员93人。

【工作概况】 全年完成考古勘探项目2项，考古调查2176万平方米，勘探190万平方米，申报文物保护单位保护项目计划12个。积极推动矿冶工业遗产申遗工作，加快推进遗址公园建设，华新水泥厂旧址被省人民政府公布为第二批湖北省文化遗址公园。推进铜绿山古铜矿遗址博物馆新馆建设，充分发挥博物馆纪念馆社教功能，开展各类展览11场。黄石市博物馆梳理馆藏文物数字化保护需求，制定《黄石市博物馆馆藏文物数字化保护方案》。开展文物安全专项检查3次、消防安全演练3次，保障文物安全，全年未发生文物安全事故。

考古工作

【考古勘探】 全年为工程建设完成考古勘探项目2项，调查未发现有直接侵犯文物点或涉及文物保护单位保护范围和建设控制地带的现象。

1. 5月14日，阳新县博物馆工作人员前往白沙镇、陶港镇，配合湖北省文物考古研究院对驻马店—武汉1000千伏特高压交流输变电工程湖北段线路进行考古调查，出具了文物保护工作意见，工程施工范围未发现文物遗存。

2. 黄石市博物馆对川气东送黄石联通工作管道路由选线项目进行实地考古调查，该项目位于黄石市下陆区，调查范围长1200米、宽度50米，调查历时5天，调查面积约60000平方米。出具了文物保护工作意见，工程施工范围未发现文物遗存。

【区域性统一评价】 市博物馆与湖北文物考古研究院合作实施开发区、工业园区区域性文物保护统一评价工作，考古调查2176万平方米，勘探190万平方米，新发现古墓葬9座、古遗址8处、古建筑1处。

1. 湖北阳新经济开发区城北工业园区域性文物保护统一评价项目。开展考古调查面积1348万平方米，实际勘探面积65万平方米，新发现古遗址8处。

2. 黄石大冶湖高新区区域性文物保护统一评价项目。开展考古调查面积719万平方米，实际勘探面积50万平方米，新发现古墓葬6座。

3. 黄石经济技术开发区汪仁镇沿山工业板块区域性文物保护统一评价项目。考古调查面积109万平方米，实际勘探面积75万平方米，新发现古墓葬3座。

文物保护工作

【基础工作】 组织大冶市、阳新县文化和旅游局对第八批省级文物保护单位红十二军建军旧址、鳌头黄黄家老屋进行保护范围和建设控制地带的划定工作，“两线”划定方案均报文物所在地人民政府同意后报送省文化和旅游厅。

【规划编制】 根据省文化和旅游厅批复意见，修改完善《红三军团革命旧址保护规划》《鄂王城城址文物保护规划》2项专项保护规划。经省文化和旅游厅指导，由文物保护单位所在地政府逐级报省政府，最终报至国家文物局审批，规划已进入审批程序。

【文物资源调查】 根据省文化和旅游厅部署，组织完成长江文物资源调查工作、碑刻石刻文物资源摸底调查工作。

1. 1月至4月，黄石市长江文物资源调查各工作小组在各县(市、区)文物部门的配合下，对所涉及的文物保护单位、未定级不可移动文物及新发现的历史遗存进行现场调查记录、拍摄，数据核查与信息录入工作同步完成。黄石市长江文物资源调查工作以第三次全国文物普查成果为基础，核实完成全市1493处文物点，相较于第三次全国文物普查新增了83处。同时编制完成了《黄石市长江文物资源调查报告》，对调查数据进行系统性梳理和分析，为全市文物保护提供基础性、科学性资料和决策依据。

2. 开展全市碑刻石刻文物资源摸底调研，摸清文物资源总量及保存现状，其中不可移动碑刻石刻16处(省级文物保护单位4处、县级3处、登记文物点9处)，可移动碑刻石刻2处，遴选推荐阳新县九烈士墓碑、宋鲁国图碑碑刻为全国名碑名刻。

【世界文化遗产申报】 为进一步挖掘黄石灿烂辉煌的矿冶文明，7月26日，市工业遗产保护中心赴湖北理工学院长江中游矿冶文化与经济社会发展研究中心参与“矿冶文明史及矿冶文化研究学术交流会”，就黄石矿冶文明丛书编撰工作展开研讨。专家依次分享了黄石矿冶文明丛书编撰工作的进展情况，并针对现阶段进展较快的四本书籍——《黄石的石头开发与利用》《黄石煤炭工业发展史略》《黄石水泥发展史》《黄石铁冶史略》进行探讨，围绕政治价值、历史价值、文化价值和经济价值等发表意见，对后续写作方向和思路作出指导。

联合主办中国文物保护技术协会工业遗产保护专业委员会2022年度学术交流会议，阐释研讨“工业遗产保护技术与工程”研究成果。加强与国家文物局、中国文化遗产研究院的沟通，持续做好黄石矿冶文化遗产价值深化研究、申遗资料梳理及现状评估、绘图与文本撰写、技术咨询等工作。

【革命文物保护利用】 组织开展第二批湖北省革命文物名录遴选推荐工作，认真梳理本地区的不可移动革命文物资源和可移动革命文物资源。经过审查、论证、筛选，最终确定鄂东南第二游击队司令部旧址、肖汉洲烈士纪念碑等12处不可移动文物入选第二批湖北省革命文物名录，截至2022年年底，黄石市共有35处不可移动革命文物、243件(套)可移动革命文物入选湖北省革命文物名录。

完成了龙港革命历史纪念馆改造升级工程，启动了红三军团革命旧址、龙港革命旧址(湖北省文物保护单位)一期、工农兵苏维埃政府旧址(市县级文物保护单位)等革命文物修缮工程，确保革命文物的历史真实性、风貌完整性。

【保护工程建设】 全年申报文物保护单位保护项目计划12个。完成全国重点文物保护单位华新水泥厂旧址、铜绿山古铜矿遗址、汉冶萍煤铁厂矿旧址、大冶兵暴旧址5处共计8个项目立项申报。国家文物局批准同意立项项目4个，分别是：汉冶萍煤铁厂矿旧址——瞭望塔、水塔保护修缮项目，华新水泥厂旧址——质量大楼保护修缮工程项目，铜绿山古铜矿遗址Ⅶ号矿体2号、3号、4号遗址点本体保护加固工程项目，铜绿山古铜矿遗址Ⅶ号矿体1号棚展示提升工程项目。

省级文物保护单位水南湾民居修缮工程申报立项获批。2022年，向省文化和旅游厅报送龙港革命旧址二期工程——红十六军后方医院旧址修缮工程设计方案，省文化和旅游厅批复同意湖北省文物保护单位梁氏宗祠修缮工程立项。

华新水泥厂旧址粗细磨车间、包装车间、成品库及装车站台修缮工程2处文物保护修缮工程顺利通过省文化和旅游厅专家组验收。湖北省文物保护单位铜湾陈民居一期、市保华记烟囱、金寨古民居等9处文物保护修缮工程顺利实施并通过市文化和旅游局专家组验收。

【工程资质管理】 按照国家文物局关于文物保护工程资质管理制度改革与省文化和旅游厅工作要求，对全市54家具有丙(三)级文物保护工程资质证书的公司进行资料审核，并将相关材料报省文化和旅游厅审批。召开文物保护工程资质单位法人代表培训会，学习相关法律法规和国家文物局关于文物保护工程资质管理制度改革相关文件，并通报了两起与文物保护工程相关的文物行政执法案例。会上依据省文化和旅游厅审查结果，为54家丙(三)级文物保护工程资质单位换发乙(二)级新资质证书。按照省文化和旅游厅要求对全市18家二级以上文物保护工程资质单位进行了资质年检。

黄石市举办全市文物保护工程资质单位法人代表培训班

【遗址公园建设】 8月，国家文物局专家组对铜绿山国家考古遗址公园建设情况进行实地考核评定，为国家考古遗址公园挂牌提出工作建议。铜绿山古铜矿遗址新馆展陈设计方案已获省文化和旅游厅批复，并争取布展资金500万元。修改铜绿山古矿遗址VII号矿体2号、5号采矿遗址保护展示工程和四方塘及岩阴山脚遗址保护展示工程设计方案，并通过省文化和旅游厅核准。铜绿山古铜矿遗址VII号矿体1号点展示提升工程，2号、3号、4号遗址点本体保护加固工程项目获国家文物局立项批复。10月，华新水泥厂旧址被省人民政府公布为第二批湖北省文化遗址公园。

博物馆工作

【博物馆建设】 全年稳步推进铜绿山古铜矿遗址博物馆新馆工程和阳新县博物馆新馆项目。

铜绿山古铜矿遗址博物馆新馆主体已完成土建、幕墙、电梯工程；3月，完成新馆配套工程馆外环境整治项目初步设计方案和文物影响评估报告，并通过规委会审查，已报送国家文物局审批；配合市城投公司完成约15773平方米土地的相关手续及2.5亿元专项债券资金的申报，正在办理剩余3000平方米林地手续；市领导带队赴多市考察学习布展理念、技术手段，加快推进展陈内部基础装修及艺术深化设计，并召开展陈艺术品专家评审会；争取湖北省博物馆的支持借用部分盘龙城文物、铜绿山考古标本，以及市博物馆青铜器50件用于展览，推进青铜器借展工作；做好新馆馆标的征集评选工作，组织专家实地考察听取汇报，审阅馆标征集作品共52件。

阳新县博物馆新馆项目位于阳新县城东新区“三馆一中心”工程之中，阳新县博物馆建筑面积6800平方米，总布展面积2380平方米，办公面积1500平方米，公共部分建筑面积2230平方米，地下库房1500平方米，共四层，投资规模约4880万元，其中布展费约2500万元。博物馆建筑主体工程已封顶，室内的空调、通风、水电、外墙等工程施工均已完成，开始装修布展。布展规划一层为阳新历史文化，二层为阳新红色历史，三层为阳新民俗文化。

【藏品保护与管理】 黄石市博物馆对馆藏文物进行了分类筛选，对具有地方历史文化特征和研究价值的文物进行清理汇总，已申请开展298件馆藏文物定级工作。

大冶市铜绿山古铜矿遗址博物馆复制湖北省博物馆曾侯乙编钟1套、盘龙城青铜器5件；通过多种渠道民间征集，向当地村民征集到古铜钱19.2千克；获赠矿石标本1351块，征集到矿晶37块。

阳新县博物馆获得两位村民捐赠文物。3月30日，白沙镇村民郑安文将做农活时无意挖到的青铜鼎捐赠给县博物馆永久收藏。9月8日，赵红兵主动联系县博物馆，捐赠母亲下地做农活时发现的北宋铜鐎斗。

【馆藏文物修复】 申报可移动文物保护修复项目计划书2个，获批同意立项1项，为大冶市博物馆可移动文物保护修复项目。

【陈列展览】 黄石市博物馆积极推出各类展览，全年共完成临时展览11场，包括外出交流展3场、引进展览2场、自办展览6场，年度参观人数11.8万人次。

1. 2021年12月15日—2022年1月30日，黄石市博物馆“火与纸的艺术——黄石烙画展”到江汉关博物馆展出，全面展示烙画与众不同的艺术魅力和蕴藏其间的丰富民族文化内涵。

2. 1月1日“尘封瑰宝——馆藏出土文物精品展”在黄石市博物馆开展，此次共展出馆藏的新石器时代至明清时期的精品文物70件(套)。

3. 1月24日“九三学社书画院艺术作品展”在黄石市博物馆开展，此次展览包含国画、水彩画、油画、书法作品等各类艺术作品60余幅。

4. 1月27日“虎跃龙翔——中国虎文化展”在黄石市博物馆线上线下同步推出，通过珍贵的历史资料和图片，综述中华虎文化丰富的内涵和辉煌历程。

5. 3月15日，黄石市博物馆与江汉关博物馆联合举办的“中国人的光荣——纪念中国铁路之父詹天佑”展览在黄石市博物馆开展，展出文物75件(套)。

6. 7月6日，黄石市博物馆与孝感市博物馆联合举办“秦楚和鸣——湖北云梦郑家湖墓地出土精品文物图片展”，丰富黄石市群众文化生活。

7. 10月15日，在黄石市博物馆举办“美美与共——黄石民盟喜迎‘二十大’书法美术作品展”，此次书画展共展出书法、绘画等作品70余件，展品题材丰富，风格多样，艺术精湛。

8. 10月1日，在黄石市博物馆举办“中国瓷器文化与黄石馆藏精品瓷器展”。展览从“瓷器的起源”“瓷器的发展”“瓷器的繁荣”三个部分详细介绍中国瓷器文化，同时展出馆藏的南北朝至清朝等各个时期的国家一、二、三级文物精品——瓷器精品百余件。

9. 6月3日、8月15日，黄石市博物馆“天地一洪炉——铜绿山古铜矿遗址”主题展览分别到江汉关博物馆和孝感博物馆展出。该展览旨在本土文化的寻根溯源，同时也是对中华文明传承性与创造性的展示。

10. 11月20日，黄石市博物馆与湖北师范大学联合举办“‘矿彩觉悟’矿彩艺术作品展”，此次展览展出国画、工笔画、书法等各类矿彩艺术作品及各种质地的矿石和矿物颜料，展示黄石本土矿彩艺术。

【社会教育与公众服务】 大冶市博物馆以传统节日和重要节日为契机，举办新时代文明实践“博物馆五进”活动10次，积极组织开展未成年教育活动、“5·18博物馆日”活动、五四青年节活动、庆祝“六一”儿童节手拉手等活动5次。每月开展1~2次社会主义核心价值观宣传活动，对未成年人免费开放，给未成年人提供免费讲解，全年接待观众10万余人次，其中未成年人1.8万余人次。

龙港革命旧址纪念馆、彭德怀纪念馆共开展爱国主义教育基地讲座16次，累计参与学习人数2000余人次。1—9月，开展爱国主义教育、革命传统教育和党史教育活动，共接待来自鄂州、黄石、大冶、阳新等各地机关团体、企事业单位，大、中、小学生，社会团体组织等游客共计 4 万余人次。

修缮后的龙港革命历史纪念馆

【“5·18 国际博物馆日”活动】 5 月 18 日，大冶市举办“博物馆的力量”等“5·18 国际博物馆日”主题教育活动 19 场次。开展“喜迎二十大，熠起说大冶，讲好青铜(非遗)故事”主题活动；开展“沿着长江读懂中国——湖北千里长江行”武汉都市圈探访活动；与大冶市政协联合举办“弘扬青铜文化，助推经济发展”读书交流会；文保工作人员志愿为市民发放宣传折页 2500 余份，让更多的市民熟悉了解文物保护相关法律法规。

阳新县博物馆在富川中学通过历史故事讲述、馆藏文物图片展示等方式，让学生们近距离体验和感受阳新历史文化底蕴。博物馆社教工作人员讲解《中华人民共和国文物保护法》《博物馆条例》，总计摆放宣传展板 20 余幅，发放宣传册页 1000 张，内容丰富、图文并茂，通过工作人员讲解文物知识，让学生们了解阳新历史文化。6 月 9 日，阳新县博物馆在金山角小区举办流动图片展览，以图文并茂的展板，让群众在轻松愉快的氛围中感知历史文化知识和英雄人物故事，同时发放宣传单 1200 余份。6 月 13 日，博物馆红色文艺轻骑兵送展小分队，在王英小学的操场上举办馆藏文物图片展，博物馆工作人员使用通俗易懂、生动形象的语言，向学生们讲解展板内容，并耐心地解答学生们的提问，现场发放了《博物馆简介》《文物保护法》等宣传资料百余份。

文物安全与执法督察工作

【安全宣传】 加大文物安全宣传力度，深化文物安全保护知识的宣传，采用多种方式开展文物安全宣传教育。

开发区·铁山区在全年的例行文物巡查和检查中，通过现场督促整改与实际指导讲解相结合的方式，同消防人员一起对相关责任人现场宣传普及消防安全知识，全年累计开展消防安全宣传 10 余次，涉及文物管理相关人员 20 余名。

西塞山区文化和旅游局在博物馆日、文化遗产日等时段，通过悬挂标语横幅、散发宣传材料、现场讲解等方式在城区主要道路旁和黄石市重要文物密集区域开展宣传活动，宣传文物保护法律法规。

大冶市博物馆到金牛镇文化馆、镇中心小学、徐桥村开展《文物保护法》下基层宣讲活动。5 月 30 日组织大冶中专学生到博物馆开展“保护文化遗产 守护精神家园”文物保护主题教育活动；12 月 2 日，走进鄂王城城址向当地居民发放《文物保护法》宣传册，提高当地居民的文物保护意识。

向当地居民宣讲《文物保护法》

【检查督查】 全市各县市区共组织开展文物安全检查 81 次，出动检查人员 725 人次，检查文博单位 269 处，发现安全隐患问题 75 个，已全部完成整改。开展全市文物保护单位的“两线”范围内违建问题专项排查工作，共检查巡查黄石市246处市(县)级以上的文物保护单位，所有文物保护单位保护范围和建设控制地带内未发现有违建行为和违法建筑。开展全市文物建筑消防专项检查工作，组织各县(市、区)文化和旅游局与消防部门联合组成检查工作组20个，出动201人次，共排查文物建筑166处。做好文物火灾隐患整治和消防能力提升三年行动收官工作，完成全市全国重点文物保护单位安全基础信息网上填报工作。

黄石市文化和旅游局采取领导带队、定期检查、暗访突击等形式，全年开展督导督查工作9次。各县(市、区)文化和旅游局对检查发现的问题现场开展整改工作，对存在平安风险的文物保护单位进行集中摸排，并做好应急举措。各地启动了市县级及以上文物保护单位排危修复、沟渠清理、瓦面维护及周边环境清理工作。

【技防工程建设】 完成铜绿山古铜矿遗址消防工程立项申报，阚家塘古民居消防工程通过立项审批。组织完成全国重点文物保护单位红三军团革命旧址安防、消防工程设计方案，报送湖北省文物保护单位阚家塘古民居消防方案。其中，铜绿山安防升级改造工程、柯家老屋消防工程、大冶市青铜文化展示中心(提升工程)安防工程设计方案获省文化和旅游厅核准通过。全力推进文物安全监管平台建设，市区重点文物保护单位文物安全监管平台试点工程已投入运行。

【消防演练】 组织各县市区文化和旅游局观看了《生命重于泰山——学习习近平总书记关于安全生产重要论述》电视专题学习片。大冶市博物馆两次联合大冶市消防支队聘请湖北省消防安全培训机构教官到大冶市博物馆，开展消防教育讲座并现场进行应急和消防演练，大冶兵暴旧址、红三军团革命旧址管理人员一同参与。开发区·铁山区文化和旅游局邀请了区消防大队，对文保单位相关负责人40余人，开展了密闭空间面对火灾该如何逃生的应急演练活动，通过图文并茂和现场演示的方式，有针对性地开展消防安全演练。

十堰市

综述

【文物资源】 截至2022年年底，十堰市共有不可移动文物点3285处（古遗址1015处、古墓葬989处、古建筑997处、石窟寺及石刻82处、近现代重要史迹及近现代代表性建筑202处），其中含世界文化遗产1处（武当山古建筑群）、全国重点文物保护单位17处（84个点）、湖北省文物保护单位52处（62个点）、县（市）级文物保护单位463处。十堰市共有博物馆（纪念馆）13家，其中二级博物馆2家、三级博物馆2家、未定级博物馆9家，国有博物馆10家、非国有博物馆3家。全市各级各类博物馆（纪念馆）共有藏品80768件（套），珍贵文物数量6714件（套）[其中一级文物267件（套）、二级文物331件（套）、三级文物6116件（套）]，一般文物14780件（套），未定级文物59274件（套）。全市博物馆共有基本陈列展览47个。

【机构人员】 十堰市文化和旅游局是十堰市政府组成部门，主管全市文化、旅游、体育、广播电视和文物工作。核定行政编制55名，配局长1名、副局长4名、总工程师1名，正科级职数20名、副科级职数10名，在编在岗42人；副局长童华分管文物工作；内设机构18个，其中文物保护科承担文物业务工作；局直属文博单位2个，全市共有文物保护管理机构（含二级单位）22个，包括文物行政主管部门11个，其他文物保护管理机构11个。

【工作概况】 按照新时代文物工作方针，有序推进文物保护工作。文物考古取得重大发现，学堂梁子遗址发现“郧县人”3号头骨化石，实证我国100万年的人类史；文物保护状况显著改善，上津古城山陕会馆修缮等文物保护工程有序推进；文物活化利用焕发光彩，“画笔下的文化遗产”绘画大赛成功举办；革命文物保护传承走深走实，47处文物入选第二批湖北省革命文物名录，《峥嵘岁月——十堰市革命文物专辑》正式出版发行；文物基础不断夯实，全市长江文物资源专项调查高质量完成。文物安全形势整体平稳。全年累计争取全国重点文物保护专项补助资金4640万元，省级文物保护专项补助资金510万元。

1月21日，郧县学堂梁子遗址、郧县青龙泉遗址、房县七里河遗址、郧县辽瓦店子遗址、郧县乔家院墓地、武当山古建筑群、郧县李泰家族墓地等7处入选“湖北百年百大考古发现”；6月，五龙宫遗址考古发掘入选“2021年湖北六大考古新发现”；十堰市文物局荣获“全国石窟寺专项调查先进单位”称号，市文化和旅游局李鑫荣获“全国石窟寺专项调查优秀个人”称号。十堰市博物馆馆长胡勤、郧阳区文物事业发展中心主任谢守军荣获“全省文物工作先进个人”，丹江口市文化和旅游局荣获“全省文物工作先进单位”。

考古工作

【主动性考古】 十堰市文博单位配合湖北省文物考古研究院、中国科学院古脊椎动物与古人类研究所等单位开展学堂梁子遗址、武当山五龙宫主动性考古发掘。

1. 学堂梁子(郧县人)遗址位于湖北省十堰市郧阳区青曲镇弥陀寺村，坐落于汉江北岸，曲远河口西边。遗址因于1989年、1990年发现两具直立人头骨化石(简称“郧县人”)而闻名，是一处集古人类化石、古动物化石和石制品三位一体的重要旧石器时代遗址，埋藏人类化石的地层年代被测定为距今110万~80万年。遗址保存面积约190万平方米，埋藏于汉水北岸的第四级阶地内。2021年起，湖北省文物考古研究院联合中国科学院古脊椎动物与古人类研究所、武汉大学、郧阳博物馆、十堰市博物馆等单位，对该遗址开展新一轮考古发掘与研究。5月18日，“郧县人”3号头骨破土面世。6月，为保障考古发掘质量和文物安全，十堰市在遗址处修建温湿可控、设施齐全、功能完备的考古方舱和考古工作站，并架设专用变压器、安装防护网、增设监控探头、设置警务室、安装活动板房，按照公安枪库的标准浇灌钢筋混凝土文物库房，确保考古工作顺利开展。9月，国家文物局“考古中国”重大项目重要进展工作会发布，中央广播电视总台、新华社、人民日报、人民

学堂梁子遗址标准化考古方舱

网、学习强国、光明日报、中国新闻网、国家文物局等50家媒体网站对发现“郧县人”3号头骨化石进行集中报道。12月3日，“郧县人”3号头骨化石在学堂梁子遗址被顺利提取出土，随后进入修复和研究环节。“中国湖北发现100万年前郧县人头骨化石”入选中央广播电视总台发布2022年度国际十大考古新闻并位列榜首、2022年度文博行业十大热点事件、2022年度湖北文物十件大事。

2. 武当山五龙宫考古发掘项目。五龙宫位于湖北省十堰市武当山，总面积约5万平方米，是世界文化遗产武当山古建筑群“九宫八观”之一。2020年9月至2022年，十堰市博物馆配合湖北省文物考古研究院对五龙宫中区南厢房以及南区进行整体揭露式考古发掘，发掘面积近7000平方米，发现房址10座及水池两处，已累计出土文物1000余件，遗物年代最早为汉。据初步统计，五龙宫遗址出土遗物有陶、瓷、铜、铁、木、骨、石、琉璃等8大类。除大量的勾头、滴水、筒瓦、脊兽等陶质和琉璃质建筑构件外，还有碗、盘、杯、碟、铜钱、砚台、烛台、镰刀、发簪等生活用器，另有少量的真武像、灵官像、水简、碑刻等宗教用器。出土遗物年代最早为汉，偶见宋(金)，多为明清，延续至民国。6月，五龙宫遗址考古发掘入选“2021年湖北六大考古新发现”。

【基建考古】 10月，为配合十巫高速建设，做好十堰经镇坪至巫溪高速公路郧西至鲍峡段文物考古调查，经省文化和旅游厅组织，由湖北省文物考古研究院和十堰市博物馆共同承担上庄遗址勘探发掘工作。上庄遗址位于十堰市郧阳区五峰乡，此次共发掘灰坑14个、房址2处、排水沟2条、灶2座、陶窑1座、瓦棺葬2处、明清时期墓葬1处，出土各类文物共计161件(套)。

【调查勘探】 为配合基本建设选址、用地，十堰市全年开展考古勘探与调查面积约100平方千米，勘探面积约8平方千米，共开展12项重点建设工程考古调查工作，具体项目分别是十西高铁建设、十巫高速建设、福银高速公路建设、十堰大道次高压燃气管道建设、竹山县潘口抽水蓄能电站、房县羊鼻岭高端酶制剂工厂建设项目、上津古城开发建设项目、郧西湖北口庙川村古墓葬、黄龙滩抽水蓄能电站项目、黄龙滩光伏电站光伏场区及升压站选址、郧阳区大堰—汉水220千伏线路及变电站所占压或经过处、209国道十堰大川至房县柳树垭段(大川至唐家河段)改建工程等。

根据省文化和旅游厅工作部署，十堰市组织省级专家评审《十堰市高新技术产业园郧阳园区文物保护统一评价文物调查勘探工作报告与文物保护方案》《十堰市郧阳区谭家湾生物科技园文物保护统一评价文物调查勘探工作报告与文物保护方案》，并报送省文化和旅游厅，获得批准。十堰市博物馆整理完成十堰市各县市区工业园区考古资料档案，年内已完成丹江口市、郧西、房县、竹山县、竹溪县、张湾区6处园区的资料整理。

文物保护工作

【保护范围划定】 根据湖北省人民政府《关于公布第八批湖北省文物保护单位的通知》(鄂政发〔2021〕34号)，十堰市计家咀遗址、富溪河黄家大院、南化塘革命烈士陵园、关防红二十五军军部旧址等13处文物保护单位入选第八批湖北省文物保护单位。年内，十堰市文物保护中心组织房县、竹溪县、郧阳区、郧西县开展13处第八批省保单位“两线”范围划定工作；7月，联合市住建局组建工作专班，深入郧西县实地指导中共鄂豫陕省委旧址等“两线”范围划定，12月，“两线”范围已划定，待报请政府批准公布。

【长江文物资源调查】 十堰市长江文物资源调查工作于2021年12月启动，至2022年7月全部完成。长江文物资源专项调查工作启动以后，十堰市积极部署深入9个县(市、区)完成全市3285处不可移动文物点信息核查和系统登录工作，新发现文物点18处，公布一般不可移动文物点7处。完成全市2010年以来考古实施项目(87处)、文物保护项目(81处)、不可移动文物保护管理机构(18个)统计。完成17处国保、52处省保田野实地调查工作，逐处拍照、记录，建立调查档案资料。在全省率先提交十堰市长江文物资源调查报告。

十堰市文物保护中心集中审核
长江文物资源信息

【碑刻石刻摸底调查】 按照《国家文物局关于开展全国名碑名刻文物遴选推荐及碑刻石刻文物资源摸底调研工作的通知》要求，十堰市积极开展名碑名刻遴选推荐暨碑刻石刻文物资源调查工作。全国重点文物保护单位慈孝沟“采皇木”摩崖、武当博物馆馆藏一级文物明武当提督韦贵石墓志铭、明建文款山简(题刻)成功入选全国名碑名刻遴选推荐名录，指导竹溪县、武当山特区采集报送相关名碑名刻名称、年代、碑铭、等级、保护机构及保护管理现状等基本信息。组织各县(市、区)对全市75处不可移动碑刻石刻文物、623处馆藏可移动碑刻石刻文物进行碑刻石刻文物资源摸底调查。

【世界文化遗产保护管理】 积极开展世界文化遗产武当山古建筑群保护管理工作，全年向上级争取文物保护专项资金3346万元，完成襄府庵迁建工程、金殿危岩体监测工程，玉虚宫雷祖殿、玉虚岩、妙化岩、关帝庙、谢天地岩、太和宫皇经堂、古戏楼、三官阁修缮工程；推进太和宫四大天门、九连蹬，五龙宫北道院、一字影壁、焚帛炉、小天门，老君堂修缮工程，玉虚宫父母殿复原工程；启动遇真宫景观绿化，武当山古建筑群消防智能应急广播系统，武当山南岩、紫霄景区消防用水改造等工程。

【革命文物保护利用】 积极开展第二批革命文物名录推荐工作，编辑出版《峥嵘岁月——十堰市革命文物专辑》。

1. 47 处文物入选第二批湖北省革命文物名录。十堰市文物保护中心梳理辖区内革命文物资源，积极开展第二批革命文物名录推荐工作。12 月，省文化和旅游厅印发《关于公布第二批湖北省革命文物名录的通知》，十堰市 46 处不可移动革命文物、1 件可移动革命文物（一级文物）入选第二批湖北省革命文物名录。至此十堰市共有不可移动革命文物 82 处、可移动革命文物 2 件。

红二十五军 223 团政治部旧址入选第二批湖北省革命文物名录

2.《峥嵘岁月——十堰市革命文物专辑》编纂出版。12 月 6 日，由十堰市文物保护中心编纂的《峥嵘岁月——十堰市革命文物专辑》正式出版发行。该书从十堰市地区革命文物保护单位中，精心遴选 90 个革命文物遗迹，400 余幅革命文物图片，以小见大，以物见史，图文并茂，生动再现了红三军开展土地革命、红二十五军长征、中原突围、解放战争等十堰地区人民在中国共产党领导下进行革命斗争的历史，体现了十堰地处鄂豫川陕“四边地区”的中心，作为湖北近代革命的核心区域之一，对推动中国革命的胜利起到的重要作用。该书是十堰市深入开展革命文物保护研究工作的重要成果，是弘扬革命传统和革命文化、加强社会主义精神文明建设、激发爱国热情、振奋民族精神的生动史料。

【保护工程建设】 年内，十堰市获批立项全国重点文物保护单位修缮项目 4 个、省级文物保护单位修缮项目 4 个，报审方案 11 个，完成开工备案 4 处。

1. 文物保护工程立项。统筹推进 2022 年度文物保护项目立项申报工作，全年申报全国重点文物保护单位文物保护工程项目立项计划 19 项，其中武当山建筑群黄龙洞神泉亭保护修缮、三天门至朝圣门古神道修缮、太和宫等 5 处建筑群白蚁综合治理、遇真宫展示工程 4 处立项计划获批。申报湖北省文物保护单位文物保护工程立项报告 8 项，其中冻青古建筑庆畅园、富溪河黄家大院、红二十五军政治部旧址、中共鄂豫陕省委郧西会议旧址 4 处修缮立项报告获批。

2. 文物保护工程方案报审。十堰市文化和旅游局组织专家通过线上评审、实地勘察等方式，审核报送武当山古建筑群凌虚岩、玉虚宫泰山庙、黄龙古建筑群王启华老屋、铁山寺宝塔、徐氏祠、均郧房县委县政府旧址等 11 处勘察设计方案，其中武当山古建筑群凌虚岩、竹笆桥及榔梅石殿修缮等文物保护工程勘察设计方案分别获国家文物局、省文化和旅游厅批复核准；完成均郧房县委县政府旧址陈列布展、竹山县文峰塔修缮、关垭长城沿街建筑改造项目等项目设计方案评审工作。

3. 文物保护工程实施。坚持开工备案制度，完成均郧房县委县政府旧址修缮、上津古城山陕会馆修缮等 4 处文物保护工程开工备案资料审核报送工作；强化文物保护工程监管，完成武当山建筑群老君堂、玉虚宫雷祖殿、关帝庙、金殿危岩体监测、玉虚岩、一二三天门、房县显圣殿、六区苏维埃政府旧址、上津古城山陕会馆等 10 处文物保护工程中期检查，并督促相关单位对检查中发现的问题进行整改；严格开展竣工验收，完成武当山建筑群襄府庵、威烈观、太常观、隐仙岩、仁威观、上津古城山陕会馆、玉虚宫遗址雷祖殿、武当山金殿危岩体监测、高家花屋、赵保长(赵文同)老屋等 11 处文物保护工程市级初验，并出具初验意见；配合省文物事业发展中心完成武当山建筑群谢天地岩、太和宫、五龙宫、妙化岩等修缮工程中期检查工作，开展高家花屋修缮工程省级验收和上津古城山陕会馆修缮工程省级中期检查工作。

【遗址公园建设】 12 月 29 日，根据《国家文物局关于公布第四批国家考古遗址公园名单和立项名单的通知》，学堂梁子考古遗址公园获国家文物局批准立项。

博物馆工作

【博物馆建设】 十堰市博物馆对库房杂物进行规整，分类摆放，对木质藏品进行清理虫害、除尘，更换库房风管，对文物库房走廊吊顶进行补漏、粉刷恢复。十堰市博物馆将三楼临时展厅改造成“张军美术馆”。武当博物馆积极向上级文物部门争取资金 270 万元，对博物馆基本陈列进行升级改造，更换声光电灯设备，补充完善展板图片和文字说明，配备专业蓝牙讲解器，提升基本陈列的档次和水平，激发观众参观兴趣。郧阳博物馆开发智慧讲解系统，语音讲解5月正式上线，为游客提供全方位语音讲解服务。

【藏品管理与征集】 十堰市文物保护中心指导全市登记注册的13家博物馆(纪念馆)完成2021年度博物馆基础信息填报工作；组织全市13家博物馆完成季度文物统计快报和文物统计年报填报工作。十堰市博物馆完成南办移交的南水北调珍贵文物373套(494件)的档案的填写、打印，配合省委办公厅档案行政管理处，完成3件藏品移交中央礼品文物管理中心展品借展。全年十堰市博物馆共增加藏品583件，十堰市博物馆获张军捐赠中国山水画120幅。

【馆藏文物修复】 根据省文化和旅游厅《关于做好可移动文物保护修复项目申报工作的通知》要求，十堰市文化和旅游局编制《十堰市博物馆南水北调工程文物保护资料库数字化及大数据整合开发项目计划书》等12项可移动文物保护修复项目计划书。十堰市博物馆可移动文物预防性保护、郧阳博物馆可移动文物预防性保护、丹江口市博物馆可移动文物预防性保护、可移动文物(馆藏青铜器)保护修复、可移动文物(馆藏陶瓷器)保护修复等5项可移动文物保护修复立项获批。十堰市博物馆馆藏文物柜架囊匣采购及安装项目，已完成采购询价、拟定合同、签订合同等环节。

【陈列展览】 十堰市13家文博单位及场馆共有基本陈列展览47个，年内推出临时展览18个，年接待参观群众44万人次。其中十堰市博物馆、郧阳博物馆、武当博物馆等博物馆举办的展览受到群众热烈欢迎，进一步展示了十堰市文物保护成果与文物魅力。

1. “十堰非物质文化遗产‘传统技艺大展’”。6月11日至8月1日，为庆祝“文化和自然遗产日”，宣传十堰市悠久灿烂的文化遗产，市文化和旅游局在市博物馆广场举办“十堰非物质文化遗产‘传统技艺大展’”，展览精选非物质文化遗产图片77张，以图文的形式对市级及以上32项传统技艺类非物质文化遗产代表性项目进行集中展示。

2. “永远在路上——从传统到现代：十堰清廉文化纵览展”。9月30日至10月30日，为深入贯彻落实市委关于清廉十堰建设的决策部署，扎实推进十堰市2022年清廉文化建设重点工作落实，十堰市博物馆联合湖北汽车工业学院马克思主义学院举办“永远在路上——从传统到现代：十堰清廉文化纵览展”，展览以图文的形式展示了本地古人类文化、诗经文化、武当文化、汽车文化、红色革命文化等内容，深度挖掘十堰传统文化尤其是百年党史中的廉洁、廉政元素，以史为鉴、以文化人，推进新时代十堰廉洁文化建设。

3. “喜迎党的二十大 奋进新征程”集报展。9月23日至10月31日，为迎接党的二十大胜利召开，郧阳区博物馆和郧阳培长报纸博物馆联合举办“喜迎党的二十大 奋进新征程”集报展。精选老报纸100多份，通过“党旗飘扬、成果辉煌、家乡巨变、砥砺奋进”四个篇章，回顾在中国共产党的坚强领导下，中国人民如何从站起来、富起来到强起来的辉煌历程，进一步激发干部职工干事创业的热情。

4. “武当碑拓艺术展”。5月18日至7月18日，为庆祝“5 · 18国际博物馆日”，做好文化遗产保护传承工作，武当博物馆利用传统的专业技术、手段，拓制武当山古代碑刻拓片三十余件举办“武当碑拓艺术展”。展出的碑拓主要包括武当山现存的明代历代帝王、大臣的圣旨、敕谕、诰书等，以及明代著名的文学家、书法家的诗词等内容。

【对外交流】 11月，武当博物馆9件馆藏文物赴深圳市南山博物馆参加“财神道——中国传统财富文化展”。9件明代文物均属珍贵文物，主要以关公、赵公明为主的财神系列类的神仙造像，此类文物展出以“文以载道”的方式，向观众呈现“生财有道、聚财有方、用财有效”的财富内涵，彰显招财纳福的美好愿望。

【社会教育与公共服务】 十堰市持续深入开展社会教育工作，推出文化宣讲、十博课堂、微视频、网络直播等系列丰富多彩的社会教育活动177余场，服务群众达5万余人次。十堰市博物馆“十博课堂”“我们从哪里来”“长大我要造汽车”“仙山琼阁武当山”课程走进东风22小学等4所学校，受益学生达500余人；拍摄《我的视点》微视频6期，深度展示文博人风采；开展“红色文物中的党史故事”等社会主义核心价值观活动9期；结合《我们的节日》先后开展春节“虎力全开 宝藏拿来”主题寻宝活动，元宵佳节“猜灯谜、扎灯笼、观展览”社教活动，清明节“博物馆里话清明 手绘纸鸢寄情思”社教活动，端午节“浓情端午 粽香情深”线上社教活动，七夕节“相约十博 爱在七夕”主题社教活动，中秋节“明月寄相思 博物馆里话中秋”线上社教活动；暑期期间开展“小小志愿者”活动，培养文化宣传志愿者。十堰市博物馆职工受邀为南水北调干部学院、市道路交通执法支队、郧西县文化和旅游局、市总工会、市直机关党组织书记示范培训班等作专题授课，传达省第十二次党代会精神20余场。郧阳文物事业发展中心主任谢守军受邀为区常委、党校开展《文物保护法》专题讲座2场。

【宣传活动】 结合“5 · 18国际博物馆日”活动，十堰市文化和旅游局与市教育局联合举办“画笔下的文化遗产”绘画大赛，得到了各地文旅、教育部门及大中小院校的积极响应，共收到参赛作品2578幅。5月15日，绘画大赛颁奖仪式在十堰市博物馆举行，共有6个组织单位、257名参赛者获奖，“画笔下的文化遗产”绘画大赛获奖作品展在十堰市博物馆展览持续两个月。9月15日，为庆祝“9 · 15”武当山世界文化遗产保护日暨武当山古建筑群保护宣传日，十堰市文化和旅游局在武当博物馆二楼展厅举办“笔墨丹青绘武当 世界遗产共守护”青少年绘画展，展期持续两个月。展览进一步宣传文物法律法规知识，同时也引导广大青少年走进博物馆、走近文化遗产，提高了青少年保护文化遗产的意识。

“画笔下的文化遗产”绘画大赛获奖作品展览在十堰市博物馆开幕

【文博文创】 武当博物馆盘活馆内公共文化资源，对博物馆商务区和茶室进行公开招租，为博物馆文创产品开发和销售搭建平台，进一步完善博物馆体验功能。与武当山文旅集团合作，深入挖掘武当博物馆品牌价值，签订为期三年的 IP 授权协议，推出武当系首个国家一级文物数字藏品——武当博物馆创世“金龙法器”。积极参与第二届全国文化创意产品推介活动，提升武当博物馆品牌效应。

文物安全与执法督查工作

【安全巡查】 按照国家文物局《文物保护单位执法巡查办法》的要求，十堰市坚持将文物安全执法巡查作为文物安全的重要抓手，实行文物安全季度检查、节假日抽查、常态化巡查等方式，不断加强文物安全工作力度。通过实地检查文物保护单位、查看文物保护基础档案资料等方式对全市省级以上文物保护单位及部分市县级文物保护单位开展田野文物安全执法巡查 250 余次；省级及以上文物保护单位执法巡查覆盖率达到 100%，县市区级文物保护单位执法巡查覆盖率达到 30%，出动行政执法人员 100 人；及时排除、整改各类安全隐患，实现了全年馆藏文物零事故、田野文物安全平稳的工作目标。为细化不可移动文物巡查管理，9 月，十堰市文物保护中心委托专业公司研发文物巡查管理系统，以实现对全市文物保护单位巡查工作的精准管理，年底前就管理系统会员账号、记录管理、统计分析等内容达成统一意见。

【执法检查】 武当山经济特区全年累计出动执法检查人员352人次，检查文博单位299家次，排查整治隐患55条，下达执法文书35份。投入资金5.6万元，添置(更换)各类消防器材318件套；开展文物宗教系统消防安全培训和实操演练2次。

【安全生产大检查】 为落实国家文物局《关于开展全国文物系统安全生产大检查工作的通知》精神，进一步压紧压实安全责任，十堰市文化和旅游局制定了《十堰市文物系统安全生产大检查工作实施方案》，采取各县(市、区)先自查自改、市级重点抽查的方式，对全市文博单位疫情防控、安全管理、火灾隐患等问题进行排查整治。9月，十堰市文化和旅游局组成两个工作小组，累计出动执法检查人员90人次，对全市51处文物保护单位进行抽查检查，发现文物安全隐患72条，通过现场整改和事后督办均已全部完成整改。

【技防工程建设】 积极推进2022年度文物保护项目立项申报工作。审核报送安全防护项目立项申报书13份，其中七里河遗址安防工程、大晟庵箭楼消防工程、关防红二十五军军部旧址消防工程、张振武故居消防工程等4项获省文化和旅游厅批复；审核报送学堂梁子遗址安防、甘氏宗祠安防等13项安全防护项目勘察设计方案，其中学堂梁子遗址安防工程、甘氏宗祠安防工程、七里河遗址安防工程、彭家祠堂消防工程、上津古城安防工程、均县苏维埃政府旧址消防工程6项安防消防工程设计方案获省文化和旅游厅批复。完成高家花屋消防工程开工备案，出具黄龙古建筑群消防工程竣工验收意见，完成上津古城古民居消防工程初验。

【违建排查】 按照省文化和旅游厅要求，制定全市开展涉及文物保护单位违建问题专项排查工作方案；7月联合市自规局成立工作专班，严格根据国务院、省政府公布的文物保护单位保护范围和建设控制地带文件、2018年国家文物局文物遥感监测外业核查图、十堰市2020年划定的湖北省文物保护单位“两线”范围卫星图及《文物安全巡查办法》等规范性文件，同时运用无人机对全市69处省级以上文物保护单位进行航拍逐一实地核查，经排查，发现竹山县高家花屋两线范围内场地平整及道路加宽硬化、武当山紫霄宫斋堂改造未按方案施工两项问题，市文化和旅游局第一时间下发停工通知，并指导两地做好整改工作。

荆州市

综述

【文物资源】 截至2022年年底，荆州市共有各类不可移动文物4081处：古遗址1625处、古墓葬1284处、古建筑622处、石窟寺及石刻16处、近现代重要史迹及代表性建筑522处、其他12处。全市有全国重点文物保护单位15处(包括古遗址类8处、古墓葬类2处、古建筑类3处、近现代史迹及代表性建筑类2处)，省级文物保护单位61个(包括古遗址16处、古墓葬12处、古建筑12处、碑刻1处、近现代重要史迹及代表性建筑18处，其他2处)，县(市、区)级文物保护单位478处。全市有各类博物馆10家，国有博物馆9家[市级博物馆(纪念馆)2家、县(市、区)博物馆7家]，非国有博物馆1家。全市馆藏文物20多万件(套)，其中一级文物646件(套)、二级文物1428件(套)、三级文物18451件(套)。

【机构人员】 荆州市文化和旅游局是市政府组成部门，加挂市文物局牌子，负责管理全市文化和旅游、广播电视、体育、文物工作。核定行政编制42名，在岗在编人员37人。党组书记、局长付良超主持全面工作，党组成员、副局长王立静分管文物工作。机关内设17个科室，文物保护与考古科和博物馆与社会文物科承担文物业务工作，局直属文博单位3个。

【工作概况】 荆州市建立文物工作联席会议制度，圆满完成荆州市长江文物资源调查和30项文物考古调查、勘探和发掘工作。完成考古勘探项目，勘探面积约110平方千米，考古发掘面积共2675平方米，抢救性发掘古墓葬98座，出土文物917件(套)；迎龙红二军团总指挥部旧址保护修缮工程、湘鄂西革命根据地旧址监利周老嘴安防工程等7个工程获省文化和旅游厅批复，楚纪南故城南城垣东段保护修缮工程、鸡公山遗址保护展示工程等3个项目获国家文物局批准立项。荆州城墙南纪门、安澜门、公安门、远安门修缮工程已竣工并通过市级初验。利用世行贷款，实施荆州城墙保护修缮，实现荆州城墙顶环贯通。市人大常委会审议通过《荆州市湘鄂西苏区革命遗存保护条例》。荆州博物馆采取线上、线下等方式开展多场主题教育活动，包括举办专题图片展2次，与其他博物馆联合举办展览3次，对外借展文物14次。与全市文博单位签订《文物消防安全责任书》，明确消防安全责任人和消防安全管理人。全市文物部门开展多次文物安全检查巡查和文物古建筑火灾隐患排查，督导整改多处文物安全隐患和文物消防隐患。全市侦破各类文物犯罪案件

14 起，打掉文物犯罪团伙 7 个，抓获犯罪嫌疑人 26 名，追缴文物 37 件。全年普及文物保护法律法规，共计普法覆盖 15.8 万人次。

荆州文物保护中心主任方北松荣获“全国文物工作先进个人”。荆州文物保护中心荣获“全省文物工作先进单位”。荆州博物馆古建部主任李正贵、石首市走马岭考古遗址公园管理所所长彭涛荣获“全省文物工作先进个人”。荆州王家咀 798 号战国楚墓获评“2021 年湖北六大考古新发现”。

考古工作

【调查勘探】 荆州市文化和旅游局组织荆州博物馆完成荆州大学城勘探项目、南门小学勘探项目、李埠大桥引桥勘探项目、石首肖家岭勘探项目、江陵电厂光伏发电项目、公安县光伏发电项目、松滋抽水蓄能项目、松滋临港工业园评估项目、监利一区四园评估项目共计 30 项，调查勘探面积 110 平方千米。对外开展考古工作，全年在江苏南京、苏州、扬州、连云港、盐城、常州，山东济南、淄博、日照、潍坊、德州、临沂、济宁、聊城等地区开展了 100 余项考古勘探评估项目，完成各类考古调查勘探评估方案及工作报告近 200 项。

考古发掘现场

【考古发掘】 荆州市文化和旅游局组织荆州博物馆完成市城乡基本建设及主动性考古发掘面积共 2675 平方米，发掘古城墙基址 1 处，古墓葬 98 座，房屋基址 3 处，灰坑、灰沟30处，采集并出土文物917件(套)。

1. 1—10月，荆州博物馆对荆州城墙11号马面进行考古发掘面积达300平方米。首次发现荆州城墙的明代砖墙直接修建在五代至宋代包砖城墙之上的“墙包墙”重要现象。为阐释荆州城墙的文化内涵提供了直观的历史场景，解开了该段墙体的年代之谜、结构之谜以及沿革演变之谜，明确了五代时期该段墙体为土城垣内外包砖结构，宋代为外包砖内土垣护坡并有内侧护坡排水沟结构，明清为土城垣外侧包砖结构。宋代的三期城墙一直沿用五代时期的墙体，仅在不同时期对五代的墙体内侧进行增加护坡厚度与高度。明代城墙在宋代城墙外侧进行填土垫高后重新修筑而成。其中在宋代三期城墙内护坡上发现一条完整的砖砌排水沟，有2件“鄂”字铭文砖出土，为研究城墙附属建筑及城墙砖制作与来源增添了新的实物资料。

考古发掘宋代城墙内坡排水沟

2. 1—5月，荆州博物馆联合湖北大学对松滋匡家岗遗址进行了考古发掘工作，发掘面积1175平方米。匡家岗遗址发现的城背溪文化遗存，是湖北目前发现的最早阶段的新石器时代遗存，距今年代约8500~7000年。城背溪文化主要分布在松滋、宜都以西的长江两岸，匡家岗遗址是在平原上首次发现的城背溪文化遗存，其位置刚好位于湖北城背溪文化与湖南彭头山文化的中间，将长江中游最早的两个史前文化区连成一片。而以H4为代表的遗存，文化面貌更接近湖南澧县彭头山文化第三期，如有更多的夹炭长颈釜和罐，打制石器也有细小的燧石石器等，具有明显的文化过渡性特征。灵屋山发现的遗存则可能早到彭头山文化第一、二期。以湖南澧县和湖北松滋为核心的洞庭湖西北部流域，从彭头山文化和城背溪文化，到大溪文化的发展和演变的脉络非常清楚，是长江中游本土文化的重要起源地，为研究长江中游新石器时代文化统一体的形成和文明化进程提供了非常重要的资料。

3. 1—6月，为配合荆州纪南文旅区输气管道改线工程建设，荆州博物馆在郢城以北的杨家草场遗址、凉马山墓地、邵家台墓地进行考古发掘，发掘面积1200平方米。该区域发现的东汉墓葬多为筑土成台以修建墓地这一习俗，在荆州多有发现。东汉砖室墓葬应与郢城遗址有关，为研究郢城遗址周边墓葬提供重要资料。同时明代家族墓葬在原有东汉墓地废弃后的台地上形成，为该区域葬俗研究提供重要实物资料。

文物保护工作

【文物资源调查】 高标准完成湖北省长江文物调查工作，对全市登记在册的4081处文物点进行复查，明确保存现状，建立档案信息。对全市国保、省保单位保护范围、建控地带红线进行专项数据采集与测绘，绘制矢量详图，为荆州市市域规划编制提供数据支持。

【革命文物保护】 6月28日《荆州市湘鄂西苏区革命遗存保护条例》经市人大常委会审议通过。湘鄂西苏区革命遗存保护已纳入全市文化和旅游发展“十四五”规划，将“保护利用好湘鄂西革命根据地旧址”写入省第十二次党代会报告。成立革命遗存保护利用专家委员会，对革命遗存的认定、保护、管理提供专业指导。全面摸清革命文物状况，开展专项调查，编制文物名录，科学制定革命遗存保护规划。

【保护工程建设】 使用国家重点文物保护专项资金、省级文物保护专项资金共计1.53亿元，实施文物保护项目53项，主要是古墓葬环境整治工程、古建筑保护修缮工程、古建筑安防消防工程、古遗址展示利用工程等。组织编制项目计划书24项，其中迎龙红二军团总指挥部旧址保护修缮工程、湘鄂西革命根据地旧址监利周老嘴安防工程等7个工程获省文化和旅游厅批复，楚纪南故城南城垣东段保护修缮工程、鸡公山遗址保护展示工程、郢城遗址南北水系木构桥梁遗址与南内壕木构遗址保护展示工程等3个项目获国家文物局批准立项。荆州城墙南纪门、安澜门、公安门、远安门修缮工程已竣工并通过市级初验。

【遗址公园建设】 全力推进纪南生态文化旅游区申报创建国家文物保护利用示范区，推进楚纪南故城、走马岭遗址申报创建国家级、省级遗址公园；楚纪南故城东城垣南段保护修缮工程、雨台山墓群环境整治工程有序实施；楚纪南故城考古遗址公园概念方案启动编制工作；熊家冢出土文物陈列馆已基本竣工。《楚纪南故城考古遗址公园概念方案》初稿评审论证已完成，进入征求相关单位意见程序。八岭山平头冢地下水位监测工作并取得阶段性成果。

【行政审批】 配合全市土地收储、出让、拟建工程做好考古前置，出具相关意见48项。开展荆州城墙南纪门、安澜门、公安门、远安门城台修缮工程、楚纪南故城东城垣南段保护修缮工程、雨台山墓群环境整治工程等项目方案核准、中期检查、竣工(预)验收

21 次。报送荆州市南门小学扩建项目、荆州三国文化乐园涉建项目两项，其中荆州市南门小学扩建项目获国家文物局批准建设。

【文物修缮】 全年完成南纪门、荆州城墙等保护修缮工程，实施墓冢遗址本体保护和城墙本体安全监测，获批荆州城墙 11 号马面保护展示工程。此外，荆州文物保护中心还完成随州擂鼓墩曾侯乙墓椁室、当阳市玉泉铁塔等市外保护修缮工程。

1. 南纪门、公安门、远安门、安澜门城台修缮工程。按照批准的设计方案完成了南纪门、公安门、远安门、安澜门城楼台基修缮、城台墙面局部修补、主城台和箭楼城台及瓮城顶部人行步道地面局部整修、城门拱券修补加固等工程内容。5 月 17 日，市文化和旅游局组织专家组进行了初步验收，工程质量合格。按照初验意见进行资料收集整理和完善，12 月完成工程审计，结算金额 194 万元。

2. 荆州城墙西城墙修缮工程、土城垣保护修缮工程，分别于 1 月、5 月顺利通过省文化和旅游厅组织的竣工验收、结项。

3. 湖北省随州市擂鼓墩曾侯乙墓椁室保护修缮工程。经过一年的保护修复，曾侯乙墓椁室已完成椁木的拆解、起吊、清洗、三维扫描及部分椁木的脱水、修复工作，完成墓坑侧壁第一层帷幕灌浆防渗措施及原墓底排水坑道疏浚措施。

4. 湖北省当阳市玉泉铁塔保护修缮工程。8 月，启动实施当阳市玉泉铁塔保护修缮工程。该铁塔铸建于北宋嘉祐六年（1061 年），坐落于当阳市玉泉寺前三园门北侧青龙山余脉冈地上，其通高 16.692 米，重 25129.2 千克，仿木构楼阁式建筑，八角十三级，由地宫、塔基、塔身和塔刹四部分组成，铁塔系分件熔模铸造，现存北宋铸铁构件 51 件，清代铸铜构件 1 件。铁塔存在的病害主要为：原封护涂膜开裂、脱落、表面氧化皮剥落、局部严重锈蚀，深度达 3 毫米、须弥座部位形成包浆、外表呈棕黄色锈蚀状、绿植影响观瞻等。经过半年保护施工，玉泉铁塔已完成前期修缮工棚、便道、围挡等基础维修建设，铁塔的逐层拆卸、起吊、三维扫描、定位及修复前拍照等工作，正在进行后期的分析检测步骤以及除膜除锈准备。

5. 荆州城墙 12 号马面东侧鼓胀城墙加固支撑。根据城墙监测采集的信息数据分析成果，为尽可能缓解该段墙体鼓胀变形趋势，8 月 25 日报送了《关于荆州城墙 12 号马面东侧鼓胀墙体临时加固的紧急请示》，并于 9 月中旬实施了槽钢斜撑支顶、安全提示标识牌等临时措施。同时，结合保护工作需要，更好地掌握该段墙体持续变化的数据信息，增加该段城墙监测频次，于 11 月 3—6 日对该段墙体进行第 5 次专项监测数据采集，通过数据比对分析显示，城墙中部至顶部向外鼓胀的趋势仍在发展，相比 8 月的监测数据，最大变化数值为 0.05 毫米/日。已完成 12 号马面东侧城墙测绘和激光扫描。

6. 六安双墩一号汉墓遗址本体保护工程。荆州文物保护中心继续实施了六安双墩一号汉墓遗址本体保护工程。2020 年 8 月开始实施安徽省六安双墩一号汉墓遗址本体保护工程，2021 年 8 月进行方案设计变更。主墓室为“黄肠题凑”结构，椁室为双椁重棺，黄肠题凑外有外藏椁。东西墓道为长斜坡式，直至“黄肠题凑”底板的平面，墓坑口大底小呈长方形，口长 17、宽 12、深 9.8 米，底长 13.3、宽 11 米，椁室由 1200 根椁板结构组成。石质文物存在的病害为断裂、裂隙、残缺、微生物损害等，木质文物存在的病害为饱水、糟朽、裂隙、残缺、微生物损害、断裂、起翘、变色、污染等。经过一年的保护修复，双墩一号汉墓黄肠题凑及其底板已完成椁木的勘察测绘、拆解、起吊、清洗、干燥矫形、三维扫描及部分椁木的脱水、胎体修复等工作，石椁已完成测绘、清洗、拼对、胎体修复、加固、3D 建模等工作。

7. 城墙监测项目。根据荆州城墙病害、损伤重点部位现状和安全隐患预防性保护工作需要，荆州博物馆实施了公安门城台、20 号马面、12 号马面东侧城墙和西城墙 22 号马面北侧倾斜垛墙监测。按照监测方案和计划，进行了 4 次监测数据信息采集，针对 12 号马面东侧城墙异常变化情况，增加频次进行了专项监测，及雷达探测检测和结构安全检测评估，该段城墙鼓闪、位移、沉降持续发展、继续变化，平均每月约 2 毫米，平均每日为 0.07 毫米/日，变化明显。及时掌握重点部位异常变化数据，为科学、有效实施保护提供了有效的依据，达到了预期目的。

8. 荆州城墙 11 号马面保护展示工程。国家文物局 2021 年 9 月 29 日(文物保函〔2021〕1069 号)批复，同意实施。已委托湖北省古建筑保护中心编制完成《保护展示工程设计方案》，9 月报送省文化和旅游厅待批。

9. 国家文物局、省人民政府 2019 年批准实施的荆州城墙顶部环通与保护设施建设工程，于 3 月 30 完成城墙顶环隔断围栏拆除、城墙顶部人行步道地面修缮和游步栈道铺设、土城垣坡面栈道踏步架设、城墙博物馆和朝宗楼陈列布展、导视导览系统、安全设施建设和管理用房维修等工程内容，4 月 28 日实现顶环全线贯通，10 月完成工程审计，结算金额 2010 万元。

【课题研究】 荆州文物保护中心承担主持 2 项国家重点研发计划项目，成功申报 1 项国家科技部“十四五”国家重点研发计划子课题，参与四川省重点研发计划课题的研究工作，与武汉科技大学、中华全国供销合作总社西安生漆涂料研究所等单位合作开展研究。

1. 国家科技部“十三五”国家重点研发计划“重大自然灾害监测预警与防范”重点专项(文化遗产保护利用专题任务)项目 2.1“馆藏典型脆弱有机质文物病害防治与评价技术研究”由荆州文物保护中心牵头主持。项目针对馆藏脆弱有机质文物，首次提出从病害机理、病害表征评估、病害程度预测到保护技术的一揽子解决方案。已基本建立有机质文物病害程度量化指标体系、原位无损检测体系、劣化程度预测模型以及保护材料服役期限预测模型，研发了有机质文物保护新材料，形成了全链条的系列关键技术。

2. 国家重点研发计划项目“可移动文物价值认知及关键技术研究(有机质类)”，其中的课题三“竹木漆器文物的价值认知及关键技术研究”由荆州文物保护中心承担。已初步建立年代序列完整、品种齐全、可开放共享的竹木漆器文物科技标本库，研究了竹木漆器文物的工艺起源与演变、地区交流以及对文明发展的影响等重要问题。

3. 荆州文物保护中心成功申报国家科技部“十四五”国家重点研发计划“重大自然灾害监测预警与防范”重点专项(文化遗产保护利用专题任务)项目“出土饱水象牙脱水加固关键技术研发与应用示范”之中的课题三“出土饱水象牙化学材料脱水加固技术研发与应用示范”。

4. 荆州文物保护中心参与四川省重点研发计划《潮湿环境出土象牙文物保护加固研究》课题的研究工作。已通过病害分析，统计三星堆3、4、5、7、8号祭祀坑潮湿环境出土象牙的病害情况，采集象牙的病害资料，进行现场勘察，并总结象牙病害特征及程度分析。完成出土象牙外围的土壤分析，涉及土壤酸碱度、含水率、密度、有机质含量、阴阳离子含量。完成上述5个祭祀坑出土象牙物理力学性能和象牙微观形貌及物相组成的分析。对三星堆潮湿环境出土象牙文物的病害进行详细的调查与评估，获取了潮湿环境出土象牙文物的病害基础资料。

5. 荆州文物保护中心与武汉科技大学合作开展“有机玻璃在展览环境中的老化过程模拟评价及机理研究”“硅酸乙酯用于古代糟朽漆膜的保护加固研究”，与中华全国供销合作总社西安生漆涂料研究所合作开展“史前竹木漆器技术与社会发展研究”。

博物馆工作

【藏品征集】 荆州博物馆征集文物数量1185件(套)。其中考古发掘出土的1121件(套)文物因需要清洗、修复、保护、绘图、摄影以及整理研究工作，暂存考古所过渡库房中，尚未建立完整的藏品档案。另64件文物主要是战国及西汉时期的简牍和木漆器等，经保护处理后，已办理藏品移交，相关文件资料及档案健全，并制作了藏品包装，入库上架。其中包括11件一级文物、39件二级文物、9件三级文物，这些珍贵文物出土地点明确、埋藏年代可考，对于战国至西汉时期考古学、古文献学、古文字学等各方面的研究，具有较高的历史文献与文物考古价值。新增藏品包括简牍、漆器、陶器、瓷器、石器、青铜器等文物类别，其时代从战国到明清时代。藏品内容丰富，发掘文物大部分出土于荆州黄山楚墓群、谢家桥一号汉墓、荆州印台墓地、望山桥一号墓等，数量较多、种类较丰、工艺较精，具有较高的文物保护、科学研究价值。

【可移动文物修复】 荆州博物馆4个项目修复方案分别通过国家文物局、省文化和旅游厅审批，1个项目通过省文化和旅游厅立项批复，1个项目顺利结项，3个项目正在实施；荆州文物保护中心正在实施17个项目，其中2个是荆州市可移动文物修复项目，15个是市外可移动文物修复项目；松滋市博物馆1个项目正在实施；公安县博物馆3个项目获省文化和旅游厅立项批复。

1. 荆州博物馆馆藏古籍、书画、饱水竹木漆器保护3个修复项目均通过省文化和旅游厅审批；馆藏出土纺织品预防性保护项目通过国家文物局审批；馆藏瓷器保护修复项目下达经费50万元，已完成45件(套)瓷器文物的清洗、补缺工作。

2. 荆州博物馆谢家桥二号荒帷保护修复项目。荆州博物馆谢家桥二号荒帷保护修复项目下达经费150万元，完成了荒、帷的信息提取、整理拆分拼对及加衬工作，正在进行后续整理拼接工作。

3. 荆州博物馆馆藏简牍保护修复项目。荆州博物馆馆藏简牍保护修复项目下达经费402万元，已完成4000多枚简牍的揭取、红外扫描、脱色等工作，正在进行脱水、加固处理。

4. 荆州博物馆古琴修复项目下达经费15万元，已完成2件珍贵古琴的修复工作，顺利结项。

5. 江西海昏侯墓出土竹木漆器保护项目。受江西省文物考古研究院委托，荆州文物保护中心继续实施海昏侯墓出土竹木漆器保护项目。南昌西汉海昏侯墓，位于江西省南昌市新建区大塘坪乡观西村附近，墓园由两座主墓、七座陪葬墓、一座陪葬坑等建筑构成，墓主人为汉废帝刘贺，入选2015年度“全国十大考古新发现”。项目涉及该墓葬出土的各类竹木漆器文物961件。这批文物长期受地下水和微生物的侵蚀，竹木材质丧失了原有的机械强度，内部呈海绵状，色泽发生变化。项目采用成熟的复合乙二醛脱水技术和传统修复工艺进行保护修复，完成了全部文物脱水定形，其中613件(套)竹木漆器完成保护修复。

6. 荆门市博物馆左冢出土竹木漆器保护项目。受荆门市博物馆委托，荆州文物保护中心继续实施荆门市博物馆左冢出土竹木漆器保护项目。该项目文物出土于荆门市以南五里铺镇左冢村二组左冢楚墓，主要包含生活用器、兵器及车马器193件(套)，主要病害为饱水、胎体糟朽、腐蚀严重、漆皮脱落等。这批楚国的漆木器，采用了漆绘的修饰工艺、造型别致、纹饰优美、线条流畅、色彩绚丽，具有很高的科学价值和艺术观赏价值，代表了当时高度发达的髹饰制作工艺和生产力发展水平，充分展现了劳动人民巧夺天工的精湛技术和无与伦比的创造精神。该项目采用传统工艺修复，最大限度地恢复器物的完整性，以展示其历史、艺术、科学价值。已经完成全部文物的清洗脱水、干燥矫形等工作。

7. 荆门市博物馆纪山林场遗址车马坑出土竹木漆器保护修复项目。受荆门市博物馆委托，荆州文物保护中心继续实施纪山林场遗址车马坑出土竹木漆器保护修复项目。该项目文物出土于荆门市沙洋县纪山镇金牛村十一组金牛林场内。其中 M1 为西汉时期的大型车马阵坑。据发掘现场及初步整理统计，共出土漆木车 15 辆，漆木马 90 匹，漆木和彩陶人俑 70 余件，以及少量竹简、木牍等。另外还有大量人俑、马匹、车辆上的细小饰品、兵器等。根据发掘出土的文物遗存及墓坑形制初步确定该车马坑应为金牛冢的外藏遗存。出土的大量漆木明器车马、人俑等具有重大考古研究价值，对研究西汉时期高等级贵族丧葬习俗等提供了重要的考古资料。项目实施时间计划为 3 年，已经完成清洗脱水 92 件，干燥整形 20 余件。

8. 淮南市博物馆馆藏一级文物保护修复项目。受淮南市博物馆委托，荆州文物保护中心开展实施淮南市博物馆馆藏一级文物保护修复项目。该项目拟保护文物为两件，分别为战国虎座凤鸟漆木鼓架和战国云纹漆木磬座。两件木漆器均源自省保单位武王墩。虎座凤鸟鼓架体形硕大，通高 190 厘米以上，是迄今发现最大、最高的一件。该器采用圆雕手法，凤鸟和虎座端庄威严；器表多层髹漆，纹饰和羽毛描画精准细腻。云纹漆木磬座疑为有铭编磬(一套 18 件，同出土于该墓)的底座。呈馒头状，器表浮雕云纹，周身髹黑漆，点饰红、白漆，间可见有兽目纹。经安徽省文物鉴定站鉴定均为国家一级文物。已完成两件文物的表面清洗、除霉除菌工作，下一步将对其进行干燥整形、修复、封护等处理。

9. 甘肃省文物考古研究所吐谷浑墓葬出土唐代木漆器保护修复项目。受甘肃省文物考古研究所委托，荆州文物保护中心继续实施甘肃考古所唐代木漆器保护修复工作。文物出土于武威市天祝藏族自治县祁连镇岔山村的喜王慕容智墓，是目前发现唯一保存完整的吐谷浑王族墓，2021 年入选“全国十大考古新发现”。出土木漆器主要存在糟朽、残缺、断裂、裂隙、污染、彩绘脱落、微生物腐蚀等病害。出土木漆器文物共 62 组 395 件，共完成信息采集 395 件，清洗加固 362 件，胎体修复 197 件，彩绘修复 13 件，修复完成 192 件，初步完成床榻清理工作，整体完成度约为 65%。

10. 安徽六安市经济开发区汉墓群出土竹木漆器保护修复项目。受安徽省文物考古研究所委托，荆州文物保护中心继续开展实施六安市经济开发区汉墓群出土竹木漆器保护修复项目。六安城东地区是该市墓葬分布最为集中的地区，主要分布在六安市经济技术开发区所属三女墩和皋陶两行政村范围内，距市中心 5 千米。该项目涉及 371 件(套)竹木漆器类文物，数量多，种类全。集中体现了六安两汉时期文化、科学和艺术的内涵，以及当时人们生产和生活的文明程度。已经完成全部文物的脱水工作，其中66件完成了干燥整形、定形加固等后续处理。

11. 太原阳曲县北留清代彩棺保护修复项目。受山西省阳曲县文物旅游局委托，荆州文物保护中心继续实施太原阳曲县北留清代彩棺保护修复项目。该项目的两具彩绘漆棺出土于2010年10月，具有较高的艺术价值。目前的保存状况较差，水分大量流失，胎体腐朽严重，其男棺的左右两侧分别沥粉贴金有麒麟、法轮、祥云、宝剑等图案。麒麟身躯矫健舒展，四肢刚劲有力，极富神韵，栩栩如生。整个图案线条流畅，工艺精湛。为研究阳曲历史、风俗习惯、传统工艺等提供了实物资料，具有一定的科学研究价值。已完成针对男棺的清洗、除霉、除菌及胎体修复等工作。

12. 连云港市博物馆馆藏竹木漆器保护修复项目。受连云港市博物馆委托，荆州文物保护中心开展实施连云港市博物馆馆藏竹木漆器保护修复项目。该项目发掘出土时间为20世纪80年代至今，主要是西汉到民国时期的墓葬，出土的竹木漆器是当时日常生活器具类及宗教器具类，作为容器和盛具的生活器皿有奁盒、耳杯、勺、盘、盂等，器形一般与同时期同类陶瓷器相近；作为日常器具有砚、梳、篦、笄、钗、杖、线绕等；作为特制明器有牍、俑等，是专门为墓主陪葬制作的明器；作为宗教器具有佛经雕板、佛像、印等；作为兵器有刀、剑、盾牌等。该批木漆器文物由于保藏条件及保存状况的原因，亟须进行保护处理。已完成全部文物的清洗，脱水定形35件，移交修复30余件。

13. 甘肃永昌水泉子出土汉简保护修复项目。甘肃永昌水泉子汉简出土于永昌县红山窑乡水泉子村，甘肃省文物考古研究所先后于2008年和2012年对汉墓群进行了两次抢救性发掘。发掘时汉简因长期受到坍塌的椁盖板和棺盖的挤压，多已残断，受损情况较为严重，有的汉简更是卷曲变形，手触即碎。经前期初步整理，出土的汉简长度约在19厘米至20厘米之间，约合汉尺八寸，是秦汉时期普通书籍简和童蒙读物简的通行长度。该批汉简的内容大致可分为两个部分，一部分为七言本《苍颉篇》，另一部分为日书。受甘肃省文物考古研究所委托，荆州文物保护中心现已完成该项目全部5120枚汉简的保护修复工作。

14. “荆州博物馆馆藏简牍(三)”保护修复。“荆州博物馆馆藏简牍(三)”分别出土于望山桥、凤凰地、胡家草场、龙会河等地。简牍为春秋至西汉时期，按内容分为编年记、历谱、日至、经方、律令、日书、遣册、占卜等内容，特别是胡家草场出土的简牍是荆州地区历年来单座墓葬出土简牍数量最多的一次，由于保存较好，形制规整，对于认识秦汉史、西汉法律、历法、医药等提供了珍贵的实物资料，具有重要的研究价值和历史意义。受荆州博物馆委托，目前荆州文物保护中心已完成了揭取、前期信息采集、脱色等保护工作，后续保护工作正在有序实施中。

15. 甘肃省文物考古研究所吐谷浑墓葬出土唐代纺织品保护修复。受甘肃省文物考古研究所委托，荆州文物保护中心继续进行甘肃考古所天祝县祁连镇岔山村 M1(慕容智墓)墓葬出土纺织品文物的保护修复。在对床榻进行室内清理时，又发掘出大量的纺织品，纺织品文物的数量由 119 件(套)，增加至 171 件(套)。目前完成了 17 件文物清洗，12 件加固，18 件平整以及 14 件针线修复工作。完成了 38 件文物的微观形貌、色度、色差等信息资料采集，以及 21 件文物绘图和 65 件文物档案资料整理等工作，并且开展了该批纺织品文物病害特征及形成机理方面的研究。

16. 谢家桥一号墓出土二号荒帷保护修复。荆州文物保护中心继续进行谢家桥一号墓出土二号荒帷保护修复工作。二号荒帷由荒、帷、缘三部分构成，整体均为立体长方形台式。其中荒长约 246 厘米、宽约 95 厘米；帷每幅大约宽 45～48 厘米，长约 120～130 厘米；缘宽约 24 厘米，其中荒、帷均为绢地刺绣。荒由两块组成，帷由 27 块组成，缘为锦，整体平面面积约 18 平方米。二号荒帷主要有污染、褶皱、破裂、残缺、糟朽等病害。荆州文物保护中心共完成 17 块帷的清洗、加固、平整、拼对、加衬修复等工作。

17. 泰州市博物馆出土明清纺织品保护修复。受泰州市博物馆委托，荆州文物保护中心完成了泰州市博物馆出土 44 件明清纺织品保护修复，项目于 12 月 16 日通过验收，文物已全部归还泰州市博物馆。2018 年 5 月和 10 月在泰州市海陵区凯尔上东花园小区楼盘开发工地和路灯智能管理中心施工工地分别发掘出两座明清时期竖穴土坑墓，墓葬出土了 44 件纺织品文物。这批文物主要存在不同程度的污染、破裂、残缺、糟朽、褶皱等病害，不利于文物展出和长期保存，严重威胁着纺织品的保存寿命。自 2021 年 11 月起，历时一年，实施了清洗、整理、修复、防虫防霉等保护措施，经过保护修复后，污染基本被去除，微生物病害得到有效控制，文物形制得到恢复，保护修复后的纺织品能够满足展陈和馆藏的要求。

18. 上海博物馆馆藏纺织品文物保护修复。受上海博物馆委托，历时 2 年，荆州文物保护中心完成了上海博物馆馆藏 9 件纺织品文物的保护修复。项目于 8 月 16 日通过专家验收。该项目纺织品文物全部为定级文物，其中三级文物 8 件、二级文物 1 件。涉及多个朝代，其中战国 2 件、宋代 1 件、辽代 1 件、元代 1 件、明代 4 件。种类多样，包括经锦残片、刺绣衣服、栽绒地毯、缂丝画作等。部分纺织品存在严重污染、糟朽、残缺、破裂等病害。经过揭展、清洗、整理以及针线修复等一系列保护措施处理后，文物表面更加清洁，纹饰、形制更加清晰，织物更加完整，病害得到有效去除或控制，文物价值更加彰显。

19. 潜江杨市代滩明墓出土纺织品文物保护修复。潜江杨市办事处代滩村的5座明代墓葬中发掘出土了大量文物，其中包括84件纺织品。墓葬中明代纺织品被大量发现，在近些年湖北考古工作中尚属首次。服饰的发展反映了先民的工艺技术状况、艺术审美、等级制度沿革等问题，间接反映了当时经济发展、思想文化、民俗伦理等方面信息。墓主人生前完整成套服饰及随身物品，对研究和了解明代的服饰发展史、继承和弘扬古代传统服饰文化，有着重要的学术价值和意义。该批纺织品文物主要有污染、褶皱、破裂、残缺、晕色等病害。受潜江市博物馆委托，荆州文物保护中心编制了《潜江杨市代滩墓群出土有机质文物保护修复方案》，完成了全部纺织品的揭展、保护前信息采集、清洗和整理等工作。

20. 荆门市博物馆馆藏一级青铜器文物的保护修复。受荆门市博物馆委托，荆州文物保护中心实施了荆门市博物馆馆藏一级青铜器文物的保护修复项目。该批拟保护的一级青铜器发掘出土于荆门市东宝区盐池永圣墓地，受条件限制出土后一直没有进行保护修复处理。这批一级青铜器病害主要体现为残破、锈蚀，部分青铜器文物出现了有害锈、青铜器有害锈出现传染、部分青铜器已呈现濒危状态，表面硬结物、通体矿化、疥疮锈、穿孔等，有些青铜器上的铭文和精美的纹饰因严重腐蚀破裂而难以辨认。历时一年，完成10件一级青铜器文物的清洗、除锈、补配、缓蚀、封护、整形等保护修复工作。

21. 三星堆遗址4号坑象牙提取及3、4、5、7、8号祭祀坑出土象牙的病害评估。受四川省文物考古研究院委托，荆州文物保护中心进行了三星堆遗址4号坑象牙提取，开展了出土象牙糟朽状况检测。三星堆古遗址位于四川省广汉市西北的鸭子河南岸，分布面积12平方千米，距今已有5000~3000年历史，是迄今在西南地区发现的范围最大、延续时间最长、文化内涵最丰富的古城、古国、古蜀文化遗址。三星堆遗址的发现，昭示了长江流域与黄河流域一样，同属中华文明的母体，被誉为“长江文明之源”。历时3个月，完成4号坑全部象牙(47根)的整体提取工作。同时对外围土壤进行了系统的测试分析，采用微机控制电子万能试验机，结合扫描电镜和X射线衍射仪等测试手段分析了象牙的物理力学性能及微观结构，完成三星堆遗址祭祀区3、4、5、7、8号坑出土象牙保存现状的评估。

22. 松滋市博物馆馆藏瓷器文物保护修复项目。6月23日，松滋市博物馆对馆藏瓷器文物保护修复项目进行服务采购。至12月30日已修复瓷器61件。

23. 公安县博物馆馆藏文物修复项目。《公安县博物馆馆藏石质陶器文物修复方案》《公安县博物馆馆藏陶器文物修复方案》《公安县博物馆馆藏瓷器文物修复方案》，按照专家组意见进行修改和完善后，再次评审通过，省文化和旅游厅分别下达批复意见。

【获专利发明：一种丝织品文物健康状况评估方法】 2021年11月14日申请的“一种

丝织品文物健康状况评估方法”于2022年2月8日获专利发明，专利申请号CN202111343890.2，授权公告号CN114018736A，申请人：荆州文物保护中心、甘肃省文物考古研究所；发明人：魏彦飞、李顺、方北松、陈绍慧。

【陈列展览】 荆州博物馆举办专题图片展2次，与其他博物馆联合举办展览3次，对外借展文物14次。

1. 1月21日，由宁波博物院举办的“虎虎生福——壬寅(虎年)新春生肖文物图片联展”在宁波博物院(宁波博物馆)开展，荆州博物馆30件套藏品参展。

2. 1月24日，荆州博物馆根据馆藏虎相关题材文物推出“壬寅说虎——荆州博物馆藏虎”图片展。

3. 1月25日，由四川省文物局、成都市文广旅局(成都市文物局)共同指导，成都博物馆主办，中国文物交流中心支持的“云想衣裳——丝绸之路服饰文化特展”在成都博物馆开幕，荆州博物馆3件藏品参展。

4. 2022年是中日邦交正常化50周年，由清华大学与日本平山郁夫美术馆共同举办的“异彩纷呈：古代东西文明交流中的玻璃艺术”展于3月1日在清华大学艺术博物馆开幕，荆州博物馆2件一级文物参展。

5. 3月15日，由盘龙城遗址博物院举办的“中国古代绿松石器特展”开展，荆州博物馆4件文物参展。

6. 5月12日，为助力2022年“5·18国际博物馆日”活动，由福建省文物局指导，福建博物院、四川博物院和长江流域博物馆联盟联合四川广汉三星堆博物馆、成都金沙遗址博物馆等12家文博单位共同举办以三星堆文物为代表的“共饮一江水——长江流域青铜文明特展”在福建博物院开展，该展览从“巴蜀并辉、群雄竞华、多元一体、天下归一”四个部分，系统展示了长江流域青铜文明的历史光辉和璀璨成就。荆州博物馆精心挑选18件套文物参展。

7. 5月18日，荆州博物馆根据今年国际博物馆日的主题推出“博物馆的力量——文物中的人与自然”图片展。

8. 2022年国际博物馆日中国主会场设在湖北省博物馆。为此次活动举办的专题展览“龢：音乐的力量——中国早期乐器文化”展于5月18日在湖北省博物馆开幕，荆州博物馆天星观2号墓出土的编钟(1套32件)参展。

9. 6月3日，宜昌博物馆举办“曾经巴楚——‘宜荆荆恩’城市群博物馆联盟青铜文物特展”，展览选取宜昌、荆州、荆门、恩施四地遗址和墓葬中出土的具有代表性的曾国、巴国、楚国文物，展示商周时期曾、巴、楚三国间的交流与互通。荆州博物馆18件(套)

文物参展。

10. 7 月 6 日，荆州博物馆与珠海博物馆联合举办的“荆山有玉——荆州熊家冢楚王陵出土玉器展”在广东省珠海博物馆开幕，展期至 10 月 7 日。展览精选熊家冢墓地出土的 100 件(套)玉器，集中展示了楚式玉雕的特点和美学观。

11. 7 月 21 日，由诸暨市人民政府、浙江省博物馆主办，中共诸暨市委宣传部、诸暨市文化广电旅游局、诸暨市博物馆承办的“铮铮越吟——越文化文物精品展”在诸暨市博物馆开幕，该展览是迄今为止诸暨级别最高、参与单位最多的一次文物大展。荆州博物馆 2 件越王剑(均为一级文物)参展。

12. 9 月 8 日，由广西民族博物馆、四川博物院、长江流域博物馆联盟共同主办的“共饮一江水——长江流域青铜文明特展”在广西民族博物馆开幕。该次展览汇聚了 12 家文博单位 104 组共 114 件珍贵文物、一级文物占比高达 50%，荆州博物馆 20 件(套)文物参展。

13. 9 月 20 日，由浙江省博物馆举办的“越颂——中华文物中的浙江传奇”特展在浙江博物馆(武林馆区)开展，展期至 11 月 30 日。荆州博物馆 2 件越王剑(均为一级文物)参展。

14. 9 月 28 日，楚王车马阵出土文物陈列馆开展，荆州博物馆出借 106 件套文物在熊家冢出土文物陈列馆展出。

15. 12 月 27 日，由厦门市博物馆、四川博物院、长江流域博物馆联盟共同主办的“共饮一江水——长江流域青铜文明特展”在厦门市博物馆开展，该次展览汇聚全国 13 家文博单位，106 组共 114 件珍贵文物，其中包括国家一级文物 46 组，占比近 50%。展期持续至 2023 年 4 月 9 日，荆州博物馆 10 件(套)文物参展。

【社会教育与公众服务】 荆州博物馆依托节日，采取线上、线下等方式开展多场主题教育活动，并常设“荆楚瑰宝趣味讲堂”教育项目开展宣传教育活动。

1. 全年共完成讲解 1523 场次，服务观众约 10 万人次。其中，公益讲解 218 场次，志愿者讲解 300 场次，为残障人士、军人、未成年人等提供免费讲解服务。与此同时，荆州博物馆党委委员、副馆长杨开勇和研究馆员李红常年担任“专家讲解员”，为特殊人群、专家学者、社会公众等提供专家讲解。荆州博物馆语音导览设备共使用 5224 次，服务观众万余人。宣教部策划、组织并实施线下教育活动 200 多次，线上教育活动 32 次，服务未成年人 10 万余人次。

2. 2022 年 3 月 5 日是第 59 届“学雷锋纪念日”暨“中国青年志愿者日”，荆州博物馆特举办了“让青春在奉献中闪光——荆州博物馆青年志愿者分享会”，分享英雄事迹，永怀感恩之心。

3. 为庆祝 2022 年“5·18 国际博物馆日”，荆州博物馆以“博物馆的力量”为主题，开展馆与馆连线直播，带公众走进中国“漆器之乡”“音乐宝藏”“青铜侯国”共同为公众呈现一场博物馆盛宴；邀请沙市黄家塘小学、荆州市机关幼儿园师生走进荆州博物馆，讲解员带领师生参观并讲解展览内容；邀请长江大学国际交流与合作处领导和师生代表、荆州博物馆志愿者到馆参加交流活动。

4. 2022 年 6 月 11 日是我国第十七个“文化和自然遗产日”，主题是“文物保护：时代共进，人民共享”。荆州市文化和旅游局主办、荆州博物馆承办“游荆州古城 品荆风楚韵”文化自然之旅活动，荆州博物馆党委委员、副馆长杨开勇全程主持并讲解荆州城墙及荆州古城历史文化，考古专家田勇重点讲解雄楚楼遗址保护展示、11 号马面考古发掘现场。此外，还在馆内开展了《探秘开元观》活动。

5. 为庆祝荆州博物馆陈列大楼重新对外开放，荆州博物馆于 10 月策划并开展了“荆楚文化共弘扬　荆博文物我来讲”志愿宣讲有奖征集活动，让更多人了解瑰丽奇异的楚地文明，感受文物荟萃的荆州博物馆。

6. 荆州博物馆“荆楚瑰宝趣味讲堂”是该馆的代表性教育项目。全年开展线上、线下课堂共计 49 场，走进校园 7 次，留守儿童专场 2 次，走进社区 2 次，线上专场 24 次，企事业单位专场 2 次，志愿者专场 4 次，其他未成年人专场 8 次。结合馆藏，宣教部设计“荆楚瑰宝趣味讲堂”课程 36 节，“楚文化简谈”“文物成语我知道”“走进绚丽多彩的漆器世界”“利兵谁何——楚国的精兵利器”“精美绝伦的楚汉织绣品”“从‘猪形酒具盒’看楚国连环画”等广受观众好评，并入选全国文博社教“百强”案例。

7. 荆州博物馆开展“我们的节日”系列活动 12 场，包括“福虎绘宏图 荆博喜纳福——荆州博物馆 2022 年小年主题活动”“人间最美四月天 不负春光游荆博 ——荆州博物馆 2022 年上巳节及清明节主题活动”“感恩父母 劳动有我——荆州博物馆劳动节主题活动”“强国复兴有我！我们的节日——端午节主题活动”等。在寒假期间开展“博物馆里过大年”“博物馆里闹元宵”系列活动，暑假期间开展“相约楚风”首届暑期少儿楚文化体验活动。通过以上活动丰富未成年人节假日生活，宣传和弘扬中华优秀传统文化，提高未成年人文化自信。面向不同公众策划实施的特色教育活动，荆州博物馆特针对军人、教师、幼龄儿童等特殊群体开展了“弘扬荆楚文化、关爱军属军娃”主题活动、“月影话中秋 铭记恩师情”主题活动、“久久重阳 敬老孝老”主题活动，通过各具特色的活动让所有公众都可以走进博物馆，了解历史，了解荆楚文化。

8. 荆州博物馆与长江大学国际交流与合作处、沙市黄家塘小学、荆州市机关幼儿园、金太阳幼儿园、荆州四机金苹果幼儿园、荆州市实验小学等学校开展馆校共建，开展各类进校园活动36次。根据不同年龄段特点准备了不同内容和形式的教学活动，为学生们带去了“雄奇瑰丽的青铜文化”“楚国漆器瑰宝——猪形酒具盒”“楚国科技与军事”“我是中国娃”等精品课程。此外，为加强馆校社会实践，武汉城市职业学院与荆州博物馆于7月开展了“弘扬荆楚文化”——大中专学生志愿者“三下乡”社会实践活动，11位师生代表在我馆工作人员的指引下，开启文明劝导、志愿讲解、礼仪课程等系列志愿服务工作，展示新青年的风貌。荆州博物馆和华中农业大学博物馆于7月合作开展了馆长讲座、抖音直播和趣味课程等系列活动。

9. 通过荆州博物馆微信公众号开展“荆楚瑰宝趣味讲堂微课堂‘二十四节气’”线上课堂24次，为各大活动宣传撰稿26篇，荆州博物馆微信视频号、抖音公众号录制“二十大”宣讲、文物鉴赏、参观导览等54条短视频。

荆州博物馆开展八一建军节社教活动

文物安全与执法督察工作

【安全责任】 与全市文博单位签订《文物消防安全责任书》，明确消防安全责任人和消防安全管理人，并向社会公示接受监督。按有关要求和文物消防安全实际需要，建立健全消防队伍，落实岗位责任制，完善消防安全设施和设备，加强消防安全管理，及时整改火灾隐患，落实文物消防安全责任和措施。

【检查巡查】 全市文物部门开展多次文物安全检查巡查和文物古建筑火灾隐患排查，

督导整改多处文物安全隐患和文物消防隐患。

1. 各县市区文物部门联合公安等部门组织开展各类文物安全检查巡查 2898 余次（处），重点检查国保、省保及部分县保单位、博物馆、文物库房等方面的安全状况。督察督办文物安全事故 2 起，督导整改文物安全隐患 187 个。

2. 各县市区文物部门对全市文物古建筑开展火灾隐患排查 2600 余次，重点检查可燃物和易燃易爆危险物品管理、消防设施设备使用维护、消防安全管理等方面存在的火灾隐患和问题，督导整改文物消防隐患 172 个。

【技防设施建设】 向省文化和旅游厅报送文物安全防护项目立项申报书 3 项，其中安防项目 2 项（湘鄂西革命根据地旧址监利周老嘴安防工程、桂花树遗址安防工程），消防项目 1 项（程家集民居消防工程），均获省文化和旅游厅批复立项。

【打击文物犯罪】 9 月 7 日，公安部打击防范文物犯罪专项行动领导小组办公室在《关于全国打击防范文物犯罪专项行动工作情况的通报（十二）》中肯定荆州打击文物犯罪工作：湖北荆州主动搜集研判线索，技网侦同步上案，开展专案攻坚，一举抓获倒卖文物犯罪嫌疑人 7 名，追缴一级文物 6 件、二级文物 5 件、三级文物 5 件。全年全市侦破各类文物犯罪案件 14 起（其中倒卖文物案件 3 起、故意损毁古文化遗址案件 1 起、盗窃文物案件 9 起），打掉文物犯罪团伙 7 个，抓获犯罪嫌疑人 26 名，追缴文物 37 件（其中一级文物 6 件、二级文物 5 件、三级文物 7 件）。

【法律法规宣传】 荆州市文化和旅游系统订阅中国普法“两微一端”关注湖北普法、法智今微微信公众号实现全覆盖。同时，充分利用“5·18 国际博物馆日”“5·19 中国旅游日”“安全生产月”“民法典宣传月”“宪法宣传周”等主题日（月）在市直文旅系统开展法律七进活动 28 次，普及《宪法》《文物保护法》《旅游法》《生产安全事故应急条例》《湖北省生产安全事故应急实施办法》《湘鄂西苏区革命遗存保护条例》《古城保护法》《荆州市文明行为促进条例》等法律法规，共计普法覆盖 15.8 万人次。

荆门市

综述

【文物资源】 截至2022年年底，全市共有不可移动文物点2105处，其中全国重点文物保护单位9处(共64个点)、省级文物保护单位54处(共60个点)、县(市、区)级文物保护单位922处。全市有文物管理所(机构)20个；国有文物系统博物馆4家；馆藏文物114383件(套)，其中一级文物105件(套)、二级文物251件(套)、三级文物1663件(套)。

【机构人员】 荆门市文化和旅游局为市政府组成部门，加挂荆门市文物局牌子，主管全市文化、旅游、体育、广播电视和文物工作。核定行政编制40名，在编在岗35人。内设局长1名、副局长4名、总规划师1名，正科级职数12名，副科级职数4名；党组书记、局长陈定萍主持全面工作，党组成员、副局长罗明高分管文物工作；内设机构11个，其中文博管理科承担文物业务工作，局直属文博单位1个。全市共有文物保护管理机构(含二级单位)20个，包括文物行政主管部门7个，其他文物保护管理机构13个。

【工作概况】 全市共完成文物调查勘探面积超1000万平方米，主动性考古发掘面积1900平方米，基建考古发掘面积2200平方米；完成了市级文物保护单位的申报、文物保护规划编制、文物岁修及抢救性维修、考古遗址公园建设、长江文物资源调查等工作；除完成陈列展览、社会教育与公众服务等常态性工作外，继续推进新馆建设，申报、完成藏品保护利用与修复项目7个，文创动画《屈家岭传奇》获广电首映许可；落实安全责任，做好安全检查与宣传、技防工程建设、文物行政执法等工作；出台了地方法规《荆门市屈家岭遗址保护条例》。

考古工作

【调查勘探】 配合国家建设工程项目和当地生产、工程建设，共完成文物调查、勘探面积超1000万平方米。

1. 区域性统一评价。配合省文物考古研究院开展荆门市高新区文物统一评价工作，完成文物调查评价报告。荆门高新区·掇刀工业园区完成勘探面积724万余平方米，共确认文物点13处，其中古墓葬8处、古遗址4处、古建筑1处。

2. 荆门高铁片区项目。勘探面积11.75平方千米。涉及文物点16处，除仙女山据点遗址和皇岭墓群外，其余均为新发现文物点。

3. 沪渝蓉高速铁路武汉至宜昌段(沿江高铁)项目。沿线文物调查、勘探总面积约

7.11 万平方米。完成项目涉及的“三普”文物点郝家台子遗址、刘虎冲墓群、冢子岗东周墓群和长新村墓群的考古勘探工作。

4. 荆荆铁路荆门十里铺220千伏牵引站外部供电工程。主要对项目线路内的纪山楚墓群段进行了文物调查与勘探。调查面积15平方千米，勘探面积4万余平方米，未发现文物遗存。

5. 窑湾绿色矿山产业园项目。主要完成保万寨遗址的调查工作，调查总面积约52.55万平方米。共发现山寨石筑墙体、石筑房屋80余间、“文昌阁”石匾1块、“保万寨”寨名碑和记事碑各1块。

6. G347荆门长岗互通至院子河段改线工程。调查面积约100万平方米，工程选址范围及附近有周家老宅、文丰宋氏家族墓地等7处不可移动文物。

7. 新建浩吉铁路荆门北至子陵联络线工程。调查面积约22万平方米，工程选址范围内及附近未发现文物遗存。

8. 引江补汉输水沿线补水工程。调查面积约80万平方米，工程选址范围及附近有仙居佛塔林(发旺僧人墓地)1处不可移动文物。

9. 湖北腾祥防水材料公司建设用地项目。完成勘探面积约2.7万平方米，在项目用地范围的地表及地下均未发现文化堆积层、墓葬及其他遗迹现象。

10. 龙山片区地块建设工程。为配合恩捷动力汽车锂电池隔膜项目开展文物调查勘探工作，调查面积50万平方米，勘探面积7.5万平方米。除已知的龙山古墓群和土地冢两处文物点外，未发现新的文物点。

11. 其他项目。完成了国源光伏发电、汉江堤防建设、龙山学墅、四馆一校、气象局建设、公路局、天顺风能工程用地等项目的文物调查勘探工作；完成了钟祥明代宗室墓葬的田野踏勘与资料整理工作。勘探总面积近7.9万平方米。

【主动性考古】 配合中国社会科学院考古研究所、湖北省文物考古研究院继续对城河遗址、屈家岭遗址和苏家垄遗址进行主动性考古发掘，发掘面积1900平方米。

1. 城河遗址发掘项目。遗址位于沙洋县后港镇，年内发掘面积500平方米。在研究长江中游地区中等规模城址的聚落特征和社会结构，探索屈家岭文化水资源利用、管理方式和葬仪等方面有了新的进展。其中，北部区域的勘探和发掘，为全面理解城河城的聚落空间特征提供了新资料；泊阳湖、邓关台地点的解剖性发掘，确认了屈家岭文化“水坝”的存在；王家塝墓地发现了新的葬式和埋葬案例。

2. 屈家岭遗址发掘项目。遗址位于屈家岭管理区，年内发掘面积800平方米。共清理遗迹80个，出土各类器物100余件(套)，以陶器为主，另有少量石器。遗存年代分属屈家岭文化晚期和石家河文化早期。较为重要的发现为大型疑似古水坝遗迹和房屋建筑，其中，F38类似于“磉墩式”建筑形制在我国史前考古研究中系首次确认，其与北部2016年发掘区揭露的大型建筑、仓储类设施及户外活动广场等遗迹同属一体，为研究史前高等级建筑区的整体布局提供了典型案例。

3. 苏家垄遗址发掘项目。遗址位于京山市坪坝镇。年内继续遗址点西部的发掘工作，发掘面积600平方米。揭露遗迹主要有灰坑、灰沟、水井、陶窑等；出土遗物以陶器居多，器型有罐、盂、鬲、甗、豆等，此外还有陶工具、窑壁、炼渣，石、铜、铁器。此次发掘区仍为制陶作坊的一部分，通过连续发掘，基本弄清其分布、年代和规模。几年来连续发现的铁器较为客观地反映了战国早期曾国的部分铁器类型和实际使用情况，为研究铁器在曾国的生产和应用提供了新的资料。

【基建考古】 配合省文化和旅游厅、省文物考古研究院开展沪渝蓉高速铁路(武汉至宜昌段)文物保护合作项目的考古发掘工作，发掘面积共计2200平方米。

1. 陈家畈遗址发掘项目。遗址位于钟祥市长滩镇，南区总面积达250万平方米，北区新发现古墓葬群(肖家冲墓群)，总面积约18万平方米。年内发掘面积1000平方米。遗址南部区域的发掘工作，共揭露灰坑、水井、灰沟等各类遗迹170处，出土铜工具、铜兵器、铜矿石等各类器物56件；北部墓葬区共揭露竖穴土坑墓126座，其中27座带长斜坡单墓道，共出土各类文物943件，大中型墓葬中发现战国晚期典型的楚文化彩绘陶礼器。

2. 郝家台子遗址发掘项目。遗址位于京山市雁门口镇，发掘面积800平方米。共发掘清

京山市郝家台子遗址发掘全景

代竖穴土坑墓50座；隋唐土坑墓1座；新石器时代灰坑9座、房址2座、墙4条、灰沟2条。发掘出土小件器物共20余件，主要为石斧、石凿、纺轮等。出土陶片主要为泥质灰、黑陶。

3. 冢子岗墓群发掘项目。墓群位于钟祥市冷水镇，发掘面积400平方米。共揭露东周时期墓葬6座，除M1有封土外，其余均为竖穴土坑墓。出土随葬品35件(套)，其中铜带钩1件，铁锸、铁戈各1件，石器1件，陶器31件。陶器器型有鼎、壶、敦、罐、鬲、盂、豆等。

文物保护工作

【基础工作】 制定《荆门市屈家岭遗址保护条例》。8月23日荆门市第十届人民代表大会常务委员会第五次会议通过，9月29日湖北省第十三届人民代表大会常务委员会第三十三次会议批准，定于2023年1月1日正式施行。

在长江文物资源调查的基础上，全市共遴选24处不可移动文物申报第三批市级文物保护单位，其中，东宝区16处、京山市2处、沙洋县6处。12月，组织专家对申报单位进行评审。

8月，京山市文化和旅游局召开2022年文物保护工作会，对54处文物保护单位和文物点管护人员进行文物保护业务工作培训，签订本年管护合同并兑现上年管护人员报酬。

【保护范围划定】 京山市完成第八批省级文物保护单位张文秋故居、雷家岗遗址、董家城遗址保护范围和建设控制地带的划定工作；对市保以上的文物点逐一制定“四有档案”。屈家岭管理区完成屈家岭遗址保护范围地形数据更新及航空摄影测量，作业面积约7.38平方千米。

东宝区文化和旅游局与市自然资源局东宝分局协作，将辖区内所有文物保护单位的保护范围、建设控制地带和一般文物的本体范围纳入国土空间信息平台，绘制符合国土空间规划的地形测绘图和矢量图，将文物地理信息数据落在地形测绘图上。

【保护规划编制】 3月，《龙王山遗址保护规划》《钟祥文风塔保护规划》《中共鄂豫边区委员会旧址保护规划》由省人民政府(鄂政函〔2022〕16号)公布实施。楚纪南城大遗址保护区荆门纪山管理处组织中国建筑设计院有限公司修改完善《纪山楚墓群保护总体规划》，2月18日报省文化和旅游厅核准；11月，沙洋县文物保护中心委托湖北省古建筑保护中心编制完成《城河遗址保护规划》。

【长江文物资源调查】 自2021年12月开始，2022年5月结束，对市辖区域内的所有文物点进行现场踏查、走访、摄影、记录、采集标本等。共调查不可移动文物点2179处，其中“三普”文物点2159处，新增文物点16处。调查发现消失文物点71处，全市共有不可移动文物点2104处(说明：9月，在陈家畈遗址发掘过程中，于遗址北部新发现1处文物点肖家冲墓群，钟祥市文化和旅游局认定为不可移动文物，截至年底，全市共有不可移动文物点 2105 处）。完成不可移动文物基本概况、文物数量、保存状况、保护利用等数据的信息采集和网上填报，并完成荆门市长江文物资源调查（数据）与报告编写。

【革命文物保护利用】 根据国家文物局《关于开展全国红色标语类革命文物专项调查的通知》，在长江文物资源调查的基础上，市文化和旅游局组织完成全市红色革命标语筛查和信息录入工作，共有不可移动文物 7 处、可移动文物 2 件（套）。

【少数民族文物图谱（湖北卷）编撰】 完成《中国少数民族文物图谱·湖北卷》荆门少数民族文物编纂。在各级文物保护单位名录、第三次全国文物普查、第一次全国可移动文物普查以及长江文物资源调查的基础上，系统梳理全市反映少数民族历史文化的不可移动和可移动民族文物基本信息。经筛查审定，入选不可移动民族文物 1 处，可移动民族文物 3 件。8 月初，完成入选文物现场调查、拍摄以及卡片制作等工作；11 月中旬，完成入选文物条目的撰写。

【保护工程建设】 组织编制报送《明显陵石质文物保护前期勘察研究方案》《明显陵安防升级改造工程设计方案》《钟祥市兴王府凤翔宫修缮工程勘察设计方案》《荆门市博物馆馆藏瓷器文物保护修复项目方案》《钟祥市博物馆馆藏字画保护修复项目方案》《京山市预防性保护项目方案》等 12 个方案。

完成全市年度文物保护项目申报计划，申报全国及省级重点文物保护单位工程项目、可移动文物修复项目和文物保护安全防护项目（消防、安防、防雷）17 个，屈家岭遗址南部发掘区回填保护和展示工程、中共豫鄂边区委员会旧址后护坡加固专项工程、钟祥市兰台书院修缮工程、苏家垄墓群安防升级项目、钟祥市小皇陵安防工程、荆门市博物馆馆藏瓷器文物保护修复项目、钟祥市博物馆馆藏字画保护修复项目、京山市预防性保护项目已获立项批复。

东山宝塔修缮工程

开展了屈家岭遗址环境整治工程（二期）、屈家岭考古遗址公园标识系统建设、明显陵纯德山碑敕谕碑纪瑞文碑纯德山祭告文碑保护设施建设工程、文笔峰塔修缮工程等项目，元佑宫宣法殿衍真殿及元佑宫门修缮工程、白云楼修缮工程、东山宝塔修缮工程、节孝可风坊修缮工程通过终验。

【文物修缮】 5月20日至22日，完成多宝寺影壁墙面和墙体的抢救性加固修缮工作。8月8日至19日，完成马咀花屋场老宅屋面翻修、墙体校正、开挖排水沟等工作。8月10日至15日，对南庄民居漏雨的瓦屋面进行整修，对变形、开裂的墙体进行抢救性加固修缮。

【遗址公园建设】 继续推进大遗址保护和考古遗址公园建设。

1. 屈家岭国家考古遗址公园建设。完成绿化景观提升及环境整治工程、标识系统建设项目、屈家岭遗址点北部墓葬区保护展示工程、屈家岭遗址安防工程等；屈家岭遗址2016年度主发掘区保护展示工程除AR动画展示系统外全部完工。完成“屈家岭国家考古遗址公园”申报和现场评定工作。12月，屈家岭国家考古遗址公园被国家文物局纳入第四批国家考古遗址公园名单，并于当月完成挂牌。

2. 苏家垄国家考古遗址公园建设。重新制定工作目标和推进方案，完成考古勘探和设计优化。截至年底，生态停车场建设已完成招标前的意向公开及财政投资评审；苏家垄墓群环境整治、苏家垄墓群安防升级改造等2个项目获国家文物局立项。

【“文化和自然遗产日”活动】 全市各文博单位结合本年度“文化和自然遗产日”主题“文物保护：时代共进 人民共享”，举办各种形式的文物保护知识宣传和社会教育活动。

1. 荆门市博物馆联合湖北明清古建筑博物馆，共同开展“古人是怎样建房子的——古建筑知识课堂”；在园博园开展流动展览和文物法律法规宣传咨询。

2. 东宝区文化和旅游局在欢乐世界游乐园开展文物保护知识宣传活动，通过有奖趣味问答、流动广播宣传车、发放文化遗产保护知识、文物法律法规传单等多种形式，宣传文物保护工作；开展“东宝古遗址古建筑”主题展览活动，在区文化馆开辟“东宝古遗址古建筑”展览专厅，并将展览内容制作成宣传画册发放观众。

3. 京山市博物馆开展以“文峰宝塔——见证历史传承”为主题的活动。活动当日，向市民免费开放文笔峰塔，利用宣传展板，介绍自然和文化遗产日的由来、背景、发展过程以及文笔峰塔的历史渊源；发放《文物保护法》等宣传册，宣传文物保护利用成果。

4. 沙洋县文物部门以“文化和自然遗产日”为契机，制作文物保护宣传展板、语音，持续一周利用流动宣传车到各乡镇、重点文物村宣传文物保护法律法规，派发文物保护宣传单3000余张。

博物馆工作

【博物馆建设】 继续推进新博物馆建设工作，实现了全市博物馆全覆盖目标任务。

1. 荆门市博物馆新馆。新馆主体工程已完工，文物搬迁、新馆展陈等工作基本完成，并于10月1日至3日试运营。新增车马坑展室、边坡和室外展示项目进入装修阶段。

2. 京山市博物馆新馆。陈列大纲编制完成，陈列布展已完成60%。

3. 沙洋县博物馆。建设项目位于沙洋县敬德大道，计划投资1亿元，建筑占地面积5638平方米，总建筑面积10233平方米，有效陈展面积3300平方米，配套前广场10000平方米。计划建设工期为2022年6月至2024年6月，截至年底，建筑主体进入封顶阶段，陈列布展完成招投标。

4. 筹建郭店楚简博物馆。已完成选址及文物影响评估。项目净用地面积8004平方米，建筑面积5000平方米，计划投资1亿元，计划工期为4年。

【藏品保护与管理】 继续推进上年立项启动的文物保护修复项目，完成验收结项工作，并申报本年馆藏文物保护修复方案。

1. 荆门市博物馆完成郭店楚简数字化项目，400余枚三维数据建模成型。完成10件馆藏一级青铜器的修复工作，待验收结项。持续跟进馆藏178件(套)木漆器和左冢出土117件漆木器的保护修复工作，1993年在荆州修复的11件包山楚墓出土漆木器完成移交。与山东文保文物修复技术有限公司签订可移动文物保护项目合作框架协议，与之共建的文物修复室已完成并投入使用。

2. 钟祥市博物馆于年初先后向省文化和旅游厅申报了青铜器、字画修复计划。10月，可移动文物青铜器保护修复方案获省文化和旅游厅批复；可移动文物字画保护修复获省文化和旅游厅批复立项，字画修复方案已报送，待专家评审。

3. 京山市博物馆完成馆藏金属文物修复项目的验收结项工作。启动馆藏瓷器修复项目的政府采购工作，已完成招投标，并将39件待修瓷器运至湖北省文物交流信息中心进行修复。

4. 屈家岭遗址博物馆申报了馆藏陶器文物保护修复项目。

【陈列展览】 荆门市博物馆举办了“博物馆的力量——荆门市博物馆的公众服务工作回顾图片展”等临时展览。新馆布展工作基本完成，展陈面积约6400平方米，共设有6个固定陈列展厅及两个临时展厅。为配合新馆陈列，征集红色藏品39套(62件)。

【对外交流】 加强与省内外博物馆的交流合作，以展览交流和展品交流的形式，扩大馆藏精品文物声量。

1. 荆门市博物馆设计制作的“世界上最早的原装书——郭店楚简特展”于1月至3月在湖北明清古建筑博物馆展出；馆藏文物越王州勾剑参加浙江省博物馆“越颂——中华文物中的浙江传奇”特展。

2. 倡议成立“宜荆荆恩”城市群博物馆联盟。荆门市博物馆藏品分别参加“曾经巴楚——‘宜荆荆恩’城市群博物馆联盟青铜文物特展”和“争艳——‘宜荆荆恩’城市群博物馆联盟镇馆之宝联展”线上数字展。

“宜荆荆恩”城市群博物馆联盟授牌仪式

【社会教育与公众服务】 全市博物馆定期以线上、线下两种途径举办各种形式的社会教育活动，面向社会与学校，招募并培养讲解员与志愿者，发挥爱国主义教育基地作用，做好青少年实践教育。

1. 社会教育工作。荆门市博物馆线上线下策划及开展社教活动共30余次，包括“我们的节日”系列活动、“五进”系列活动及其他社教活动；“荆博微课堂”主打“荆门古建”系列和“我们的节日”系列等线上教育。钟祥市博物馆推出“民俗老物件”“郢靖王文物珍藏系列”“明代清正廉洁官员史事”“守住年味中国红，福禄寿喜来拜年”等一系列线上文物展览；开通抖音宣传账号，配合微信公众号加强宣传。屈家岭遗址博物馆将到博物馆参观学习列为本地学生及居民的文化必修课，通过线上博物馆网站和微信公众号在传统节日和二十四节气时推送相关科普文章，线下开展“小小讲解员”活动十余次。

2. 培养宣教人才，加强学习交流。荆门市博物馆组织社教人员结合新馆实际，开发了“舌尖上的楚国——楚人的食文化”“中国文字的发展与演变”等新的主题课程，开展“如果文物会说话”小小讲解员培训活动；招募、培训志愿者，开展志愿服务活动，在“喜迎二十大，强国复兴有我——青少年荆楚文物我来讲”主题志愿服务推荐活动中，“如果文物会说话”小小讲解员志愿服务项目获评省文博系统“优秀志愿服务项目”。钟祥市博物馆举办了“热爱家乡，传播历史文化 迎二十大，强国复兴有我”第七届小小讲解员培训实践活动。

3. 爱国主义教育基地建设。以多种形式发挥爱国主义教育基地作用。荆门市博物馆走进掇刀区名泉小学开展“吟诵经典 · 追思先贤”清明节爱国主义教育活动；走进东宝山社区开展“光影里的百年党史”红色文化进社区活动；走进培公社区开展“红色文化宣讲”建党 101 周年主题活动；走进漳河镇安团实验学校开展“弘扬爱国主义、共建文明校园”——国庆博物馆爱国主义教育实践活动；走进沈集中学，以流动展览和红色讲堂的形式开展“学习贯彻二十大，文化服务进校园”文化志愿服务系列活动。钟祥市博物馆举办红色文化图片展，为前来参观的未成年人公益讲解。

4. 青少年实践教育基地建设。联合金色农谷、屈陶屈窑等企业，以屈家岭遗址博物馆为起点，建成青少年文化实践交流线路，以五千年前陶文化为主题，探寻中华文化起源。先后接待多所学校，参观人数近万人次。

荆门市博物馆走进漳河新区消防救援大队开展宣传活动

【文博文创】 以“让屈家岭文化走向世界，让世界感知屈家岭，让农文旅融合更好”为主题制作的《屈家岭传奇》已完成并获得广电许可，待首映。与华中科技大学机械科学与工程学院签订校外实习实践基地共建协议书，以“觅陶——屈家岭陶文化数字交互体验设计”为主题的参赛作品荣获 2022 年第十四届国际用户体验创新大赛华中赛区国家三等奖。

【“5 · 18 国际博物馆日”活动】 结合本年度“5 · 18 国际博物馆日”主题“博物馆的力量”，开展各类宣传活动。荆门市博物馆走进仙居乡中心小学开展“博物馆的力量——走进乡村小学志愿服务”活动；联合象山小学在博物馆开展“参与垃圾分类 共建和谐社会”践行社会主义核心价值观活动，助力荆门市创建全国文明典范城市宣传。钟祥市博物馆开展钟祥历史文化系列讲座，进校园、进社区等文化惠民活动，讲述明代藩王就藩钟祥的历史文化和文物背后的故事。京山市博物馆以线上、线下相结合的方式开展了“馆藏瓷器展”，线上，在微信公众平台推送馆藏瓷器照片以及瓷器文化的相关知识；线下，以实物展示、展板介绍、发放《文物保护法》宣传册等形式讲述瓷器文化，宣传文物保护知识。屈家岭遗址博物馆组织开展了屈家岭中心小学社会实践活动、春季讲解员培训竞讲活动和童彩艺术中心写生活动。

文物安全与执法督察工作

【安全责任】 建立常态化文物安全保护机制，推动全市博物馆和文物管理单位把文物安全工作与业务工作同部署、同检查、同考核、同督导。各文博单位建立了安全责任体系，设立了安全工作领导小组，确保了文物安全工作有序开展，落到实处。年内文物安全形势基本稳定。

【安全检查】 全市开展了定期和不定期文物安全巡查，方式为部门巡查和会同公安、消防等部门联合检查，全年实施安全检查次数 1145 次，检查文物单位数量 3364 处，发现安全隐患数量 57 处，整改安全隐患数量 55 处，正在整改 2 处。

针对汛期钟祥市兰台书院、连三桥、荆钟县委会旧址等文物保护单位受损情况，市文化和旅游局下发《关于进一步做好极端天气时期文物安全工作的通知》，要求在汛期、夏季高温及秋冬干燥等极端天气时期，进一步加强文物安全防范工作，并由局领导带队对全市汛期文物安全开展明察暗访。10 月底，按照国家和省里相关部署，市文化和旅游局与市公安局、市消防救援支队共同下发了《荆门市文物安全专项检查工作方案》，并分别由领导带队组成两个检查组，对全市文物单位和文物市场开展检查工作，督促整改隐患。

【安全宣传】 组织全市开展了“5・18 国际博物馆日”“文化和自然遗产日”线上、线下活动，以宣传文物保护相关法律法规、普及文史知识为目的，进一步加大文物保护相关法律法规的宣传力度。

【技防工程建设】 注重文物安全技防工程项目建设，着力推进安防工程的立项、实施与结项验收等工作。

1. 苏家垄墓群安防升级工程、钟祥市小皇陵安防工程立项；楚纪南城大遗址保护区荆门纪山管理处委托达明科技有限公司编制《沙洋纪山楚墓群安防一期升级改造工程设计方案》，10 月经省文化和旅游厅批复同意；沙洋县文化和旅游局委托南京恒天伟智能技术有限公司组织编制《城河遗址安防工程设计方案》，已报送省文化和旅游厅审批。

2. 屈家岭遗址博物馆安防工程已基本完工。钟祥市博物馆9月完成博物馆安防监控提档升级工程，并通过验收。明显陵安防升级改造工程，年底已基本完工，待验收。

3. 京山市博物馆按照安防部门要求，9月安装了消防安全系统、消防报警系统、确定专人对消防器材进行管理和维护。同时更精准地利用监控一键报警系统与公安局110指挥中心紧密相连。

4. 苏家垄文物管理所在保护范围内的重要地带、关键路口，设立了38个球形摄像机和22个枪机，并建有专业终端监控室。

【消防安全演练】 开展消防安全培训与演练活动，提升安保队伍的消防知识和实战能力。5月20日，结合国家第14个防灾减灾日"减轻灾害风险，守护美好家园"主题活动，东宝区文化和旅游局开展了文物建筑消防安全培训、演练以及文物保护知识培训活动。

【文物行政执法】 加强文物执法部门协同，做好文物行政执法工作，处理文物违法施工事件2起。

1. 陈家寨遗址被工程破坏事件。1月，为配合白鹤滩—江苏±800千伏特高压直流输电线路项目湖北段线路工程的开展，京山市博物馆对该施工线路的文物分布情况进行初步调查，发现坪坝段途经线路(现塔基号：N5214)距离陈家寨遗址仅60米左右，随即向省文物考古研究院反馈信息，建议施工方更改线路或避开该文物点。5月，市博物馆开展文物巡查工作时，发现该项目破坏了遗址内1处建筑物、2座寨门及268米垣墙，并在遗址内修建了一条长约289米、宽7米的砂石路。根据《中华人民共和国文物保护法》的相关规定，执法部门对该项目建设单位做出行政处罚，文物部门完成对该遗址的调查和考古发掘。

2. 调查处理纪山楚墓群保护范围内违法施工问题。6月，沙洋县文物部门工作人员对葛军线工程项目进行现场踏勘，发现该项目工程在纪山楚墓群保护范围内涉嫌违法建设，沙洋县文物局第一时间向该项目建设单位，即国网湖北省电力有限公司中超建设管理公司下达停工通知书。项目建设单位取消该项目工程在纪山楚墓群保护范围内的新增点位，并进行原址维修。

鄂州市

综述

【文物资源】 截至2022年年底，鄂州市共有不可移动文物点460处，其中古遗址72处、古墓葬(墓群)291处、古建筑34处、石窟寺及石刻4处、近现代代表性建筑及重要事迹等59处，现有全国重点文物保护单位3处、省级文物保护单位22处(共26个点)，县(市、区)级文物保护单位262处；现有馆藏文物80121件(套)，其中一级文物79件(套)、二级文物660件(套)、三级文物4019件(套)、未定级文物总数75363件(套)，非文物藏品98件(套)。

【机构人员】 鄂州市文化和旅游局为市政府组成部门，主管全市文化和旅游、广播电视、文物等工作，核定行政编制30名，设局长1名，副局长3名，总规划师1名，局党组书记、局长刘军主持局全面工作，四级调研员刘传坤分管文物工作，内设科室13个，文物科承担文物管理工作。

【工作概况】 2022年度，主动对接高校科研机构，签订鄂州市历史文化研究与文物保护利用合作协议；完成观音阁、贺龙军部旧址、庾楼等重点文保单位的数字化信息采集，加大特色文创产品研发和外宣推介，开发团扇、折扇、铜鼎(小号)、犀牛望月古铜镜等新款文创产品，先后赴省内省外开展6场宣传推介活动；圆满完成鄂州市长江文物资源调查，做好各项文物考古调查、勘探和发掘工作，完成文物调查面积约76平方千米、勘探面积约6.7万平方米、抢救性发掘古墓葬近7个、修复出土文物200件(套)；完成市博物馆馆藏102册古籍保护修复，申报了馆藏青铜器保护修复项目立项，争取省级资金80万元，开展市博物馆馆藏铁器保护修复项目；市人民政府印发《鄂州市人民政府办公室关于建立市文物工作联席会议制度的通知》和《关于加强鄂州市文物保护利用改革实施方案》；组织修订《观音阁汛期安全应急预案》，指导推进了鄂州市博物馆安防系统提档升级工作，坚持重大节假日、汛期等重要时间节点，联合公安、消防等部门先后开展反恐防暴应急演练、消防演练、疫情防控演练等演练6次；全力推动博物馆服务提质增效，市博物馆免费接待观众7万余人次，接待团体近100个，贺龙军部旧址纪念馆免费接待观众约2.8万余人次，接待团体80个；新举办7个新展览，引进外展4个，省外送展3次；开展“吴都古韵”文博小课堂主题社教活动50余场，贺龙军部旧址纪念馆红色主题教育10场，馆公众号“怡亭时光——讲述吴都故事”麦分享活动近100期，共开展进社区、进学校、进军营等“六进”活动16场。

鄂州市博物馆获省级社会科学普及教育基地等级评定示范基地。鄂州市博物馆“奋斗百年路 启航新征程——鄂州市庆祝共产党成立100周年主题展”荣获“第六届(2021年度)湖北省博物馆、纪念馆六大陈列展览精品推介活动”特别奖，“我为鄂州来代言”志愿服务项目获湖北省文博系统青少年优秀志愿服务项目，鄂州市博物馆文管所所长余骏荣获“全省文物工作先进个人”称号。

考古工作

【基建考古】 配合市内重大建设项目完成文物调查面积70.5平方千米，考古勘探面积7.7万平方米。

1. 梧桐湖新区文物调查。为配合梧桐湖新区全面建设，鄂州市博物馆考古所对梧桐湖新区所辖范围内开展了一次集中性调查。经此次文物调查踏勘，发现梧桐湖新区涉及文物点11处，其中9处为全国第三次文物普查登记在册的不可移动文物，新发现文物点2处。

2. 红莲湖大数据产业园、三江港现代物流园聚集示范区文物调查。该项目是省级重点项目，位于鄂州市华容区庙岭镇，总用地面积4.02平方千米。此次调查由鄂州市博物馆考古所承担，确定红莲湖大数据云计算产业园、三江港现代物流园聚集示范区地上地下文物点共6处，其中红莲湖大数据云计算产业园5处、三江港现代物流园聚集示范区1处。

3. 花马湖水系治理建设项目勘探。为保障顺丰机场建设和运营安全，受鄂州市花马湖水系综合治理一期工程处委托，鄂州市博物馆考古所对该项目涉及的2处不可移动文物开展勘探，完成勘探面积约32000平方米。

4. 梁子镇梁子岛旅游区瓦窑澥窑址文物调查评估。为配合梁子湖文旅项目建设，受湖北鄂旅投梁子湖投资有限公司委托，由湖北省文物考古研究院指导，与鄂州市博物馆组成联合考古队对该项目开展文物影响评估，完成了16000平方米项目用地考古勘探工作。

5. 天门谢家湾遗址考古工作。为配合国家铁路十三五规划项目沿江高速铁路武汉至荆门段的建设任务，受湖北省文物考古研究院委托，由鄂州市博物馆承担天门谢家湾遗址考古工作，共勘探面积6000平方米，布设10米×10米考古探方4个，实际发掘面积为424平方米，发现一处油子岭石器的台基遗址，出土包括“田”字刻划符号陶片在内的陶片、石器等39件(套)。

天门谢家湾遗址考古全景

【项目评估】 配合市内基本建设做好文物保护相关问题咨询工作，先后协助鄂州市花马湖泵站扩容工程、黄石市交通局大广高速新增东方山互通工程、鄂州市樊口街道建设项目、鄂州市临空经济区综保区内拟出让地块文物压覆情况、中国水上运动南方综合训练总部基地一期工程项目规划选址、中国电力集团中南电力设计院金上—湖北特高压直流工程配套500千伏送出工程线路路径选址、湖北能源集团鄂州发电有限公司“四期2×1000毫伏清洁煤电扩建工程”项目单位完成建设用地选址工作。

文物保护工作

【基础工作】 按照省文化和旅游厅《关于开展第八批湖北省文物保护单位保护范围和建设控制地带划定工作的通知》要求，对鄂州市第八批湖北省文物保护单位城子山遗址的保护范围和建设控制地带进行了划定。鄂城区所辖范围内 58 处，临空经济区所辖范围 31 处一般不可移动文物树立了标识牌。完成省级文物保护单位瓦窑咀遗址保护标志碑的迁移工作。

鄂州市政府办印发《鄂州市人民政府办公室关于建立市文物工作联席会议制度的通知》，进一步加强对文物保护工作的组织领导，强化协调配合，形成了工作合力。市政府办印发《关于加强鄂州市文物保护利用改革实施方案》，进一步构建文物安全、行政许可、项目审批、执法检查、产业发展、人才培养等多方联动的大文物工作格局。

【长江文物资源调查】 根据国家文物局、省文化和旅游厅有关文件要求，调查复核鄂州市各级文物保护单位以及文物点 466 处，其中“三普”登录的 460 处、消失的 1 处、未收录文物点 5 处。复核“三普”登录的 460 处各级文保单位和文物点包括古遗址 72 处、古墓葬(墓群)291 处、古建筑 34 处、石窟寺及石刻 4 处、近现代重要史迹及代表性建筑等 59 处。按照技术规范要求对文物点进行测量、测绘，GPS 定点、摄影、标本采集等实地调查，认真做好文物数据相关资料的收集和登记工作，及时整理、录入调查资料，并通过省级验收。启动《吴都瑰宝——鄂州市长江文物资源调查成果汇编》编辑出版工作。

【革命文物保护】 完成鄂州市第二批革命文物名录的确认和报送工作，鄂州市柯逢年烈士墓、麻羊垴抗日纪念地等 11 处荣登第二批湖北省革命文物名录。完成红色标语调查和信息录入工作。根据国家文物局《关于开展全国红色标语类革命文物专项调查的通知》，在鄂州市长江文物资源调查的基础上，组织了全市红色革命标语筛查和信息录入，共有不可移动文物 5 处、可移动文物 3 处。

【保护利用工程建设】 北伐军二十军军部旧址展示利用项目立项，通过查阅地方志、中国近代史、党史等相关研究资料，组织开展前期研究工作，已构思展示利用框架。完成全国重点文物保护单位观音阁数字化信息采集、水下地形勘测、主体结构与礁石地质检测，采集观音阁第一手资料，发布观音阁 3D 建模立体视频，让观众线上观看观音阁全貌及内部景观。对贺龙军部旧址、庾楼等省级文物保护单位进行数字化信息采集，做到精准复原文物原貌，为文物保护单位保护研究以及活化利用奠定基础。

博物馆工作

【博物馆建设】 鄂州市博物馆投入安全生产保障经费 290 余万元，维护保养馆内设施设备，改造馆区安防系统、地下文物库房，更换防火门和照明灯，粉刷馆舍外墙等。

【藏品保护与管理】 鄂州市博物馆修复残破古籍 102 本、铁器 56 件，对 121 件铁质文物进行检测取样分析，向省文化和旅游厅申报馆藏青铜器保护修复项目，完成 4 件一级铁质文物保护立项申报工作。合理配置文物柜文物架，将暂存在三楼展厅的大部分文物顺利归库。完成馆藏 632 件金银指环、金银镯及玉镯的文物囊匣装盒，馆藏所有征集民俗藏品的搬运及清理，馆藏墓砖的统一放置，585 件出土文物及 10502 件武昌鱼集团征集字画拓片搬运等工作。

【陈列展览】 鄂州市博物馆免费接待观众 73136 人次，接待团体近 100 个。举办"青春礼赞——建团百年团史图片展""庆祝中国人民解放军建军 95 周年图片展"等 7 个新展览，引进"青色草原・多彩家园——新疆博州博物馆民俗展""流光溢彩——江西抚州大明益藩王族珍宝展"等外展 4 个，先后到山西大同、江西鹰潭、抚州等三地交流展出"鄂州雕花剪纸展"。共开展进社区、进学校、进军营等"六进"活动 16 场。贺龙军部旧址展陈提升项目获省文化和旅游厅审批立项。

鄂州雕花剪纸展

【社会教育与公众服务】 "吴都古韵"文博小课堂举办主题社教活动 40 场，成功举办元旦"博物馆志愿者招募及表彰会""5・18 国际博物馆日"活动。开展寒暑假 2 期志愿者讲解员培训班、1期文博夏令营。馆公众号“怡亭时光——讲述吴都故事”麦分享活动近100期。鄂州市博物馆在“奋进新征程 建功新时代”2022年湖北省文博系统学习贯彻党的二十大精神演讲大赛决赛中获二等奖1个、三等奖1个、优秀奖3个。讲解员冯燕琳获全市职工演讲比赛一等奖，讲解员刘重光获首届全国社科普及基地讲解员大赛优秀奖、湖北赛区二等奖。

贺龙军部旧址纪念馆举办红色主题教育活动11场，5次专题讲座，分别为“弘扬红色文化 助力乡村振兴”“弘扬红色文化 构建和谐社会”专题讲座，“传承雷锋精神 践行志愿服务”“强国复兴有我”巾帼之力系列活动，“少年忆先烈 精神承古今”爱国主义教育活动及“赓续红色血脉 传承红色基因”端午节趣味亲子活动，“追寻荆楚红色记忆 传承鄂州红色基因”专题讲座以及庆“七一 红心向党喜迎二十大”文艺义演。

鄂州市博物馆简化参观预约流程，在支付宝、美团APP开通“鄂州博物馆”小程序线上实名预约，线下在鄂州市博物馆票务室通过扫支付宝、美团“二维码”的方式预约，切实做好便民服务工作，方便观众参观。

文博小课堂

【文博文创】 先后与华中科技大学、湖北美术学院团队及华中数控鄂州公司合作，依托馆藏“犀牛望月镜”成功开发新的文创产品。古铜镜复原复制技艺传承人仙有生代表鄂州参加湖北省"工友杯"首届"e有绝活"高技能人才技能大赛，荣获传统工艺类"优秀绝活奖"。积极参加湖北电视台"荆楚有好物"电视节目、"中国旅游日"湖北分会场活动、鄂州武昌阅文化节暨鄂州招商(粤港澳大湾区)引资等推介活动。

犀牛望月文创产品

【科研学术】 鄂州市博物馆向省博协报送7篇年度参评学术论文并全部入选年度评奖，其中有6篇被湖北省博物馆协会2022年度论文集收录。在核心专业期刊《江汉考古》上发表发掘简报1份。鄂州市博物馆课题《鄂州市红色文化教育基地情况调查》入选2022年度鄂州市社科应用研究指导性课题，并获得三等奖。在市博物馆馆内开展8期"文博讲堂"学术交流活动。

文物安全与执法督察工作

【安全制度】 针对本年度长江水位低，多有游客登上观音阁的情况，制定《全国重点文物保护单位观音阁保护实施方案》并落实相关措施，确保文物安全。根据鄂州市文化和旅游局安全督查要求及市博物馆主要领导变动等实际情况，对《鄂州市博物馆疫情防控和恢复开放工作应急预案》《疫情防控常态化工作应急预案》等应急预案和制度进行修改完善。

【安全检查】 按照国家文物局印发的《文物系统安全生产大检查工作实施方案》和省文化和旅游厅关于开展安全大排查和自查要求，组织开展全市文物安全检查督查工作。由局主要领导和分管领导带队，对市博物馆和直管文保单位开展督查，各区按照属地管理的原则，联合消防支队对辖区内的文物博物馆单位开展自查，重点对博物馆、文物建筑、石刻石碑等多类别文物安全自查和专项检查。全年开展安全检查56次，发现安全问题隐患146处，都在限期内整改完成。

【安全教育与培训】 鄂州市博物馆组织全馆工作人员开展安全警示教育活动2次，召开安全工作会议15次，组织消防安全培训6次，开展安全演练2次。贺龙军部旧址纪念馆联合北门社区在区消防救援大队开展灭火疏散演练活动2次。

孝感市

综述

【文物资源】 截至2022年年底，孝感市共有不可移动文物3886处，其中古遗址858处、古墓葬1866处、古建筑807处、石窟及石刻9处、近现代重要史迹及代表性建筑345处、其他1处。孝感市现有各类文物保护单位589处，其中全国重点文物保护单位6处、省级文物保护单位44处、县(市、区)级文物保护单位539处。孝感市现有国有文物收藏单位28家，馆藏可移动文物3.5万余件，其中三级以上珍贵文物785件(套)。

【机构人员】 孝感市文化和旅游局为市政府组成部门，加挂市广播电视局和市体育局牌子，主管全市文化(文物)、旅游、广播电视、体育工作。党组书记、局长胡飞主持全面工作，四级调研员钟敏分管文物工作。核定编制35名，内设11个科室，文物与非遗保护科承担文物保护业务工作。局直属文博单位为孝感市博物馆。孝昌县、大悟县和云梦县加挂县级文物局牌子。云梦县文管所获批成立。

【工作概况】 孝感市考古工作得到社会及建设单位大力支持，文物基础性工作继续巩固，革命文物利用效果明显，博物馆开放服务水平不断提高，文物安全及形势平稳向好发展。全市新增不可移动文物1处、县(市、区)级文物保护单位36处、三级以上珍贵文物74件(套)。全市长江文物资源调查新发现的文物点共计59处。中共汪洋店党支部旧址等4处革命文物入选第二批湖北省革命文物名录市县级文物保护单位，孝感市烈士陵园等11处革命文物入选第二批湖北省革命文物名录未定级不可移动文物。孝感市博物馆开展田野文物调查专项业务、“一统之途：云梦郑家湖考古新发现”考古文化专题讲座等10次业务培训，探索和提升文博人员业务能力。全年申报馆藏文物预防性保护项目5项，技防项目5项。彭店乡红寨村等4个村寨入选第六批中国传统村落名录，云梦县博物馆挂牌“湖北省博物馆云梦分馆”，云梦县出土的“中华第一长文觚”入选2021年度国内十大考古新闻和国际十大考古新闻，云梦郑家湖战国秦汉墓地先后入选“2021年中国考古新发现”、2021年度“全国十大考古新发现”、“百年百大考古新发现”、“2021年湖北六大考古新发现”，楚王城遗址等5处考古项目入选“湖北百年百大考古新发现”。孝南区博物馆获评第五批湖北省爱国主义教育基地，教育部办公厅等八部门公布大悟县中原突围纪念馆为“大思政课”实践教学基地，全国普法办公布云梦县博物馆为“第四批全国法治宣传教育基地”。

湖北省委宣传部、省人社厅评选表彰云梦县博物馆为“全省宣传思想工作先进集体”。

孝感市博物馆“小小讲解员暨小小志愿者”项目获评“省文博优秀志愿服务项目”，孝昌县博物馆获 2022 年度清廉孝昌建设工作突出单位。孝感市博物馆讲解员获孝感市“国家安全大宣讲”演讲比赛一等奖、湖北省文博系统“奋进新征程·建功新时代”演讲大赛三等奖。孝感市博物馆张明和应城市博物馆余志红获“全省文物工作先进个人”表彰。大悟县博物馆工作人员获“大悟县第四届‘移动 5G 杯’红廉故事宣讲大赛”三等奖。

考古工作

【调查勘探】 全年围绕硚孝高速、G347 改扩建工程压缩空气储能电站、农光互补光伏发电项目、风储一体化风电场工程共完成 5 项考古调查与勘探工作。

1. 硚孝高速西延线项目。4 月 18 日至 5 月 8 日，孝感市博物馆联合应城市博物馆、云梦县博物馆和孝南区博物馆等文博单位组成文物调查工作小组，对硚孝高速西延线项目所涉及的应城市、云梦县和孝南区境内的工程线路进行了实地调查。共发现 11 处文物点，均为第三次全国文物普查文物点，未涉及全国重点文物保护单位或湖北省文物保护单位。

2. G347 云梦联合桥至护子潭大桥段改扩建工程。8 月上旬，由孝感市博物馆牵头，联合云梦县博物馆组成 G347 云梦联合桥至护子潭大桥段改扩建工程文物调查考古工作队，对云梦县的 G347 云梦联合桥至护子潭大桥段改扩建工程范围内文物资源进行了区域调查。经对比云梦县行政区划图和工程所处位置，核查第三次文物普查的相关资料，从西向东沿工程线路图进行实地勘察，初步发现工程范围内无“三普”文物点和新文物点。

3. 湖北应城 300 兆瓦级压缩空气储能电站示范工程。6 月 8 日至 6 月 16 日，孝感市博物馆与应城市博物馆组成联合工作队，对应城 300 兆瓦级压缩空气储能电站示范工程进行了细致的考古调查和勘探。此次勘探未发现项目用地范围内存在古代文化遗迹现象。

4. 湖北应城陈河镇 200 兆瓦农光互补光伏发电项目。7 月 8 日至 7 月 16 日，孝感市博物馆联合应城市博物馆组成陈河镇 200 兆瓦农光互补光伏发电项目文物考古工作队，配合完成应城陈河镇 200 兆瓦农光互补光伏发电项目文物调查和勘探工作。此次勘探未发现古代人类活动遗迹。

5. 应城华润龙湖风储一体化风电场二期 200 兆瓦工程。9 月下旬至 10 月 15 日，孝感市博物馆与应城市博物馆联合组成专业文物调查队伍，对华润应城龙湖风储一体化风电场二期 200 兆瓦工程文物调查勘探项目范围内的文物资源进行系统调查及部分重点区域的勘探工作，发现并复核该项目征地范围内文物点合计 28 处。

【考古发掘】 全年完成 2 项考古发掘项目，其中援助项目 1 项、抢救性清理 1 项。

1. 云梦县博物馆援助荆门市苏院遗址实施考古发掘。7 月，由湖北省文物考古研究院牵头，并联合荆门市博物馆、云梦县博物馆组成沿江高铁荆门段苏院遗址文物考古联合工作队对荆门市苏院遗址实施考古发掘。从勘探及发掘实际情况看，苏院遗址地层关系简单，耕土层以下即文化层，包含物为零星明清碎散砖块、青瓦片、白釉瓷片等，未见灰坑、房基、柱洞等其他遗迹。

湖北省文物考古研究院、荆门市博物馆、云梦县博物馆联合对荆门市苏院遗址(沿江高铁线路上)进行考古发掘

2. 孝感市博物馆对大悟县城关镇付家湾石室墓进行抢救性清理。12 月，受省文物考古研究院委托，孝感市博物馆对大悟县住建局在 7 月实施城关镇付家湾片区雨污管网改造中发现的一座古墓进行抢救性清理。通过墓葬形制和使用“三合土”情况等现场信息，考古队确定该墓为石砌双室墓，该墓的发现为研究孝感市大悟地区明代石室墓形制及丧葬习俗提供了新的材料。此次发掘未出土器物，葬式不明。

【出土文物修复】 出土木漆器保护国家文物局重点科研基地云梦工作站对湖北省云梦郑家湖战国秦汉墓地出土的 493 件(套)饱水竹木漆器实施脱水处理，106 件(套)已脱水完毕进入干燥定形阶段。

【考古宣传】 云梦睡虎地秦简、湖北云梦郑家湖墓地考古发掘情景被中央电视台拍摄成专题片，在《国家宝藏》《探索·发现》《中国影像志》等栏目播出。央视网、人民日报等主流媒体专题报道云梦郑家湖墓地考古新发现。

文物保护工作

【文物资源调查】 孝感市开展少数民族文物、长江文物资源、碑刻石刻3项文物资源调查工作。

1. 少数民族文物调查。根据湖北省民宗委、省文化和旅游厅《关于召开〈中国少数民族文物图谱·湖北卷〉编纂出版工作部署会的通知》等文件要求，孝感市文化和旅游局为配合做好《中国少数民族文物图谱·湖北卷》编纂出版工作成立专项调查工作专班，开展湖北省少数民族文物调查工作。在对比孝感市不可移动"三普"和可移动"一普"数据、对重点区域实地调查后，综合孝感市情况发现无少数民族文物。

2. 长江文物资源调查。根据《长江经济带发展规划纲要》、《国家文物局关于开展长江流域文物资源调查工作的批复》（文物保函〔2021〕1033号）、《湖北省文物事业发展"十四五"规划》（鄂文旅办发〔2021〕38号）等文件要求，通过召开长江文物资源调查业务推进会和培训会，动员孝感市范围内文博单位落实国家文物局、省文化和旅游厅的统一部署，新发现文物点共计59处，位列全省第二。此次调查中新发现文物点的年代上可追溯至新石器时代，下可至新中国成立初期，含古遗址、古墓葬、古建筑和近现代重要历史建筑等。

3. 碑刻石刻文物资源调查。根据省文化和旅游厅（省文物局）转发的《国家文物局关于开展全国名碑名刻文物遴选推荐及碑刻石刻文物资源摸底调研工作的通知》（文物保函〔2022〕814号），受孝感市文化和旅游局委托，孝感市博物馆迅速组织专班对全市域内的碑刻石刻类文物资源进行了全面摸底调查，共发现17处各类不可移动和可移动碑刻石刻。其中不可移动碑刻石刻文物合计7处，均为单体文物。7处中3处为省级文物保护单位，2处为县级文物保护单位，2处未定级。时代跨度从北宋至清。文物类别均为摩崖石刻和石质碑碣。可移动碑刻石刻文物合计10通，其中二级文物1通，其余9通未定级。从时代看，唐代1通、宋代1通、明代1通，其余7通均为清代。文物类别主要是碑碣和墓志。17处（通）碑刻石刻文物中状态稳定、不需修复的有8处；部分损毁，需要修复的有8处；腐蚀损毁严重、急需修复1处。

【革命文物保护】 大悟县的中共汪洋店党支部旧址、中原突围阵亡烈士墓、韩锡寺革命洞、《七七日报》报社旧址等4处革命文物入选第二批湖北省革命文物名录市县级文物保护单位。孝南区的孝感市烈士陵园，云梦县的吴禄贞纪念园、祝有谋烈士墓、杨迅烈士墓，大悟县的中共宣化店镇东峰庵党支部旧址、陈参谋长墓、宋斌烈士墓、双桥镇战斗遗址、墨关革命洞，孝昌县的卫祖圣故居、鼾山寺战场遗址等 11 处革命文物入选第二批湖北省革命文物名录未定级不可移动文物。

【保护工程建设】 安陆市天主教堂修缮工程，1 月经安陆市发展和改革局批复立项，3 月该工程完成方案设计，4—7 月组织施工，8 月该工程通过验收。7 月，按照“不改变文物原状”“重要部位原状恢复”的原则编制《徐海东故居修缮设计方案》，修缮设计方案报省文化和旅游厅批复同意。10 月，孝感市文化和旅游局向省文化和旅游厅申请大悟县中原军区旧址病虫害防治工程立项。

【传统村落保护】 住房和城乡建设部等部门公布的第六批中国传统村落名录，大悟县的彭店乡红寨村、吕王镇董湾村、三里城镇马鞍村、丰店镇唐店村入选。

6 月，孝南区文化和旅游局联合区住房和城乡建设局开展历史文化街区划定和历史建筑认定工作专题调查。在肖港镇革新村新发现一座明清时期古代石桥，桥体为梁墩式九孔平桥，桥体通长 38 米，宽 2.3 米。条石长 3.5 米，雁翅宽约 6 米，石质为砂岩石，桥墩上游为三角形，下游为方形，是以糯米石灰挂缝垒砌。此次文化建筑保护传承专题调查工作在肖港镇新发现的古石桥为研究本地的历史地理、古代交通和社会经济及古代桥梁的建造风格提供重要的实物研究资料。

【“文化和自然遗产日”活动】 6 月 11 日，孝感市博物馆开展“连接现代生活 绽放迷人光彩”孝礼雅塾文化和自然遗产日活动。讲解员围绕云梦郑家湖秦汉墓地图片展进行讲解，为游客们讲述云梦郑家湖秦汉墓地一座座墓下所倒映的历史场景，展现云梦郑家湖秦汉墓地所刻录的大一统进程。小小讲解员来到孝感市博物馆，为游客们讲解二十四孝故事，展现孝文化对于构建文明和谐社会的积极作用，体现孝文化在年轻一辈中的不断传承。开展传统文化演出，邀请国家级非物质文化遗产项目皮影戏(云梦皮影戏)代表性传承人秦礼刚表演皮影戏、广陵琴派的孙博文进行古琴演奏、陈加平表演川剧变脸、赵林平进行民族管乐器独奏。共同推进文化遗产保护传承，挖掘文化遗产多重价值。

【学术成果】 孝感市博物馆公开出版发行丛书“孝感文化遗产集萃”之《马口窑——汉川马口窑址群考古工作报告》，工作人员编写的《湖北孝感城隍潭码头遗址》一文在《大众考古》发表。孝感市共 9 篇专业论文被收入《博物馆的力量——2022 年湖北省博物馆协会学术研讨会论文集》，孝感市博物馆 6 篇、孝南区博物馆 2 篇、大悟县博物馆 1 篇。

博物馆工作

【藏品保护与管理】 10 月，针对孝感市博物馆缺乏环境监测和环境调控设备，为安陆市博物馆库房珍贵文物保存环境质量进行监测与调控和为孝南区博物馆库房文物保存环境进行检测和数据分析，孝感市文化和旅游局向省文化和旅游厅作孝感市博物馆预防性保护项目、安陆市博物馆预防性保护项目、孝南区博物馆可移动文物预防性保护项目立项申请。

【藏品征集】 孝感市博物馆征集到“埋儿奉母”盘金彩绣、三蓝绣“24孝”挽袖等孝文化藏品8件。大悟县博物馆接收河南籍革命后代捐赠的革命书籍和书法作品2件。

【馆藏文物修复】 9月25日，“大悟县革命博物馆馆藏铁质革命文物保护修复”项目专家咨询会在京山市博物馆顺利召开，故宫博物院、国家博物馆、中国文化遗产院等文博单位专家参会，经过与会专家的质询、讨论及现场查验，大悟县革命博物馆馆藏铁质革命文物保护修复项目验审一致通过。11月，大悟县革命博物馆馆藏纸质革命文物保护修复项目通过省文化和旅游厅批复立项。

专家组对大悟县革命博物馆馆藏铁质革命文物修复项目进行结项验收

【临时展览】 孝感市按照“有物可看、有史可讲、有事可说”的办展原则，共计举办18场临时展览。其中孝感市博物馆举办5场、孝南区博物馆举办2场、孝昌县博物馆举办1场、云梦县博物馆举办3场、安陆市博物馆举办1场、应城市博物馆举办1场、汉川市博物馆举办2场、大悟县博物馆举办3场。

【社会教育与公众服务】 全市博物馆全年共开展社教宣传活动 79 场，接待参观团体 500 个，提供讲解服务 470 场，接待观众 39 万人次，服务未成年人 3.8 万人次。其中孝感市博物馆全年共计举办社教活动 61 场，接待参观团体 60 个，开展视频征集大赛 1 次、研学活动 4 次、考古专题讲座 1 次，推出“孝谈文物”“传统文化小课堂”“文物防疫小课堂”“文物小课堂”等 4 个云社教课堂。孝南区博物馆制作《政工名将——王新亭》专题片，加大孝南区红色文化宣传。孝昌县博物馆全年通过“以物述史”的形式，依托孙家畈革命旧址、抗大十分校等红色纪念场馆，从党史、军史、革命文物等不同专业角度展示孝昌红色文化历史。云梦县博物馆举办文物知识讲座，赴 20 所城乡中小学校宣传讲解秦简文化。安陆市博物馆将传统文化、文物元素和美术创作融为一体，举办水墨漫画系列活动，青少年踊跃参与。

【文博文创】 全市博物馆聚焦文物内涵，研发各种原创性高、交互性强的文创产品，其中云梦县博物馆研发的“中华第一长文觚”文创产品和孝感市博物馆研发的孝礼雅塾文件袋、帆布帽等受到观众好评。

文物安全与执法督察工作

【安全责任】 孝感市落实文物安全管理“一处一策”工作责任制，在全市范围内签订文物安全责任书，建立以县市区为重点的县乡村三级文物安全网络。以文物部门专业巡查和当地包保看护相结合的方式，确保孝感市文物单位安全无隐患。

【消防演练】 孝感市全年共举办消防培训课 2 次、消防实操培训 9 次、反恐防暴演习 8 次，迎接检查工作 30 次。

【技防工程建设】 1 月，大悟县中原军区旧址安防系统升级改造工程设计方案通过省文化和旅游厅批准。6 月，孝感市文化和旅游局向省文化和旅游厅申请小悟抗大十分校消防工程立项，目前呈报的方案已通过省文化和旅游厅评审。8 月，为防止盗挖文物和因生产生活破坏遗址，孝感市文化和旅游局向省文化和旅游厅报送门板湾遗址安防工程立项申请。

【打击文物犯罪】 孝感市博物馆和云梦县博物馆、应城市博物馆配合云梦、应城当地公安机关破获文物犯罪案件 2 起。抓获云梦倒卖文物案犯罪嫌疑人 4 名，追缴文物 13 件；抓获应城盗掘文物案犯罪嫌疑人 7 名，追缴三级文物 4 件、一般文物 5 件及来历不明文物若干。

黄冈市

综述

【文物资源】　截至2022年年底，黄冈市共有不可移动文物5821处。已公布为文物保护单位的共计1998处，其中全国重点文物保护单位16处、省级文物保护单位128处、县(市)级文物保护单位1854处。全市不可移动革命文物普查认定为655处。全市有博物馆、纪念馆等文博单位23家，其中国有博物馆、纪念馆21家，国家二级博物馆1家、三级博物馆7家。全市馆藏文物148829件(套)，其中一级文物133件(套)、二级文物438件(套)、三级文物3333件(套)、一般文物112364件(套)、未定级32561件(套)，含登记认定革命文物15576件(套)。

【机构人员】　黄冈市文化和旅游局是市政府组成部门，2022年4月加挂市文物局牌子，负责管理全市文化和旅游、广播电视、文物等工作。核定行政编制35名，实有31人。党组书记、局长涂宝峰主持全面工作，党组成员、副局长王萍分管文物工作。局机关内设14个科室，文物与非遗科承担全市文物业务工作，局直属文博事业单位4个。2022年4月原黄冈市文物局改为黄冈市文物事业发展中心。

【工作概况】　黄冈市贯彻执行文物保护法律法规，全面提升文物保护管理水平，文物保护工作取得明显成效。黄冈市政府将文物保护工作列为市级领导领衔督办的重大改革项目，印发《黄冈市文物工作联席会议制度》，创新实施一处一策、一张网、一个数据库、一本账、一本书等“五个一”文物保护利用工程。新出台《黄冈市革命遗址遗迹保护条例》以及《黄冈市革命文物保护利用规划》《黄冈市文物保护利用“五个一”工程实施方案》等政策。积极争取中央、省级文物保护专项资金合计3474万元，实施文物保护项目22项，召开黄冈市文化旅游产业发展和文物保护利用现场推进会，完成长江文物资源专项调查，深入推进文化遗产保护传承工程，红安黄麻起义和鄂豫皖苏区纪念园保护利用写入省十二次党代会报告，创建红色5A级景区写入《省政府关于新时代支持老区振兴发展的实施意见》，积极申报创建国家历史文化名城，推动长征、长江国家文化公园黄冈园区建设、红安县国家革命文物保护利用示范区创建等工程，对红二十五军长征集结地历史步道、长胜街等一批重点项目和革命文物点进行综合整治和提升。开展全市可移动资源与不可移动文物资产信息收集整理，及时更新全市文物数据库的数据信息。完成4008件(套)馆藏珍贵文物和198处重点文保单位文物总登记账和资源资产财务账，推进文物资源资产保值增值。建立更新全市 5821 处不可移动文物、148829 件(套)馆藏文物信息数据库并实现数字化管理。

黄冈市博物馆被人力资源和社会保障部、国家文物局评为“全国文物系统先进集体”，被湖北省社科联表彰为 2022 年全省示范社科普及基地，策划设计的“大别山红旗不倒——黄冈现代革命史陈列”展荣获“第六届(2021 年度)湖北省博物馆、纪念馆六大陈列展精品推介活动”精品奖，“红领巾讲解员”少先队志愿服务项目获评为湖北省文博系统“喜迎二十大 强国复兴有我——青少年荆楚文物我来讲”优秀志愿服务项目之一，以“红领巾讲解员”为主力军的黄冈市博物馆市实验小学中队、黄冈市博物馆明珠学校中队均被湖北省少工委评为“红领巾奖章”四星章集体。红安县文物事业发展中心获“全省文物工作先进单位”表彰。红安县黄麻起义和鄂豫皖苏区革命纪念馆获教育部办公厅等八部门颁发首批国家“大思政课”实践教学基地，入选文化和旅游部办公厅颁布的“全国红色旅游融合发展试点单位”，获得湖北省文明旅游示范单位。

考古工作

【调查勘探】 黄冈市博物馆联合黄梅县博物馆、团风博物馆、麻城市革命博物馆完成考古调查勘探项目共计 4 项。黄梅紫云山抽水蓄能电站项目，调查面积 4.8 平方千米，勘探面积 11000 平方米；团风县魏家冲抽水蓄能电站项目，调查面积 1 平方千米，勘探面积 11000 平方米；麻城大别山电厂三期建设用地项目，调查面积 3 平方千米，勘探面积 12000 平方米；沪渝高速公路黄梅至黄石段改扩建工程项目调查面积 11 平方千米。累计完成考古勘探面积 34000 平方米，共发现 15 处文物点并提出文物保护意见，明确文物点保护级别，准确查明地下文物分布状况，编写完成《考古勘察工作报告》，经省、市文物考古专家评审，均通过省文化和旅游厅批复通过。

【考古发掘】 黄冈市博物馆与各县、区级博物馆在黄冈市文化和旅游局指导下，组织实施田野考古勘探及抢救性清理项目 5 项，古遗址类总勘探面积达 1.5 万平方米、清理面积达 1200 平方米，共清理古墓葬 4 座，出土文物 4 件。

1. 2 月，武穴火车站工业园东五路建设工程文物保护项目王排塆遗址考古勘探及抢救性清理工作，完成勘探面积 1 万平方米，清理面积 580 平方米。

2. 1 月，英山县经济开发区孙家塆遗址、孙家塆墓地抢救性考古清理工作，完成清理面积 200 平方米。

3. 7 月至 10 月，沪渝沿江高铁文物保护项目陈万家湾遗址的田野考古发掘工作，完成勘探面积 5000 平方米、发掘面积 400 平方米。

4. 7 月至 11 月，开展红安明朝户部尚书耿定向墓葬考古发掘清理工作，该墓葬为红安县的历史沿革、明代政治经济文化体系等提供了实物佐证。

陈万家湾遗址考古发掘现场全景图

5. 完成黄冈市城区地下管廊 PPP 项目涉及汪家冲井群一口古井的抢救性考古清理工作。

文物保护工作

【基础工作】 组织开展了文物水利遗产资源、红色革命标语、隐密战线资源、少数民族文物、老字号文物调查、文保单位违建问题等 6 个专题调查，进行了第八批省级文保单位“两线”划定。

调整完善东坡赤壁等 5 处全国重点文物保护单位保护规划，制定董必武故居等 11 处全国重点文物保护单位保护方案，确保每一处国保单位有量身定制的保护规划和保护方案。

【长江文物资源调查】 黄冈市长江文物资源专项调查自 2021 年 11 月底启动，历时 5 个月，于 4 月 30 日全面完成。3 月 11 日，黄冈市长江文物资源专项调查业务审核视频会在黄冈市文化和旅游局举行，市县两级专项调查专班约 55 人参加会议。专项调查期间，复查不可移动文物 5768 处，新发现 53 处，黄冈文物资源达 5821 处。全面摸清了黄冈市不可移动文物资源保护状况，配合完成长江文明进程 4 个课题研究工作。

黄冈市长江文物资源专项调查工作照

【革命文物保护】 黄冈革命历史与革命文物资源在全国具有举足轻重的地位。全市普查认定的不可移动革命文物 655 处，登记认定馆藏革命文物共 15576 件(套)，开展第二批湖北省革命文物名录核查报送 244 处。全面贯彻落实全省革命文物工作会议精神，编制出台《黄冈市革命遗址遗迹保护条例》。配合市人大对《黄冈市革命遗址遗迹保护条例》立法后评估和文物资源资产管理专项审议活动，以高票满意率通过市人大常委会开展地方性法规实施情况专题询问。红安县创建国家革命文物保护利用示范区通过省级审定。

【保护工程建设】 立项申报文物保护项目 48 个，已批复立项 22 个，利用国家重点文物保护专项资金、省级重点文物保护专项资金共计 3474 万元。具体为红安李先念故居纪念馆、黄州文庙、麻城城区六乡农民协会旧址、英山李公桥、浠水登瀛室、武穴袁山河功德桥、蕲春达城庙、肖方故居等保护修缮工程 8 个，七里坪旧址—毛咀屋红军兵工厂旧址、中央农民运动讲习所学生军指挥部旧址、黄州文庙、安家大屋等消防工程 4 个，以及黄梅县博物馆馆藏出土竹木漆器类、馆藏陶瓷器文物保护修复项目、蕲春李时珍纪念馆可移动文物预防性保护项目、黄冈市博物馆馆藏漆木器保护修复项目等 10 个。

【遗址公园建设】 成功申报长征国家文化公园英山园区二期建设项目，国家批复红二十五军军部旧址等三个提升项目设计方案。长征国家文化公园英山园区以红二十五军为建设主体，入选湖北段首批重点建设项目，项目总投资 2.58 亿元，已于 3 月 1 日全面启动，5 月 25 日开工建设。同时，黄冈市 6 个沿江县(市、区)纳入长江国家文化公园湖北段核心区，其他4个县市纳入流域范围，黄冈市文化和旅游局会同黄冈市委宣传部、市发改委，成立黄冈市国家文化公园建设领导小组，起草《长江国家文化公园黄冈段建设推进方案》，扎实推进长江国家文化公园黄冈段的建设。

【数据化建设】 启动东坡赤壁等重点国保单位数字工程建设，推进互联网+、VR全景数字化和3D动漫技术，实现线上360°动态展示，推进“数字景区+展厅+文物+导讲”融合式发展。

博物馆工作

【博物馆建设】 全市升级改建黄梅县博物馆新馆、罗田县博物馆新馆，启动黄冈革命纪念馆、浠水县博物馆新馆建设项目。

1. 黄梅县博物馆新馆于7月1日试开馆运行，新馆建筑面积7465平方米，展厅面积3400平方米，馆藏文物1万余件(套)，主楼为三层回字形全框架结构，内设陈列区、藏品区、技术区和办公区，是一座具有古典园林特色的综合性博物馆。在为期10天的试开馆期间，共接待2.6万人次，社会团队6批，县领导调研8次。

2. 罗田县博物馆新馆落成。9月30日，由卓尔公益基金会捐建的罗田县博物馆新馆落成移交。罗田县博物馆新馆坐落于罗田县凤山镇，建设总投资3500万元，建筑面积5600平方米。

3. 黄冈革命纪念馆建设项目动工。9月7日，投资1860余万元、占地面积2409.83平方米、建筑面积4164平方米的黄冈革命纪念馆建设项目在团风县杜皮乡黄冈革命烈士陵园正式动工。黄冈革命纪念馆项目是团风“十四五”重点建设项目，也是团风牛车河乡村振兴示范区总体布局中红色旅游的重要组成部分。

4. 浠水县博物馆新馆建设项目全面铺开。9月28日浠水县政府常务会议研究启动县博物馆新馆建设工作，10月14日成立博物馆新馆建设服务专班。新馆选址文庙广场西侧，占地面积4500平方米，建筑面积4700平方米。截至2022年年底，博物馆新馆建设已经完成可研性报告、建筑设计、施工招标等前期工作，新馆建设方案及相关后续工作全面铺开。

5. 浠水闻一多纪念馆提档升级工程。闻一多纪念馆争取到县政府划拨东门建设土地近8700平方米，配套设施建设资金300万元，于2022年8月至11月开展提档升级工程。包括新建停车场和东门、迁建石牌坊、场馆维修、周边环境绿化等。

【藏品保护与管理】 黄冈市博物馆接收清点入库国有土地储备中心1号地块张家湾墓群出土器物6件(套)，其中铜器3件(套)、陶器3件(套)。

黄梅县博物馆向省文化和旅游厅申报馆藏丝织品、漆木器和陶瓷器保护修复项目以及可移动文物修复及预防性保护计划报告。其中，馆藏漆木器和陶瓷器保护修复项目已获省文化与旅游厅立项批复。

罗田县博物馆委托湖北省文物交流信息中心，对馆藏51件(套)残损陶瓷器文物进行保护性修复，并针对这批陶瓷文物的实际保存情况、病害状况制定了《罗田县博物馆馆藏陶瓷器保护修复方案》。

蕲春县博物馆委托湖北省文物交流信息中心，按国家文物局批复的瓷器修复方案计划，已完成馆藏瓷器36件(套)。对馆藏100余件(套)纸质文物，已申报立项。对馆内20件(套)纸质文物进行保护性整理。

浠水县博物馆启动博物馆馆藏古籍保护修复项目(第二期)，项目对106册古籍进行技术保护修复，截至12月底共完成64册古籍修复任务，并组织项目中期检查。

武穴市博物馆馆藏青铜文物保护修复项目进行中期评审验收，此次修复的青铜器总计210件(套)，其中二级文物5件(套)、三级文物25件(套)。经过此次修复，提升了武穴市博物馆藏品的文物价值和利用水平。

【文物征集】 黄冈市博物馆开展文物征集工作3次，接受书画家杨年耀无偿捐赠的绘画作品《云上寄幽居》一幅，接受书画篆刻艺术家肖德梅《红色印记》系列篆刻作品108枚，

黄冈李四光纪念馆广场举办湖北省第十一届社会科学普及宣传周活动

征集陈奎仁捐赠民间收藏品 36 件（套），开展辛亥革命遗址遗迹大调查收获遗迹碑拓 38 卷。红安县黄麻起义和鄂豫皖苏区革命纪念馆开展文物征集工作 1 次，接受外交部集邮协会原秘书长马小玲向董必武纪念馆捐赠《联合国成立七十周年》纪念封签字印样原件。黄州区博物馆（李四光纪念馆）开展文物征集工作 1 次，接受湖北省地质局第七地质大队、湖北省地质局第三地质大队捐赠地质标本。

【陈列展览】 黄冈市各级博物馆、纪念馆共计推出陈列展览 30 余个，接待参观团体 2000 余个，接待观众 80 多万人次。

1. 黄冈市博物馆推出专题展览 8 个。引进展"'百年建党、百岁老人、百幅作品'杨年耀先生、卢华女士'翰墨飘香、一剪传情'国画剪纸艺术联展""守护中华民族的根与魂——景鸿山房主人陈奎仁收藏品展"注重交流互鉴，满足市民文化精神需求；原创展"纪念中国共产主义青年团成立 100 周年系列展览""纪念中国人民解放军建军 95 周年"系列展览聚焦时代主题，致敬伟大时代；每年的党风廉政宣教月推出的廉政展已形成特色品牌，精心打磨推出"永远在路上——中国共产党反腐倡廉历程展"廉政专题展览，接待单位及团体讲解参观 220 余家，累计接待观众 5 万余人；与潍坊市博物馆开展馆际交流合作，引进举办"天将金石付斯人"清代收藏家金石学家陈介祺特展；与新疆博尔塔拉蒙古自治州博物馆合作开展"青色草原 多彩家园"博州博物馆民俗风情展。巡回图片展"一张缩略图，读懂党代会""共产党员""关于文物保护和传承，听习总书记这样说""虎虎生福"配合重大节假日、主题日进行巡回展览。

2. 湖北省博物馆、红安县文化和旅游局共建展览"陂安南县革命史陈列"6 月 16 日在红安县高桥镇庙咀湾村开展，正式面向社会开放。该展览利用"陂安南县苏维埃政府旧址"举办，坚持旧址保护和陈列展示并重，坚持历史展览与当地环境融合，充分贯彻了"生态办馆、节俭办展"的理念，展览通过"烽火燎原、蓬勃发展、拥军热潮、中流砥柱、将星闪耀、遗址寻踪"6 个部分展示了老区人民艰苦奋斗的革命斗争历程。红安县保单位况玉纯、谢正荣两处将军故居布展完工并向社会开放。

3. 罗田县博物馆将罗田文庙历史与中华传统文化巧妙结合，依托罗田文庙大成殿开办以文庙文化为主题的"罗田文庙文化展"，于"5·18 国际博物馆日"对外展出。在 6 月 11 日"文化和自然遗产日"，该馆结合主题举办了"长江流域文物资源专项调查成果展""罗田革命文物展"。在"党风廉政宣传教育月"和国庆节期间，举办了"罗田历史清正廉能人物展"。

4. 蕲春县博物馆于"5·18 国际博物馆日"开展"蕲春红色文化图片展"，宣传蕲春的红色文化，传播蕲春的红色故事，传承蕲春的红色基因。该馆利用全国第三次文物普查中在田间地头发现并入藏的一批石碑石刻，策划举办了“墓碑石刻展”。

5. 麻城市革命博物馆推出“东方玉文化典藏展览”，该展览共分为华玉殿、孝善堂、玉典宫三个部分，分别展出了古代不同历史时期的玉器千余件，部分文物系国内首次对外展出。该馆策划举办多次临时展览，如“‘发现麻城之美’全国摄影大展优秀作品展”“麻城市非物质文化遗产展示”“党史中的纪律专题展”“中华人民共和国监察法漫画图解展”等展览。

6. 黄麻起义和鄂豫皖苏区革命纪念馆参加了全国妇联、国家文物局主办的“传承·赓续·新征程——全国妇女爱国主义教育基地革命文物联展”，与湖北美术学院版画系联合举办“‘青春·百年’庆祝中国共产主义青年团成立100周年学生作品展”。

7. 蕲春李时珍纪念馆投入资金对展厅内的中医脉搏教学模拟器、线条绘画的动物界药物互动墙、15米超长的智慧中医药互动墙(可满足30人同时互动)、药方查询台等互动体验设备进行了全面维修升级。

8. 浠水闻一多纪念馆举办临时展览“喜迎二十大 奋进新征程”民间艺术传承人瞿国泉鸟体字书画展。

9. 黄冈市群艺馆(民俗纪念馆)先后策划“5·18国际博物馆日”线上“民俗文化之生肖文物图片展”云展览3期，“喜迎二十大 礼赞新时代”黄冈市少儿书画优秀作品线上展4期，2022年“文化和自然遗产日”推出“民间剪纸艺术——卢华作品线上展”“水墨意韵——黄冈市写意中国画小品邀请展”等。

10. 黄州区博物馆(李四光纪念馆)围绕“5·12全国防灾减灾日”推出防震减灾展览进行巡回展、七一建党节举办“纪念中国共产党成立101周年暨黄州‘主城崛起’诗联书画剪纸作品巡回展”。

【社会教育与公众服务】 黄冈市各级博物馆、纪念馆共计开展社教活动200余场，惠及观众80万余人次，其中服务未成年人逾30万人次。

1. 黄冈市博物馆创新采取线上线下结合的方法，配合国际博物馆日、湖北省科普周、五四纪念日、文物知识普及、传统民俗节日、爱国主义红色文化教育等主题，运用线上千年黄州“微学堂”系列活动、科普周活动、“红领巾讲解员”志愿者讲解培训活动、文物进课堂、红色故事宣讲、“微视频、微党课、微制作”等方式，全年开展各类线上线下社教科普志愿活动166场，其中包括“六进”活动32场，惠及受众观众10万人次，打造校外实践教育基地、“红领巾讲解员”志愿服务、“喜迎二十大文物进课堂”等品牌活动项目。社教活动影响力广泛，博物馆公众号及视频号推文76篇，其中包括“千年黄州”微学堂8期，15项专题宣传，点击量超6万人次，被学习强国、湖北电视台、黄冈市人民政府网、黄冈电视台、黄冈日报、鄂东晚报等媒体多次宣传报道。

黄冈市博物馆组织开展“巧手做花灯、幸福闹元宵”亲子社教活动

2. 黄州区博物馆(李四光纪念馆)充分发挥“爱国主义教育示范基地”“廉政教育基地”的品牌效应，与市(区)直各单位及社会各界团体开展以热爱祖国、热爱科学等为主题的教育活动，围绕“5·12全国防灾减灾日”“5·18国际博物馆日”“中国旅游日”“宪法宣传周”“社会科学普及周”等主题推出展览，不断强化纪念馆服务功能，扩大服务面。

3. 黄梅县博物馆在“文化和自然遗产日”活动当天，以“文物保护：时代共进 人民共享”为主题开展宣传活动，制作“保护好中华民族精神生生不息的根脉——习近平总书记关于加强历史文化遗产保护重要论述图片展”和“黄梅县重点革命文物保护与利用”共26余块展板在苦竹乡柳新屋村“红十五军筹备处旧址”举办流动展览，参观群众2000多人。

4. 黄州区陈潭秋故居纪念馆不断拓展教育形式，深化青少年社会教育，组织开展“探访潭秋故里，寻找红色记忆”“缅怀革命先烈，传承红色基因”“红色长廊话家风”等社教活动20余场次，接受省内院校学生社会实践调查20余次，接待青少年、儿童参观学习近5万余人次。4月29日，联合区机关工委举办“缅怀革命先烈·传承红色基因”暨庆祝中国共产主义青年团成立100周年纪念活动。5月17日，联合区文化馆、博物馆举办惠民文艺下乡和“5·18国际博物馆日”“中国旅游日”主题活动。联络团委、妇联、教育、人社、工会等部门广泛开展主题鲜明、生动直观的宣传教育活动。组织开展入团、入队、入党宣誓、重温入党誓词、新员工入职、支部主题党日等教育活动90余次。

5. 黄麻起义和鄂豫皖苏区革命纪念馆开展党史教育主题宣讲 2483 场次，组织党员宣讲队，深入居民小区举办“党史小讲堂”10 余次，组建“老兵宣讲队”，深入开展“老兵永远跟党走——老兵宣讲”实践活动。举办党的二十大精神专题读书班 6 期，开展“二十大精神二十人讲”、党的二十大精神“巾帼红”大宣讲活动。红色宣讲“声”入人心。开展“四史”教育，构建“大思政”工作格局。利用好馆藏优势资源，深入推进党史学习教育、“四史”宣传教育。针对中小学研学教育特点，打造服务“大思政课”实践教学的优质服务平台，开发了“家风”等系列课程，入选为全国首批“大思政课”实践教学基地、首批湖北青少年思政教育基地、首批港澳青少年教育交流基地。

6. 蕲春李时珍纪念馆立足中医药文化传播，举办了“《本草纲目》诵读会”“祭拜医圣李时珍”“李时珍诞辰 505 周年纪念”“李时珍中医药文化寻根”“传统艾灸疗法体验”“千秋本草进校园·时珍精神照万代”“沿着长江读懂中国——湖北千里长江行”“探寻时珍故里，传承医圣精神”“2022 年中医药文化传播行动·走进名医故里”等主题突出、形式多样、特色鲜明的教育活动，进一步拓展了纪念馆免费开放教育服务功能。

7. 闻一多纪念馆利用好红色资源开展社会教育与公众服务。参加湖北电视台《荆楚廉政》的“守洁重节‘红烛’精神永流传”的拍摄，宣教闻一多的廉洁思想；拍摄《七子之歌》视频在“发现真善美 点赞大浠水”短视频大赛展播作品中获三等奖；参加“万户家庭讲家风故事”音视频征集宣教活动，作品《闻一多的家风往事》被选送省文明办参赛。

8. 李先念故居纪念园开展线上线下全方位宣传，做好单位微信公众号日常维护，及时发布园区日常动态信息，编辑上传李先念主席鲜为人知的故事，把独有的红色资源进行线上图文资料转化，提高景区知名度和影响力。积极开展红色宣讲，配合学院党总支参与“党课进社区”活动，支部成员到红安县四中讲述李主席的革命事迹和精神风范，传承红色基因，赓续红色血脉。

9. 麻城市革命博物馆联合孝善麻城经典诵读班在博物馆会议室举行了 5 天诵读活动，得到社会各界的一致好评。群工团队走进麻城市顺河镇西张店小学，开展革命传统教育、校园宣讲活动，给大山里的孩子们上了一节生动而有意义的红色文化课。

10. 武穴市博物馆开展了“小小讲解员”招募、联合武穴市妇联开展陪伴留守儿童“情暖童心 爱伴成长”、5 月 18 日国际博物馆日“探秘博物馆 感受家乡美”等活动，开展“云端打卡武穴博物馆”等线上活动，推出“保护文物，尊重历史，造福今天，开创未来”专题片，组织优秀讲解员参与市委宣传部组织的“党的十九届六中全会百姓宣讲”“喜迎二十大，冲刺百强县”等活动，走进乡镇社区进行宣讲。

11. 英山县博物馆在“5·18 国际博物馆日”开展“不可移动文物图片展”流动展览，此次展览旨在向广大市民普及英山文物资源和历史知识。与湖北明清古建筑博物馆联合开展“流动博物馆”走进校园，与学生面对面交流，让文物走进课堂，让文物真正“活”起来。

【文博文创】 蕲春李时珍纪念馆充分利用深厚的中医药文化资源禀赋，与多家企业联合开发李时珍纪念像章、蕲艾足浴包、蕲艾香包、蕲艾枕、蕲艾精油等系列健康养生文创产品，深受游客欢迎。

【交流工作】 蕲春李时珍纪念馆馆长胡庆华在湖北黄冈、台湾两地共同承办的第三届鄂台青年发展论坛暨李时珍大健康研究院学术年会上作了主题为“李时珍中医药文化传承与创新”的报告。浠水闻一多纪念馆圆满完成省港澳办、省政协港澳委员会领导来馆调研工作，双方围绕闻一多文化资源，推动与澳门地区合作，就谋划举办“七子论坛”等有关设想和建议达成共识。

文物安全与执法督察工作

【安全责任】 黄冈市文化和旅游局成立“文物安全工作专班”，明确工作责任、具体任务、时间节点、包保县市、工作步骤和整改措施，先后召开 2 次专题会议研究部署，3 次督导工作进度，完成 144 处国保、省保单位保护标志设置更新和文物安全直接责任人挂牌公示。

【检查巡查】 黄冈市文化和旅游局组织指导 10 个县(市、区)21 家文博单位积极主动实施文物火灾隐患排查整治和消防能力提升三年行动，全年共开展地毯式巡查检查 6 次，出动检查组 34 个、人员 159 人次，对全市 16 处全国重点文物保护单位、128 处湖北省文物保护单位、54 处黄冈市文物保护单位和部分县保单位进行了全覆盖、零死角全面排查，累计发现各类火灾隐患 187 项，集中整改 182 项，剩余 5 项通过争取上级资金支持创造条件逐步整改到位，全面实现国保单位 1 月 1 次、省保单位 2 月 1 次和市级重点单位 3 月 1 次消防安全隐患排查和汛期应急检查，发现安全隐患及时整改，确保了全市文物安全态势持续向好。

【技防设施建设】 投入 300 万元搭建“黄冈智慧文旅信息化管理”平台，分步推进 16 处国保、128 处省保单位视频监控纳入市级监管平台。目前已有 10 处国保单位(77 处监控点位)可视化安全监控手机 APP 终端投入使用，实现全天候监控、线上线下同频管理。推动微型消防站建设，全市国保、省保以上文物建筑累计建成微型消防站 130 余处。实施文物安全防护工程，组织开展文物安全防护项目建设摸底，推动实施“技防工程”国保项目 1 个、省保项目 3 个。

【打击文物犯罪】 10 月 27 日，公安部、国家文物局联合召开全国打击防范文物犯罪专项行动推进部署电视电话会议，部署 2022 年至 2025 年全国打击防范文物犯罪新一轮三年专项行动。黄冈主会场设在市公安局，公安、文旅及相关成员单位一同收听收看会议精神。黄冈市文物保护工作“新三年行动”正式启动。

人才队伍建设及培训工作

【人才队伍建设】 黄冈市积极争取人社部门支持，市本级新增考古人员编制5个，考试录用4人；通过多种渠道为专业人员争取专业学习机会，做好“传帮带”，梯次培养考古工作人才队伍。市本级先后选派3名从业人员赴省级考古工地实习培训；县(市、区)文博单位选派1~2名业务人员到市级考古工地学习田野考古调查勘探清理技术。

【培训工作】 加强在岗从业人员定期业务知识培训，积极组织陈展、社教、考古专业人员赴革命老区开展红色文化研究、红色藏品征集、陈列展览提升等业务培训；对新晋讲解员开展形体、普通话、讲解技巧、讲解词撰写等专业培训，提高讲解员综合素质；选派业务骨干参加国家级线上陈列培训班。

1. 红安县文物事业发展中心选派展陈人员参加国家文物局革命文物展览策划与展陈提升工作培训班，组织文保人员参加红安县文保业务培训班。红安黄麻起义与鄂豫皖苏区纪念园、李先念纪念园，组织讲解员开展集中学习和交流讨论，修改完善讲解词，利用园区接待淡季组织带领讲解员外出参观，鼓励引导讲解员积极参加专业比赛，促进能力提升。3月，全体讲解员参加红安县首届红色旅游讲解员大赛，取得较好成绩。

2. 黄梅县文化和旅游局组织博物馆相关业务人员和县各乡镇文化站长共计30余人，开展全县长江文物资源调查工作业务培训会。

3. 罗田县博物馆为“5·18国际博物馆日”暨“罗田文庙文化展”开展仪式，邀请黄冈市博物馆“金牌讲解员”两名出席活动为该馆讲解员作讲解示范。活动结束后，对讲解员进行一对一讲解业务培训，提升讲解员服务水平。

4. 蕲春县博物馆聘请专家来馆讲课培训，进行普通话培训和专业知识培训，规范讲解词，吸纳高素质、有敬业精神的志愿者，充实博物馆讲解员队伍。

5. 浠水县博物馆结合正在实施的博物馆古籍修复项目，派出2名工作人员参与并学习古籍修复技能，经过学习2人均掌握古籍修复的基本技法，能独立修复普通古籍。

6. 浠水县闻一多纪念馆先后组织10人次参加了中宣部在贵州遵义干部学院举办的“全国爱国主义教育示范基地工作培训班”、湖北省博物协会理事会暨学术研讨会、全省非国有博物馆藏品备案工作培训班、全县消防重点单位五一安保工作培训会、浠水县红色讲解员专业能力提升培训班等。

咸宁市

综述

【文物资源】 截至2022年年底，咸宁市共有不可移动文物点2362处，其中古遗址255处、古墓葬679处、古建筑1202处、石窟寺及石刻31处、近现代重要史迹及代表性建筑167处、其他28处；全国重点文物保护单位8处、湖北省文物保护单位54处、县(市、区)级文物保护单位352处、列入咸宁市古民居保护名录的古民居85处。咸宁市现有国有博物馆7家，其中二级博物馆1家、三级博物馆2家。馆藏文物48418件(套)，其中珍贵文物318件(套)，包括一级文物14件(套)、二级文物85件(套)、三级文物219件(套)。

【机构人员】 咸宁市文化和旅游局是市政府组成部门，主管全市文化和旅游、文物保护等工作。核定行政编制33名，党组书记、局长李振主持全面工作，党组成员、副局长章化分管文物工作。内设9个科室，其中文物和非遗科承担文物工作。直属文博单位为咸宁市博物馆。全市文物系统文物保护管理机构人员编制121人，在编人数94人。咸宁市博物馆专业技术高级岗位8个、中级岗位8个。

【工作概况】 咸宁市坚持新时代文物工作方针，加强文物和文化遗产保护利用。积极争取国家、省级重点文物保护专项资金支持，争取国家文物保护资金834万，省级文物保护资金385万。承办九省(区)万里茶道《赤壁宣言》发表十周年座谈会暨申遗工作现场会，积极推进万里茶道申报世界文化遗产。通城尧家林遗址等3处重要考古发现入选“湖北百年百大考古发现”，赤壁古战场成功创建第二批湖北省文化遗址公园，赤壁大湖咀遗址考古取得重要成果。编制完成《咸宁市古民居保护总体规划》，促进咸宁特色古民居保护利用。咸宁市博物馆展览提升改造完成，通城县博物馆和崇阳县博物馆新馆正式免费开放。

咸宁市博物馆考古部罗娟荣获“全国石窟寺专项调查优秀个人”，赤壁市文化和旅游局荣获“全省文物工作先进单位”称号，咸宁市博物馆副馆长丁伟、崇阳县博物馆馆长匡文荣获“全省文物工作先进个人”。赤壁市博物馆荣获第五批湖北省爱国主义教育基地称号；嘉鱼县博物馆革命史章展厅被评为“咸宁市爱国主义教育基地与国防教育基地”，通城县博物馆挂牌成为咸宁职业教育(集团)学校“爱国主义教育基地”，申报成为“通城县红领巾校外基地”。

考古工作

【考古发掘】 经国家文物局批准，7—12月，省文物考古研究院联合赤壁市博物馆对赤壁市大湖咀遗址东南部破坏较大的区域进行抢救性发掘。实际发掘面积约1000平方米，清理出与制陶、冶铸相关的房址、灰坑、窑址等遗迹，出土铜礼器残片、铜削刀等文物标本200多件。其中一件锡扁壶，年代约为春秋早中期，合金成分中锡含量纯度高达92.7%。考古人员对城址进行地形测绘和三维建模，初步确认城墙、护城河的结构，摸清城址范围，明确城内面积17.2万平方米。遗址主体年代从西周中期至春秋晚期，赤壁大湖咀遗址是目前在长江以南发现的面积最大、保存最完整的西周城址。

【调查勘探】 咸宁市开展专项考古调查1项，配合基本建设项目用地考古调查与勘探4项，配合城乡基本建设开展2项区域性建设项目文物保护统一性评价。

1. 崇阳县商周遗址专项考古调查。1月，咸宁市博物馆联合武汉大学历史学院等单位开展崇阳县商周遗址专项考古调查。调查队员围绕崇阳县天城镇王家咀出土的西周大甬钟，采用区域系统调查工作方法，重点对天城片区隽水河、青山河两岸的大小岗地进行全覆盖调查，调查区域总面积25平方千米。同时整合第二次、第三次全国不可移动文物普查相关资料，确认王家咀与螺丝顶两处商周时期遗址，发现崇阳县商周时期铸铜遗存。

2. 华能星泽咸宁黄荆塘150兆瓦渔光互补光伏项目20亩变电站用地考古调查、勘探。该项目位于咸安区向阳湖镇黄荆塘村，9月，咸宁市博物馆联合咸安区博物馆对建设用地进行考古调查、勘探，完成文物影响评估与文物保护方案编制，未发现古代文化遗存。

3. 崇阳县木三李新建水库淹没区考古调查。木三李新建水库是崇阳县政府重点民生工程，淹没区域主要涉及崇阳县天城镇河田村、纸棚村。11月，崇阳县博物馆对木三李新建水库淹没区10平方千米范围进行考古调查，未发现古代文化遗存。

4. 通山县黄荆口水库淹没区考古调查。黄荆口水库是通山县重点民生工程，位于通山县厦铺镇境内。4月，省文物考古研究院联合通山县博物馆对黄荆口水库淹没区27平方千米范围进行考古调查，发现和确认12处古代文化遗存，分别为赤水口灵官庙、赤水口熊家老屋、大屋场郑良爵老屋、下小坑夏家老屋、大屋场水缸、乌马庙郑良爵夫妻合葬墓、城山僧人墓群、通洋桥、龚坑口墓地、朱杨滩墓群、赤水口明氏家族墓群、大屋场郑家正屋、乌塘湾夏氏家族墓群、柏林头谢氏家族墓群。

5. 通山县大幕山抽水蓄能电站考古调查、勘探。大幕山抽水蓄能电站位于通山县黄沙铺镇境内。5—6月，省文物考古研究院联合通山县博物馆对通山县大幕山抽水蓄能电站上水库库区、下水库库区和临时占地区进行考古调查、勘探，新发现14处古代文化遗存，分别为陈东玉墓、荆坑大王庙、福神庙、老屋基清代姜氏家族墓群、港口庙、棋盘山姜氏家族墓群、溜沙庄姜中信老屋、大幕山僧人墓、老鸭林清代阮氏家族墓群、后背山清代阮氏家族墓群、前门山清代阮氏家族墓群、阮氏宗祠。

6. 赤壁高新区文物保护统一性评价。赤壁市高新区是省级经济开发区，纳入国家级高新区咸宁“一区四园”战略布局。边界范围面积为35.89平方千米，包括中伙现代生态产业园、陆水循环产业园与蒲圻绿色产业园等三个产业园。此次统一性评价调查发现和确认7处古代文化遗存，分别采取以下保护措施：湖北省文物保护单位袁家桥、三眼桥，优先实施原址保护措施；咸宁市古民居文家老屋，原则上采取优先原址保护；大湖咀遗址、熊家大湾墓地、王咀头遗址进行考古发掘；月山墓地破坏严重，最大限度保留原始调查资料。

7. 通山经济开发区南林工业园文物保护统一性评价。通山经济开发区南林工业园位于通山县南林桥镇石垄村，总体规划面积4平方千米，已完成约1.3平方千米范围的征地工作。6—8月，咸宁市博物馆联合通山县博物馆对通山经济开发区南林工业园约0.7平方千米用地范围进行全面地面踏查及重点区域考古勘探，未发现古代文化遗存。

【考古成果】 1月21日，省文化和旅游厅指导，省文物考古研究院、武汉大学长江文明研究院等联合主办“湖北百年百大考古发现”终评会，通城尧家林遗址、咸安孙郭胡城址和赤壁土城遗址3处重要考古发现入选“湖北百年百大考古发现”。

文物保护工作

【基础工作】 根据省文化和旅游厅《关于开展第八批湖北省文物保护单位保护范围和建设控制地带划定工作的通知》要求，咸宁市文化和旅游局组织开展辖区内第八批湖北省文物保护单位保护范围和建设控制地带划定工作。9月底，8处第八批省保单位“两线”划定方案经文物所在地县(市、区)人民政府确认后报送至省文化和旅游厅。

咸宁市文化和旅游局邀请咸宁市国土空间规划研究院编制《咸宁市古民居保护总体规划(2022—2035)》。该规划分为五个章节，分别为总则、咸宁市古民居现状分析、咸宁市古民居保护规划、咸宁市古民居利用规划和实施保障，对全市327处古民居按照保存现状、资源特色实施分期分类保护利用，已通过专家评审。

通山县编制完成《通山县宝石居民群保护规划》《江源村古民居老宗屋文物保护工程勘察设计方案》《节山大夫第文物保护工程勘察设计方案》《宝石居民群舒尚扬屋修缮工程勘察设计方案》等保护规划方案。

10月11日，赤壁市人民政府印发《关于公布赤壁市第七批文物保护单位的通知》，将安丰但家古建筑群、聂家老屋、明朝大学士廖道南墓和蒲纺总厂俱乐部4处不可移动文物点核定公布为第七批赤壁市文物保护单位。

【文物资源调查】 1—2月，咸宁市成立长江文物资源调查工作领导小组，编制实施方案，召开工作动员暨培训会。3—4月，咸宁市完成全市8处全国重点文物保护单位、54

处湖北省文物保护单位、115 处县(市)级文物保护单位和 83 处列入咸宁市古民居保护名录的古民居实地调查工作。5—6 月，咸宁市完成湖北省文物信息资源管理平台的 2390 处不可移动文物点数据核查与信息录入、资料汇总，编制完成《咸宁市长江文物资源调查报告》。

咸宁市开展长江文物资源调查工作

根据国家文物局办公室《关于开展抗美援朝文物资源专项调查工作的通知》要求，3 月，咸宁市文化和旅游局成立工作专班，开展抗美援朝文物调查。根据调查结果，咸宁市共有 3 处与抗美援朝战争和运动相关的遗址、旧址和纪念设施。

8—10 月，咸宁市开展全市名碑名刻文物遴选推荐及碑刻石刻文物资源摸底。咸宁市现有不可移动石刻文物资源 11 处，其中全国重点文物保护单位 1 处、湖北省重点文物保护单位 1 处、县(市、区)级文物保护单位 9 处；可移动石刻文物资源 7 件，其中二级文物 1 件、三级文物 4 件、一般文物 2 件。

【万里茶道申遗】 持续做好万里茶道联合申报世界文化遗产工作。4 月 28 日，赤壁市与俄罗斯布里亚特共和国恰克图市线上签订友好城市备忘录，双方旨在砖茶产业以及万里茶道申遗为主的文化、体育、卫生、教育等各个领域开展交流合作。6 月 30 日，由国家文物局指导、省文化和旅游厅(文物局)和咸宁市人民政府主办、万里茶道联合申遗办和赤壁市人民政府承办的万里茶道《赤壁宣言》发表十周年座谈会暨申遗工作现场会在赤壁市召开。8 月，赤壁市组织参加 2022 万里茶道(中国段)—环中国自驾游集结赛，并荣获优秀组织奖。赤壁市编制完成《万里茶道申报世界文化遗产——赤壁市羊楼洞古镇保护管理规划(2018—2030)》。

万里茶道《赤壁宣言》发表十周年座谈会暨申遗工作现场会

【长江国家文化公园(湖北段)建设】 咸宁市成立长江国家文化公园建设工作专班，多次专题研究策划长江国家文化公园咸宁段文化资源特色、重点项目等。组织长江国家文化公园(湖北段)建设项目填报，填报四类功能区项目 20 个、五大工程建设项目 16 个。咸宁市文化和旅游局联合咸宁市发改委推荐赤壁市三国文化旅游区配套设施建设项目申报长江国家文化公园重点项目。咸宁市文化和旅游局配合《长江国家文化公园(湖北段)建设保护规划》编制项目组在咸宁开展实地调研。

【遗址公园建设】 按照省文化和旅游厅《关于开展第二批湖北省文化遗址公园评定工作的通知》，咸宁市文化和旅游局推荐赤壁古战场、向阳湖文化名人旧址申报第二批湖北省文化遗址公园。10 月，赤壁古战场获批第二批湖北省文化遗址公园。

【革命文物保护利用】 12 月，省文化和旅游厅公布第二批湖北省革命文物名录，咸宁市共有 12 处不可移动文物入选，其中崇阳县 6 处、嘉鱼县 3 处、通城县 3 处。咸宁市深入挖掘革命文物价值内涵，加强对革命文物展示利用。

1. 钱亦石故居展陈设计。钱亦石故居位于咸安区马桥镇，是共产党早期著名理论家钱亦石早年生活居住地方，现为湖北省文物保护单位。4—5月，咸安区文化和旅游局邀请省专家到钱亦石故居现场考察，对展陈大纲概念方案和主题内容提出指导意见；与钱亦石外孙女婿见面沟通，争取钱亦石部分遗物捐赠。6月上旬，钱亦石故居展陈大纲完成设计和编制，6月26日经专家评审通过。

2. 金塘红军壁标保护。崇阳县金塘镇地处湘鄂赣革命根据地腹地，保留有多处红军壁标。4—5月，崇阳县文化和旅游局投入8万元，金塘镇界上村委会筹集部分资金，聘请维修人员对崇阳县金塘界上村红军壁标进行抢救性保护，对壁标所处古民居进行加固维修，更换腐朽檩条和梁柱，整个屋面更换新瓦。

3. 叶重开故居陈列布展。叶重开故居位于崇阳县石城镇石下村，是开国将军叶重开早年生活居住地方。2021年年底，叶重开故居完成重修，今年崇阳县博物馆组织陈列布展，搜集整理叶重开在土地革命时期的实物、图片资料，完成陈列布展工作。10月12日，省政协副主席尔肯江·吐拉洪到叶重开故居参观。

4. 大沙坪革命历史展馆建设。大沙坪是崇阳县土地革命战争时期和抗日战争时期重要革命片区。沙坪镇人民政府投入26万元建设大沙坪革命历史展馆，展馆位于崇阳县沙坪镇庙铺村，展陈面积120平方米，由湖北鄂南装饰有限公司设计施工，布展主题为“红色大沙坪”，10月底完成布展。

【保护工程建设】 咸宁市文化和旅游局组织羊楼洞志愿军烈士墓、新店明清石板街（建设街）、李自成墓、圣庙（名宦祠）、谭氏宗祠、岭下节孝坊、宝石民居群（舒尚好老屋、成美凤老屋、涂菊清老屋）等文物保护单位申报文物保护项目。

咸安区人民政府于10月完成粤汉铁路桥桥体排险加固和景观打造，于12月完成对王家畈学堂维修。7月，咸安区博物馆整合利用资金12万元，完成刘家桥古民居后背山排水沟整治工程。赤壁市文化和旅游局组织实施新店明清石板街修缮（道路及排水）、新店明清石板街（胜利街53号、55号，建设街31号、35号）文物保护工程、赤壁摩崖石刻危岩体及滑坡治理工程，完成湖北省文物保护单位赤壁古桥——袁家桥修缮工程、新店明清石板街建设街47号古民居修缮工程并通过验收。

【少数民族文物图谱（湖北卷）编撰】 咸宁市根据《〈中国少数民族文物图谱·湖北卷〉编撰出版实施方案》，结合地方少数民族文物实际，将湖北省文物保护单位药姑山遗址（不可移动文物类）和通城县博物馆馆藏鎏金银龙凤头饰（可移动文物类）汇总报送。

【传统村落保护利用】 崇阳县对中国传统村落——白霓镇回头岭村加强保护利用，组织修缮汪家老屋、萱茂老屋以及甘家老屋，与湖北省文物保护单位王世杰故居保持景观一致。同时以回头岭为中心，将虎头冲曾家民居群、回头岭、石板街、古堰湾、洪下漂流、十里画廊、名人故居等串联起来，打造以古民居、民俗风情为特色的文化旅游线路。

博物馆工作

【博物馆建设】 咸宁市政府投入998万政府债券资金对咸宁市博物馆进行展览提升改造，改造面积2890平方米，对馆内八大展厅及公共区域进行提升。一楼出土文物展厅新增2处多媒体投影和1处沙盘模型，重大历史事件展厅改为红色文化展厅，历史名人展厅改为多功能临时展厅。二楼3个民俗展厅新增14件民俗文物、2处互动触屏和6处古建模型。三楼美术厅改为历史名人厅。此外，大厅更换电动门，改造志愿服务台，新设文创产品区，翻新改造博物馆标识标牌、创文系统标牌、音响系统等。

通城县博物馆新馆7月28日正式对外开放。该馆位于通城县银山广场东北侧，占地面积3500平方米，建筑面积4100平方米，展陈面积3090平方米。馆藏文物3000件(套)，常设展厅展览主题为“隽水通城·人杰器方”。2017年开工建设，2020年年底完成陈列布展。

崇阳县博物馆新馆7月1日正式对外开放。该馆位于崇阳县天城镇香山大道，占地面积1500平方米，建筑面积4545平方米，展陈面积2000平方米。基本陈列展览3个，分别为“崇阳精品文物展”“崇阳红色革命展”“崇阳历史名人专题展”。

崇阳县博物馆新馆正式开放

【藏品保护与管理】 咸宁市博物馆实施馆藏珍贵文物预防性保护项目，定制抽拉网片式文物储藏柜1台、文物囊匣60个、文物转运箱2个、恒温恒湿储藏柜2台。赤壁市博物馆申报《可移动文物预防性保护方案》《馆藏金属文物保护修复项目》并立项通过。

【陈列展览】 咸宁市各博物馆举办丰富多彩展览，丰富市民精神文化生活。

1. 1月25日—3月31日，咸宁市博物馆联合湖北省博物馆举办“荆楚文明集萃——湖北省博物馆馆藏精品文物展”，湖北省博物馆展出青铜器、玉器、瓷器为特色的72件馆藏精品文物。特别是崇阳铜鼓时隔45年“回家”过大年，被湖北日报等多家主流媒体报道。

2. 1月26日—3月31日，咸宁市博物馆联合地方美术培训机构举办“传统文化迎虎年——2022年咸宁市博物馆少儿书画作品特展”，共遴选出100幅(件)创意书画作品展览，其中8幅作品在中国文物报举办的“新春生肖文物联展”中获奖。

3. 5月15日—6月20日，咸宁市博物馆与新疆博尔塔拉蒙古自治州博物馆联合举办“青色草原 多彩家园——博州博物馆民俗展”。该展览分为“天山禀赋 秀美博州”“守望相亲 和美与共”“文化传承 多彩家园”三个部分，展出民俗文物展品141件(套)。6月11日，咸宁市博物馆配合此次展览、组织23名小朋友参加“传承民族文化 深化团结教育——新疆民俗体验课”，体验新疆少数民族服饰、舞蹈。

4. 6月11—25日，咸宁市博物馆联合湖北科技学院艺术与设计学院举办“意匠营建·诗韵乡愁——鄂东南传统建筑模型作品展”，在一楼大厅集中展示湖北科技学院艺术设计学院师生创作的17件鄂东南传统古建筑模型，立体呈现鄂东南传统建筑艺术魅力。

5. 3月14—25日，赤壁市博物馆配合中国文物交流中心举办“启示——人类抗疫文明史图片展览”，展出73块展板。“五一”“十一”假期，赤壁市博物馆举办自创流动展览“万里茶道文化遗存图片展”。10月，赤壁市民间艺术家协会联合赤壁市博物馆举办“‘学习二十大·永远跟党走’剪纸作品展”，展出各类剪纸作品220幅。

6. 嘉鱼县博物馆于清明节、八一建军节期间在簰洲湾九八抗洪烈士陵园举办“九八抗洪英雄纪念展”。

7. 通城县博物馆举办“喜迎党的二十大，通城县美术书法摄影展”。

8. 崇阳县博物馆开展以“红色沃土·奋进崇阳”和“崇阳县最美古民居”为主题的临时图片展；共青团成立100周年之际，配合崇阳县团委举办“共青团100周年图片展”。

【社会教育与公众服务】 咸宁市博物馆以春节、端午节和中秋节等重要传统节日为契机，策划组织6项“我们的节日”系列社教活动；为做好全国文明城市创建工作，开展践行和培育社会主义核心价值观主题活动8项；到浮山街道办事处银泉社区开展“‘大党委’献爱心助力社区‘爱心超市’”主题活动。

暑假期间，咸宁市博物馆联合咸宁博物馆联盟6家成员单位共同举办“童话咸博”小小讲解员活动，共有30名小小讲解员参加。活动主要分为课程、研学、汇报考评三个板块，共6天。新增“我爱我家乡的国宝”和“喜迎二十大 争做好少年”2个特色课程。研学活动分为“我爱我的家乡”和“倾听革命故事 缅怀北伐先烈 瞻仰红色遗迹”，参观8个咸宁特色展馆。

咸宁市博物馆开展“我爱我的家乡”研学活动

【博物馆联盟成立】 6月11日，咸宁市文化和旅游局在咸宁市博物馆召集全市33家各类博物馆、美术馆、展览馆、纪念馆及相关机构代表，召开咸宁博物馆联盟成立大会，发布咸宁博物馆联盟倡议书，选举咸宁市博物馆副馆长丁伟担任联盟秘书长。

文物安全与执法督察工作

【安全责任】 咸宁市文化和旅游局与各县(市、区)文化和旅游局签订《年度工作目标责任书》和《文物消防安全责任书》，明确安全与执法的主体责任。实施安全责任人公示公告制度，完成8处全国重点文物保护单位、54处湖北省文物保护单位和7家市、县两级综合博物馆的安全直接责任人公告公示，并制作公示牌。

【安全检查】 咸宁市坚持文物安全季度检查、节假日检查、日常不打招呼检查和夜间抽查，加强文物安全巡查检查督查。8月，咸宁市文化和旅游局开展夏季全市文物古建筑安全管理工作专项检查，重点检查省级以上文物古建筑保护单位是否存在易燃易爆物品堆放、电线乱搭乱拉、消防灭火器配备等方面。9月，咸宁市文化和旅游局召开全市文物安全管理工作视频调度会，会后市、县两级文物行政主管部门联合当地公安局和消防大队组织开展文物古建筑安全管理、文物建筑消防安全和涉及文物保护单位的违建问题专项排查。全市共成立9个检查组，出动45人次，对全市109个文物古建筑保护单位开展自查自纠，其中涉及全国重点文物保护单位3处、湖北省文物保护单位25处、县(市、区)级文物保护单位73处，共发现消防安全隐患164项。检查组现场下达整改通知，要求限时整改到位。

【技防工程建设】 咸宁市文化和旅游局开展李自成墓安防工程、新店明清石板街消防工程等14个文物技防项目立项申报，往年申报的5项文物技防项目于本年获省文化和旅游厅批复通过。市、县两级博物馆建立健全与公安局联动机制，安装博物馆一键报警系统装置，博物馆安防系统与公安局110指挥中心联网。

【文物行政执法】 7月，咸宁市文化和旅游局、咸宁市文旅市场综合执法支队对谭某未取得文物部门审批、私自在湖北省文物保护单位谭氏宗祠东侧建设控制地带内拆除老宅新建住宅进行文物行政执法，已由通山县检察机关立案调查。8月，咸宁市文化和旅游局对咸宁市荣盛置业有限责任公司在咸宁高新区纵一路市政工程施工掩埋一般不可移动文物点流泗泉井一事进行现场调查，已责令施工单位将流泗泉井恢复原状。

【打击文物犯罪】 咸宁市查办文物盗窃、盗掘案件2起，扣缴作案工具10件，查扣一般文物70件。

人才队伍建设及培训工作

【人才引进】 咸宁市博物馆通过咸宁市直事业单位“招硕引博”招录中南民族大学文博专业硕士研究生2人，通过咸宁市直事业单位“引才专列”招录华中师范大学中国史专业硕士研究生1人。

【培训工作】 1月，咸宁市文化和旅游局召开全市不可移动文物保护管理工作培训会，邀请湖北省文物事业发展中心专家就文物保护工程管理监管进行授课。10月，咸宁市博物馆举办全市文博业务培训班，分别邀请湖北省文物考古研究院和湖北省博物馆专家围绕如何开展田野考古调查、发掘和如何组织策划陈列布展进行授课。

随州市

综述

【文物资源】 截至 2022 年年底，随州市现登录在册不可移动文物 1966 处，其中古遗址 566 处、古墓葬 808 处、古建筑 446 处、石窟寺及石刻 32 处、近现代重要史迹及代表性建筑 114 处。现有全国重点文物保护单位 5 处、省级文物保护单位 31 处、市级文物保护单位 179 处。国有博物馆(纪念馆)5 家，非国有文物博物馆 1 家。全市馆藏文物 12226 件(套)，其中珍贵文物 2103 件(套)[一级文物 324 件(套)、二级文物 606 件(套)、三级文物 1173 件(套)]，一般文物总数 5034 件(套)、未定级文物 5089 件(套)。

【机构人员】 随州市文化和旅游局为市政府组成部门，加挂市文物局牌子，主管全市文化、旅游、广播电视、体育、文物工作。核定行政编制 26 人，在编在岗 26 人。局党组书记、局长解伟主持全面工作，四级调研员张华分管文物工作。内设 13 个科室，文物科承担文物业务工作。局下属文博事业单位 2 个。

【工作概况】 全年配合基本建设开展考古勘探与调查面积共计 26 万平方米，开展不可移动文物保护标志牌设立等基础性工作，完成长江文物资源调查、河湖水域内出露文物巡查和碑刻石刻文物资源保护状况摸底调查，启动以曾随遗址为主体的世界文化遗产申报，推进擂鼓墩遗址公园建设项目，对全市 5 处全国重点文物保护单位涉建项目开展考古调查、勘探工作，完成第二批革命文物专项调查工作。随州市博物馆接待观众 20 余万人次，文化综合提升工程稳步发展，举办各种类型的展览共 9 个，社教活动和编钟乐团对外交流工作有序开展。全市文物系统层层签订安全责任书，各基层文博单位开展文物巡查工作，实现了文物安全零事故、田野文物安全平稳的目标。

随州市博物馆被湖北省科学技术协会命名为“湖北省科普教育基地(2022—2026 年度)”，入选 2022 年度湖北省最美公共文化空间优秀案例，被授予“湖北省最美公共文化空间(2022 年度)”奖牌。

考古与文物保护工作

【调查勘探】 配合基本建设用地开展考古勘探与调查面积共计 26 万平方米，没有发现重要古文化遗存。

1. 随州市博物馆完成随州市中心看守所建设项目用地范围的考古勘探工作。该用地位于曾都区南郊长岭岗村，用地面积 30 万平方米，实际调查勘探面积 10 万平方米。综合此次考古勘探数据资料，结合前期调查踏勘信息，该项目用地范围没有发现重要古文物遗存。

2. 随州市博物馆完成随州市文帝学校建设项目用地的考古调查勘探工作。该用地位于高新区临近胜利大道西边的一处岗地缓坡上，属于熊家村社区四组管辖。该项目规划用地面积约 17 万平方米，实际调查勘探面积 10 万平方米。此次勘探探明仅一座明清砖室残墓。

3. 随县考古队配合基本建设完成国能长源随县百万千瓦新能源多能互补基地一期 400 兆瓦项目和华润新能源有限公司万和升压站项目建设用地文物保护调查、勘探工作，调查面积 700 万平方米，勘探面积 6 万平方米。此次勘探范围内未发现地下古文化遗迹及遗物。

随州市博物馆对建设项目用地进行考古勘探

【基础工作】 “文物保护修缮经费”纳入市级财政年度预算；全国重点文物保护单位叶家山墓地和一批古建筑、革命文物由市检察院提出保护管理建议，并得到系统整改；建设项目用地“文物考古前置”得到实质性落实，“曾侯邑”等一批项目用地严格执行土地出让前申请考古调查、勘探的规定，所需费用列入土地收储成本。

完成各县市区辖区内不可移动文物名录和登记信息，结合长江文物资源调查工作成果，健全辖区内不可移动文物记录档案，并做出标志说明。5 处国保单位全部设立了保护标志牌；30 处省保单位有 29 处设立了保护标志牌，仅有大洪山风景名胜区内的莲花池遗址 1 处未设立；169 处市保单位有 37 处设立了保护标志牌；55 处县保单位有 20 处设立了保护标志牌；1722 处一般文物点均未设立保护标志牌。

【规划编制】 《安居遗址保护规划》完成编制并经国家文物局审批；《义地岗墓群保护规划》《庙台子遗址保护规划》《擂鼓墩考古遗址公园规划》已报送省文化和旅游厅评审通过，《曾随文化大遗址保护利用概念性规划》《曾随文化遗址保护利用总体规划》《擂鼓墩古墓群保护规划(修编)》编制完成，通过市规划委审定；《义地岗墓群枣树林墓地保护与展示方案》《叶家山墓地保护利用与生态修复方案》文本设计完成。

【文物调查】 完成随州市长江文物资源调查、河湖水域内出露文物巡查和碑刻石刻文物资源保护状况摸底调查工作。

1. 2021 年 12 月至 2022 年 7 月，完成随州市长江文物资源调查工作。核实随州市共有不可移动文物点 1987 处，比之于第三次全国文物普查新增了 21 处。

2. 根据《国家文物局文物古迹司关于对河湖水域内出露文物开展必要工作的函》要求，10 月至 11 月，开展河湖水域内出露文物巡查调查工作。巡查发现淅河镇马鞍山水库乌鸦咀墓地集中分布在半岛东南乌鸦咀上，大部分墓葬为库水所淹没，个别遭到破坏；蔡河镇柏树巷村夏家湾遗址临河部分被洪水冲蚀严重，干旱的时候又裸露皲裂，断面上可见新石器时代文化层和墓葬；吴店镇王子店村王子山遗址滩涂上的文物残片俯拾皆是。经过雨水浸蚀、河水冲蚀的断面上，文化层清晰可见，文化遗物十分丰富，特别是裸露的古井有 20 多口，陶井圈保存较好；淅河镇高家滩遗址和尚市镇付家湾遗址两处遗址均为河边台地，河水冲蚀损毁明显。

3. 8 月至 10 月，完成随州市碑刻石刻文物资源保护状况摸底调查工作。不可移动石刻碑刻整体文物 48 处，不可移动碑刻石刻单体文物 76 件(套)，可移动碑刻石刻文物 16 件(套)，整体保存状况较好。随县神农碑、神道碑、洪山寺碑刻得到展示利用。其余碑刻石刻文物多为墓碑，位于荒郊野岭中，远离城区和旅游景区，难以开发利用。所有不可移动碑刻石刻文物均没有专职保护机构，仅部分文物的使用机构兼做保护机构，其余均由地方文物保护机构代管。

【世界文化遗产申报】 随州市委、市政府审议通过《随州申报世界文化遗产行动计划》，成立以市委、市政府主要领导为组长的工作领导小组，启动以曾随文化遗址为主体的世界文化遗产申报工作，推进随州文物事业"以申促建""以申促变"。

【革命文物保护】 完成随州市第二批革命文物专项调查工作，审核 1 处县保单位，51 处未定级不可移动文物，信息收集完备并制作名录。

【保护工程建设】 根据省文化和旅游厅《关于核对全国重点文物保护单位涉建项目实施情况的通知》要求，随州市文化和旅游局组织各县(市、区)文化和旅游局，高新区社会事务局对辖区范围内 2019 年 1 月至 2022 年 10 月中旬以来经国家文物局批复同意实施的涉及全国重点文物保护单位保护范围、建设控制地带内的各类建设项目实施情况进行了自查。经过核对，仅擂鼓墩古墓群有 5 处涉建项目，涉建项目区域均开展全面考古调查、勘探工作，未发现文物遗存，并在此基础上完善并修定了文物影响评估报告。

义地岗墓群枣树林墓地本体保护与环境整治工程立项。擂鼓墩曾侯乙墓椁室保护修缮完成椁室全部椁木的拆解吊运，正在进行椁木的加固修复；省保单位江汉军区司令部旧址修缮保护获批立项；完成省保单位田王寨、雪公堂、戴家仓屋修缮工程，李家沟桐柏军区政治部旧址修缮方案通过审批；启动市保单位岁丰桥、花屋湾及未定级豫鄂边区二军分区及随南县政府驻地修缮的前期工作，完成设计方案编制；实施市保单位广水市吴店尹家湾新四军第五师司令部旧址群保护修缮工程。

【遗址公园建设】 擂鼓墩入选第四批国家考古遗址公园立项名单，擂鼓墩部队搬迁工作纳入湖北省政府与空军部队《湖北省军用土地置换框架合作协议》统筹推进，启动擂鼓墩游客管理服务中心建设工程，擂鼓墩考古遗址公园配套设施博物馆西路建设方案通过审批。

博物馆工作

【博物馆建设】 随州市博物馆文化综合提升工程写入《2022 年度随州市政府工作报告》，发行政府专项债券资金 1 亿元推进陈列布展、库房建设、展演提升和外观改造四项工程建设。在 2021 年基础上，完成《随州市博物馆空间布局优化和整体环境提升方案设计》《陈列布展大纲》，完成对整个文化综合提升工程的统筹规划。9 月完成文化综合提升工程子项目编钟演艺服务设施设备提档升级招标代理公司遴选工作；11 月启动并完成编钟演艺服务设施设备提档升级招标工作。

广水市博物馆新馆于 2020 年 5 月开建，2022 年主体建筑施工完毕，已进入装修阶段。广水市博物馆新馆位于广水市十里街道马都司村，博物馆共 4 层，总建筑面积 2427 平方米，展厅面积 1298 平方米，总投资 5. 75 亿元。

【临展与外展】 随州市博物馆举办临时展览 2 个，外展 7 个，以青铜器外展为主，集中展示曾国历史文化，展期 3 个月。

1. 3 月 15 日，随州市博物馆联合盘龙城遗址博物院等多家博物馆举办“色如天相　器传千秋——中国古代绿松石文化展”，随州市博物馆馆藏叶家山出土文物曾侯丙铜鉴缶参展。

2. 5月18日，随州市博物馆联合跨湖桥遗址博物馆举办“江汉荡荡 穆穆曾侯——来自古代曾国的宝藏特展”在跨湖桥遗址博物馆开幕，随州市博物馆共展出52件(套)计129件文物，包含礼器、乐器、兵器和杂器等各类青铜器，展期3个月。

讲解“江汉荡荡 穆穆曾侯——来自古代曾国的宝藏特展”参展文物

3. 8月11日，随州市博物馆联合鸦片战争博物馆举办“挖出来的‘汉东大国’——曾国青铜器精品展”，在鸦片战争博物馆开幕，随州市博物馆展出曾国文物109件(套)，集中展示了随州叶家山、文峰塔、擂鼓墩三大墓群出土文物，贯穿了曾国700余年的文化脉络，展期3个月。

4. 8月26日，“同心喜迎二十大 清风廉韵扬正气——喜迎党的二十大清廉曾都优秀书画摄影作品展”，在随州市博物馆一楼展厅开展，270余幅优秀作品参展，作品涵盖党建引领、重大项目、工业发展、乡村振兴、城市风光五大版块，展期5个月。

5. 9月1日，随州市博物馆联合无锡阖闾城遗址博物馆举办“春秋末霸”专题展览，在无锡阖闾城遗址博物馆开展，随州市博物馆2件(套)文物参展，展期3个月。

6. 9月1日，随州市博物馆馆藏叶家山西周曾

随州市博物馆联合鸦片战争博物馆举办“挖出来的‘汉东大国’——曾国青铜器精品展”海报

国墓地出土的5件青铜重器，亮相郑州博物馆“繁星盈天——百年百大考古发现展”，展期3个月。

7. 9月9日，随州市博物馆联合重庆三峡博物馆、湖北省博物馆、四川博物院、宜昌博物馆共同举办“一见钟琴”展览，随州市博物馆馆藏擂鼓墩二号墓36件编钟参展，展期3个月。

8. 9月17日，“中国历史文化名城——山东青岛市湖北随州市孝感市(孝文化)书法篆刻联展”，在随州市博物馆开展，展期1个月。

9. 10月1日，随州市博物馆联合福建省漳州市博物馆开展曾国文物展览“赫赫曾侯穆穆和钟——曾国七百年青铜器特展”，在福建省漳州市博物馆开幕，随州市博物馆53件(套)文物参展，展期3个月。

【社会教育与公众服务】 随州市博物馆举办各类社教活动，全年接待观众20余万人次。

1. 随州市博物馆积极参加湖北省博物馆协会组织开展的“喜迎二十大　强国复兴有我——青少年荆楚文物我来讲”主题志愿活动，“小小志愿讲解员”王子玥代表随州市博物馆以《一件破解了“30多年悬而未解之谜”的国宝》讲解视频参赛，荣获“湖北省文博系统优秀志愿服务项目”的奖项。

2. “5·18国际博物馆日”活动。5月11日，湖北卫视联合湖北省博物馆、随州市博物馆和荆州市博物馆三馆社教中心进行了《荆风楚韵100小时融媒体直播》。5月16日，随州市博物馆联合广水市博物馆在广水市东岳广场开展“文博讲坛”活动，围绕博物馆日主题制作大量活动展板，向市民发放文物保护宣传册，介绍随州文物。5月17日，随州市博物馆参加2022年国际博物馆日青年论坛“博物馆的力量：青年在行动”。随州市博物馆在5月18日和19日为游客进行免费的讲解和编钟表演。

【交流工作】 随州市博物馆曾侯乙编钟乐团参与展演活动，展示编钟文化、曾随历史。

1. 5月15日，曾侯乙编钟乐团应中央广播电视总台邀请参加“古韵新声——端午”节目在秭归屈原祠的录制，现场与龚琳娜合作演绎《上下求索》，与数百小学生齐颂“路漫漫其修远兮，吾将上下而求索”。节目录制历时9天，于6月3日在中央广播电视总台央视综合一套播出。

2. 11月17日至19日，曾侯乙编钟乐团参加由省人民政府主办，省人力资源和社会保障厅、省总工会、省教育厅共同承办的以“技兴荆楚，能创未来”为主题的湖北省第一届职业技能大赛暨第三届“湖北工匠”表彰大会，乐团在武汉国际博览中心展演。

【文博文创】 9月至12月，随州市博物馆与成都造趣文化创意有限公司合作发行2期数字藏品“扉棱提梁卣”“战国菱形勾连云纹铜敦”，在支付宝鲸探平台开售。委托腾讯游戏“天涯明月刀”开展“以吉金见古今——开启荆楚之旅 守护青铜文化”活动，用数字技术复原“噩侯方罍”和背后历史故事。

随州市博物馆与腾讯游戏合作“以吉金见古今——开启荆楚之旅 守护青铜文化”活动

文物安全与执法督察工作

【安全责任】 全市文物系统层层签订安全责任书，明确安全与执法的主体责任，将任务目标落实到单位，工作责任落实到个人。辖区内省保及以上的文保单位、博物馆、文物保护工程项目工地悬挂“文物安全责任公示牌”，公布责任单位、监管单位、责任人、联系和举报电话等信息，接受社会监督，全面夯实文物安全责任。

【安全检查】 全市开展文物安全检查589次，检查文物单位764处，发现安全隐患数量35处，全部整改到位。市与县(市、区)两级文旅市场综合执法队联合开展田野文物巡查行动共23次，未发现安全隐患。基层各文博单位开展文物安全巡查工作，联合消防及所辖社区进行文物安全火灾隐患排查整治，严格执行重大节日和关键时间节点值班带班制度，全年全市文物安全零事故。

【技防工程建设】 完成新四军第五师司令部旧址安防、防雷工程立项申报工作；完成新四军第五师司令部旧址消防工程、展示利用工程设计方案编制申报工作，其中展示利用设计方案已批复；完成雪公堂消防工程项目立项申报。争取中央专项安防资金近 2000 万元，组织实施擂鼓墩、义地岗墓群安防工程；随州市文物安防消防监控系统纳入平安随州建设的平台。

【安全宣传】 6 月 6 日，随州市博物馆联合随县博物馆在安居镇举办 2022 年“文化和自然遗产日”活动，利用展板展现随州历史文化，同时发放文物保护宣传册，增强全社会的文物保护意识。以“一墙一文化，一墙一主题”的形式，曾都区文化和旅游局在义地岗墓群保护区内进行墙绘宣传，利用文物安全排查、“平安法治建设”、“5·18 国际博物馆日”、“文化和自然遗产日”开展 3 场宣传展示活动。

【文物行政执法】 全市全年开展文物执法巡查 40 次，未发现违法行为。随州市文化和旅游局采取乡镇全面自查、县市区重点排查、市级抽查的三级排查方式，确保排查到位，不遗漏任何一处文物保护单位。随州市文化和旅游局、市文化和旅游市场综合执法支队查处“朱某擅自在全国重点文物保护单位擂鼓墩古墓群保护范围内进行建设工程案”，该案获得“2022 年度全国文物行政处罚案卷评查优秀案卷”。

恩施土家族苗族自治州

综述

【文物资源】 截至2022年年底，恩施州共登记不可移动文物1683处，其中全国重点文物保护单位9处，省级文物保护单位89处，州级文物保护单位34处，县级文物保护单位365处。全州备案博物馆11家，其中国有博物馆8家、非国有博物馆3家。国家二级博物馆1家(恩施州博物馆)、国家三级博物馆2家(恩施市博物馆、鹤峰县博物馆)。所辖收藏单位收藏可移动文物总数112155件(套)，其中一级文物74件(套)、二级文物299件(套)、三级文物653件(套)、一般文物1465件(套)、未定级文物109664件(套)。

【机构人员】 恩施州文化和旅游局为州政府组成部门，主管全州文化、旅游、体育、广播电视和文物工作。核定行政编制45名，在编在岗40人；内设局长1名，副局长3名，总工程师1名、总规划师1名，正科级职数16名，副科级职数6名。党组书记、局长邵爱华主持全面工作，党组成员、副局长白斌分管文物工作，内设机构14个，其中文物和博物馆科承担文物业务工作，局直属文博单位1个，即恩施州博物馆。全州文物保护管理职能的事业编制机构共12个，恩施州博物馆、各县市博物馆(同时挂县市文物事业管理局牌子)直属文物保护管理机构事业编制数量为144个，在编在岗人员共133人。

6月11日，恩施州委编办根据《省委编办关于加强文物保护和考古工作机构编制保障的实施方案》(鄂编办文〔2021〕102号)和《省委编办关于恩施州文化和旅游局加挂恩施州文物局牌子的批复》(鄂编办文〔2022〕34号)，在州文化和旅游局加挂州文物局牌子。

【工作概况】 恩施州文物保护利用工作扎实开展，文物保护项目稳步推进，文物安全形势整体平稳。6月11日，恩施州文物局挂牌；8月24日，恩施州人民政府成立全州文物工作联席会议制度，文物工作体制机制建设进一步加强。完成长江文物资源调查、少数民族文物图谱(湖北卷)编撰、国保单位涉建项目核查、第二批湖北省革命文物申报、第二批湖北省文化遗址公园申报、不可移动文物保护标志设立等工作，文物日常管理进一步夯实。6家企业获得文物保护工程二(乙)级资质，专业人才队伍建设进一步强化。获得全国重点文物保护专项补助资金3109万元，省级重点文物保护专项补助资金255万元，州级文物保护专项资金200万元，文化保护传承利用工程中央预算内资金支持1600万元，完成了鱼木寨安防、大水井防雷、滚龙坝古建筑群狮子屋场建筑群修缮、庆阳凉亭街修缮（二期）、十字路风雨凉桥修缮等工程，文物保护、防护工程稳步推进，文物本体保存状况和安全防护能力进一步提升。恩施州博物馆被评为省级爱国主义教育基地，建始直立人遗址被省政府公布为第二批湖北省文化遗址公园。

利川市文物事业管理局获评“全省文物工作先进单位”，建始县文物局局长、县博物馆馆长刘绪斌，来凤县文物局局长、县博物馆馆长黄林获评“全省文物工作先进个人”。

考古工作

【调查勘探】 长江文物资源调查中发现咸丰县朝阳寺镇鸡鸣坝村泗渡河墓地，因墓葬保存状况较差，基础失稳，10月到11月，对其进行前期调查清理，发现明代晚期至清代道光年间墓葬7座，其中M1已报发掘计划。3月到4月，完成新塘乡下坝村王家台化石点现场调查，确定该化石点为旧石器时代早期典型的“剑齿象—大熊猫动物群”，未发现人类活动遗存。

【基建考古】 恩施州文物调查勘探队配合恩施—朝阳500千伏线路工程、金上—湖北800千伏特高压直流输电工程、来凤仙佛寺停车场及配套设施建设项目、来凤牛摆尾遗址雨水管道工程4个建设工程开展文物调查勘探，完成文物影响评估报告编制，均未发现地下遗迹遗存，恩施东—朝阳500千伏线路工程（恩施段）发现地面墓葬4座，线路工程未对其产生影响破坏。

文物保护工作

【联席会议制度建立】 8月24日，恩施州人民政府办公室印发《关于建立恩施州文物工作联席会议制度的通知》，建立以分管副州长为召集人，州文化和旅游局主要负责人为副召集人，财政、发改、应急、消防、住建、退役军人等18个单位部门分管负责人为成员的文物工作联席会议制度。

【长江文物资源调查】 1月，恩施州全面启动开展长江文物资源调查工作，制定调查工作方案，召开动员会，邀请湖北省文物事业发展中心专家到恩施指导调查工作。各县市文物部门制定相应细化方案，落实调查任务。5月底，全面摸清全州不可移动文物基本情况，建立系统、全面、详实的全州不可移动文物数据库，完成对1683处不可移动文物的田野调查、数据报送、调查报告撰写等工作任务，形成资料汇编，通过省文化和旅游厅数据审核。

【万里茶道申遗】 6月30日，万里茶道《赤壁宣言》发表十周年座谈会暨申遗工作现场会在赤壁市召开，会议初步确定了优选遗产点22个，备选遗产点8个，其中鹤峰南村古茶道在9省97个遗产点评估得分中排名第一，成为22个优选点之一，其中鹤峰南村段被明确为茶生产组团。12 月，在五里乡南村村委会建成茶文化陈列馆，并征集茶道相关实物、文献共 150 件(套)。5 月 19 日，鹤峰县林业局、文化遗产局、茶产业发展促进中心联合印发《鹤峰县古茶树(园)资源保护措施》。完成了坛子洞古茶园、长岭古茶园、连三坡古茶园清理以及参观步道铺设，完成了全县 90 处，约 4.67 平方千米古茶园、古茶树的普查工作。实施古驿站复建工程，在南村村燕喜洞西洞口征收土地约 1.5 万平方米，复建茶园古驿站主体工程于 11 月完成。编制《万里茶道鹤峰段遗址遗存大全》《万里茶道鹤峰段碑刻集》《万里茶道——宜红茶源地风光图集》。

【革命文物保护】 12 月 6 日，在省文化和旅游厅公布的第二批湖北省革命文物名录中，恩施州板桥革命烈士纪念碑、周念民故居、建始县苏维埃政府遗址、赵师梅墓葬、鼓台山烈士陵园、轿顶山红军医院遗址、胡家沟红军战场遗址等 39 处不可移动文物，恩施州博物馆第二次国内革命战争时期红军用的绑腿刀等 41 件(套)可移动文物被公布为第二批湖北省革命文物。

【湖北长征国家文化公园建设】 恩施州有宣恩、咸丰、来凤三个县市被纳入国家文化公园领导小组《长征国家文化公园建设保护规划》，宣恩县板栗园长征文化公园、咸丰县红二六军团忠堡战斗展示园、来凤县漫水乡长征文化遗址公园等 3 个项目，已纳入国家储备项目库。咸丰县红二六军团忠堡战斗展示园、来凤县漫水乡长征文化遗址公园已完成项目立项、可研、初设等前期工作，申报中央预算内专项资金支持 3600 万元。宣恩板栗园长征国家文化公园已经完成策划方案及总体规划评审。

【遗址公园建设】 恩施州有建始直立人遗址、容美土司遗址、大寨坪遗址纳入湖北省荆楚大遗址传承发展工程项目库。建始直立人遗址文化公园保护利用设施项目获得中央预算内专项资金 1600 万元，建始直立人遗址安防工程获得全国重点文物保护专项资金 360 万元，容美土司爵府遗址获得全国重点文物保护资金 600 万元，咸丰大寨坪遗址文物调查前期工作获得州级文物保护专项资金 20 万元。将荆楚大遗址传承发展与国土空间规划、“三区三线”(“三区”指生态、农业、城镇三类空间，“三线”指的是根据生态空间、农业空间、城镇空间划定的生态保护红线、永久基本农田和城镇开发边界三条控制线)工作相结合，为荆楚大遗址传承发展工程项目库项目争取用地支持。对照《湖北省文化遗址公园评定细则(试行)》要求，组织建始县、鹤峰县、咸丰县启动湖北省文化遗址公园创建工作。10 月，建始直立人遗址被省政府公布为第二批湖北省遗址公园。

【涉建项目核查】 根据省文化和旅游厅《关于核对全国重点文物保护单位涉建项目实施情况的通知》要求，恩施州文物系统高度重视，迅速开展自查核对工作，对 2019 年 1 月至 2022 年 10 月中旬国保单位的涉建项目进行自查和核对。经查，全州国保涉建项目鱼木寨保护利用设施建设工程、来凤县仙佛寺石窟危岩体加固(二期)工程、仙佛寺石窟停车场及配套设施建设项目、五里坪革命旧址环境整治工程审批和实施程序完整合法，项目与审批方案一致，无违建行为等方面的问题。

【少数民族文物图谱(湖北卷)编撰】 4月至11月，恩施州文物系统按照《中国少数民族文物图谱·湖北卷》编撰工作要求，对全州符合条件的不可移动、可移动文物详细信息进行报送，并配合专家组进行现场认定、核查，完成所有初选对象的拍照工作，召开中国少数民族文物图谱编撰推进会、专家咨询会。全州共报送少数民族可移动文物503件(套)、少数民族不可移动文物179处，供专家审核。

【保护工程建设】 完成唐崖土司城址14号墓保护修缮工程的方案编制，启动实施了唐崖土司城址展示馆改造升级、非遗文化展示馆改造、唐崖土司城址白蚁防治、唐崖土司城址石质文物保护前期勘察、木栈道及附属设施保养维护5个项目。完成2个国保项目立项申报、11个省保项目立项申报，其中1个国保项目获得立项批复、5个省保项目获得立项批复。完成1个国保项目设计方案申报、8个省保项目设计方案申报，7个保护项目设计方案获批。完成鱼木寨传统村落集中连片保护工程、仙佛寺生态停车场项目、唐崖土司城文化旅游区基础设施项目3个涉建项目申报，其中，鱼木寨传统村落集中连片保护工程、仙佛寺生态停车场项目获得国家文物局批复。完成景阳天主教堂修缮、十字路风雨凉桥修缮、庆阳凉亭街修缮(二期)、尖山民族中学早期建筑白蚁防治等7个项目的竣工验收。

省级文物保护单位景阳天主教堂修缮工程

咸丰十字路风雨凉桥修缮工程

【保护工程资质改革】 按照《国家文物局关于文物保护工程资质管理制度改革的通知》（文物保发〔2021〕30 号）文件精神，恩施皓轩建设有限公司、湖北轩辕治建有限公司、湖北佳狮盾智能技术有限公司等 3 家施工资质企业由三级证书换发二级证书，恩施州华构工程监理责任有限公司、广东天衡工程假设咨询管理有限公司来凤分公司 2 家监理资质企业由丙级证书换发乙级证书，湖北佳狮盾智能技术有限公司勘察设计资质由丙级证书换发乙级证书，建强全州文物保护资质企业队伍。恩施州玉翔园林建设有限公司、恩施土司匠人建设有限公司完成二级施工资质企业资质年检工作。

【州级文物保护专项资金】 恩施州支出州级文物保护专项资金 200 万元，支持州级文物保护单位、有代表性的县（市）级文物保护单位保护（防护）项目以及革命文物展览陈列项目，实施了杨德刚老屋抢险加固、来凤搽茶溪民居修缮、恩施抗战遗址饶应祺故居展示利用、中共湘鄂西中央分局十字路会议旧址展示利用、咸丰县大寨坪遗址勘探调查、中国工农革命军七郎坪整编处旧址抢险加固、咸丰县平安文物智慧管理平台建设等 9 个项目。

【“文化和自然遗产日”活动】 6 月 11 日，恩施州在恩施市土家女儿城启动“文化和自然遗产日”宣传展示活动，活动围绕“文物保护：时代共进 人民共享”主题，致力于“让文物活起来”，扩大文化影响力，开展了宣传展示、互动打卡、文博知识竞赛、文物 RAP 等多种形式的活动，让市民、游客共享文物保护利用成果，感受历史文化的魅力。

【学术研究】 推进土司文化研究，发挥唐崖文化遗产研究中心作用，与湖北大学文化遗产学院合作开展系列课题研究，积极筹备第五届“中国咸丰 · 世遗唐崖论坛”，开展讲好

“唐崖故事”视频拍摄宣传活动，编辑出版《图说世遗唐崖》，加强唐崖土司文化及价值诠释与推介。

博物馆工作

【馆藏文物修复】 根据省文化和旅游厅《关于做好可移动文物保护修复项目申报工作的通知》精神，积极组织各县（市）文物行政管理部门开展申报工作。按照可移动文物病害、险情、保护利用需求以及相关法律规定，结合恩施州实际，共申报可移动文物保护修复项目 12 个，其中 10 个项目获得省文化和旅游厅立项批复。

【对外展览交流】 恩施州立足于博物馆创建升级，积极开展展览交流。引进湖北省古建筑博物馆“神工意匠——古代建筑知识展”、仪征市博物馆“雨花石‘韵’仪征雨花石精品展”、西双版纳州博物馆“傣族民俗展”、福建漳州市博物馆“翰墨流韵·古风盎然——漳州市博物馆馆藏‘台北故宫博物院’经典书画复本展”。推出“花铺盖——中国土家族西兰卡普展”到湖北明清古建筑博物馆、厦门市博物馆、仪征市博物馆展出。出借馆藏文物到宜昌博物馆参加“曾经巴楚——‘宜荆荆恩’城市群博物联盟青铜文物特展”线下展，参加“宜荆荆恩城市群博物馆联盟”“争艳——巴楚青铜文化大展”“镇馆之宝”线上展。举办“虎跃龙翔——中国虎文化百馆联展”“清风正气贯古今——清廉恩施·家风家教文化图片展”线下展和“万木有灵——非洲雕塑艺术展”“恩施记忆”“邮票上的时代青年”线上展。

【社教活动】 按照疫情防控政策，全州各博物馆坚持免费开放和社教活动并重。州博物馆全年共举办民俗及节日类活动 20 次。开展“我在恩施过大年·虎年寻虎”系列活动、

“土家娃娃画冬奥”社教活动

“恩博过端午 巧手做龙舟”端午节、“八一强军魂 文化进消防”等社教活动。到江城希望小学等学校开设4次“博学雅识”拓展课堂。在恩施文旅频道推出“空中博物馆”之“走进巴人青铜时代”视频10期。重点开展暑期志愿讲解员培训与考核，评选出32名优秀志愿者，推出“恩博新声音”志愿者风采展示2期。依托“宜荆荆恩”城市群博物馆联盟、恩施州博物馆展览联盟等机构，配合国内外高校开展博物馆研学活动9场，联合县市博物馆开展“博物馆力量·品传土苗史韵”观展、答题、讲座等社教活动。开展“博物馆的力量”主题征文活动，进行优秀作品评选及表彰，并择优在微信公众号发布。

【公众服务】 恩施州各博物馆克服疫情影响，着力提升免费开放服务水平和能力，全年免费开放317天，接待观众约30万人次，含接待未成年人12.85万人次。其中，恩施州博物馆接待观众5.82万人次，恩施市博物馆接待观众4.27万人次，建始县博物馆接待观众4.28万人次，巴东县博物馆接待观众3.64万人次，宣恩县民族博物馆接待观众1.48万人次，咸丰县博物馆接待观众0.32万人次，来凤县民族博物馆接待观众4.22万人次，鹤峰县博物馆接待观众4.45万人次。

【学术交流】 恩施州各博物馆立足于本土历史文化、民族文化、红色文化资源，依托恩施州文博学会，全面开展课题研究及学术活动。恩施州博物馆完成《土家族源流研究》课题报告评审、工作，已进入出版程序；完成《中国少数民族文物图典·恩施土家族苗族自治州博物馆卷》《恩施州博物馆精品文物录之近代篇》编辑出版工作，《文博之友》编辑出版4期。恩施州各国有博物馆积极参加中国博物馆协会民族博物馆专业委员会2022年学术研讨会暨常委会议，恩施州博物馆馆长董祖斌受邀参会并作“充分发挥民族类博物馆优势 铸牢中华民族共同体意识”的主题发言。在《恩施日报》开设博物馆馆长、文物专家笔谈专栏，就恩施州文博事业发展进行探讨交流。召开恩施州文博学会、恩施州展览联盟理事会，共商恩施州文博事业发展，筹备召开恩施州文博学会学术研讨会。恩施州博物馆馆长董祖斌撰写的《浅论博物馆“恢复与重塑”的重点与步骤》被湖北省博物馆协会评为二等奖。

【“5·18国际博物馆日”活动】 5月18日，恩施州举办“5·18国际博物馆日”系列活动，活动主会场设在宣恩县。主会场活动推出集中展览、红领巾讲解员演讲、“最美文物我来画”、“文博课堂进校园”等活动。同时，恩施州各博物馆还推出系列线上线下活动，营造博物馆日浓厚节日氛围，吸引大批州内外观众参与。恩施州博物馆推出“清廉恩施·家风家教文化图片展”临展、“百馆百虎”临展以及新引进湖北明清古建筑博物馆临展。宣恩县博物馆推出“最美文物我来画”线下评选活动。恩施市博物馆开展“老城寻宝”情景式体验活动。建始县博物馆举办“我爱家乡的国宝”征文活动。来凤县博物馆与洋县博物馆开展“张富清的故事”互动直播。咸丰县博物馆开展“大美咸丰·春润荆南”清廉主题书画影展。

文博进校园活动

【省爱国主义教育基地建设】 4月11日，省政府印发《省政府关于命名第五批湖北省爱国主义教育基地的通知》（鄂政发〔2022〕11号），恩施州博物馆被正式命名为第五批湖北省爱国主义教育基地。恩施州博物馆是湖北省唯一的地区级综合性少数民族博物馆，国家二级博物馆，举办有“武陵足音”“恩施记忆”“生态恩施”3个基本陈列，年接待观众50万人次，是传播恩施州民族优秀文化和对外交流的重要窗口。1997年，被恩施州人民政府命名为“州级爱国主义教育基地”。

文物安全工作

【消防安全检查】 按照国家文物局、省文化和旅游厅关于文物安全和消防能力提升三年行动的总体部署，恩施州开展文物消防安全专项整治工作。州、县级财政安排专项资金，实施恩施州博物馆防护项目以及各县市“平安文物”项目。结合国际博物馆日、文化遗产日、文化科技法律“三下乡”等活动大力开展文物安全教育培训，大力宣传文物保护知识和消防安全知识，加强日常培训，组织专职、兼职消防队和当地群众学习文物安全知识。将文物安全隐患排查纳入文旅行业安全隐患排查的范围，联合应急管理局、消防救援等单位开展文物安全隐患排查，全年恩施州文化和旅游局共开展集中安全隐患排查3次，派出检查组18个，检查人员54人次。

8月29日至9月15日，根据《湖北省文化和旅游厅湖北省消防救援总队关于开展文物建筑消防安全专项检查的通知》要求，恩施州开展了文物建筑消防安全专项检查，重点排查廊桥、传统村落、寺庙宫观、木结构文物建筑、革命文物的“四有”、消防安全管理、电气安全、用火安全、燃香烧纸安全、消防设施设备、危险物品安全管理情况。专项检查要求各县市文旅部门开展安全自查自纠，突出隐患排查整治工作，国保、省保单位全覆盖。州级派出由文物、消防救援、文化市场执法部门组成的检查组对州域范围的国保、省保、州保单位进行抽查。

全年共发现安全隐患 61 项，其中电气安全隐患 16 项、用火安全隐患 10 项、燃香烧纸隐患 2 项、危险物品安全隐患 1 项、消防安全管理制度建设 15 项、消防设施设备建设及日常运行维护隐患 17 项，均已整改到位。

全国重点文物保护单位五里坪革命旧址消防应急演练

【技防工程建设】 申报了唐崖土司城监测预警系统(二期)工程，完成唐崖土司城安防工程、范家老屋消防工程、黄金洞练硝厂遗址安防工程、庆阳凉亭街防雷工程等 17 处省保单位防护项目立项。完成了仙佛寺石窟消防工程、容美土司遗址安防工程 2 处国保单位防护工程设计方案申报，金果坪红三军旧址消防工程、毛坝会议旧址消防工程、大村会议旧址消防工程等 8 处省保单位防护工程设计方案申报，其中 2 处国保单位、6 处省保单位防护工程设计方案获得省文化和旅游厅批复同意。完成大水井安防工程、大水井防雷、鱼木寨安防工程项目预验收，完成两河口苏维埃旧址消防工程、庆阳凉亭街消防工程、咸丰蒋家花园消防工程、谢家老屋消防工程竣工验收。唐崖土司城消防工程通过省文化和旅游厅竣工验收。

仙桃市

综述

【文物资源】 截至2022年年底，仙桃市有不可移动文物295处，其中古遗址68处、古墓葬87处、古建筑37处、石窟寺及石刻3处、近现代重要史迹及代表性建筑100处。现有省级文物保护单位10处、市级文物保护单位59处。全市有文物保护所(与市博物馆合署办公)1个；有博物馆2个，国有文物收藏单位11家，藏品1674件(套)，其中珍贵文物116件(套)，含一级文物2件(套)、二级文物4件(套)、三级文物110件(套)。

【机构人员】 仙桃市文化和旅游局为市政府组成部门，主管全市文化、旅游、体育、广播电视和文物工作。核定行政编制15名，在编在岗15人；内设局长1名、副局长3名、总规划师1名，正科级职数1名、副科级职数3名。党组书记、局长魏厚军主持全面工作，党组成员、副局长刘庆兵分管文物工作；内设科室7个，其中公共服务科承担文物业务工作；局直属文博单位1个，全市有文物保护管理机构(含二级单位)2个。

【工作概况】 仙桃市坚持新时代文物工作方针，全市文物保护工作有序推进，积极实施文物“一处一策”工作制度，完成全市碑刻石刻文物调查、少数民族文物资源调查、长江文物资源调查、历史建筑调查等专项调查工作，完成省级文物保护单位保护范围和建设控制地带划定工作，完成文物保护单位安全防护项目立项申报，同时强化安全防护措施，做好文物安全保护责任制的监督落实工作，全面提升文物保护单位安全防护工作的治理能力和治理水平。

考古工作

【调查勘探】 配合基本建设选址、用地，开展考古调查与勘探工作。

1. 完成华润仙桃新能源百万千瓦基地首期渔光互补光伏项目规划选址新增区域、湖北龙源仙桃西流河200兆瓦渔光互补光伏电站110千伏送出工程线路、华润仙桃储能电站项目上网工程、华润新能源仙桃百万基地首期渔光互补光伏上网工程、西气东输三线仙桃—忠武线联络线工程线路走向及站场选址、仙桃市沙湖泵站更新改造工程、国氢新能源绿电科技(仙桃)有限公司仙桃市张沟镇250兆瓦渔光互补光伏电站项目、华润仙桃金岭风电项目规划选址(项目立项文物审批)、洪湖卓阳新能源峰口200兆瓦渔光互补光伏站项目220千伏送出线路路径、华润仙桃二期2×660兆瓦扩建工程项目选址等工程的文物调查工作，并及时对部分项目工程进行复函。

2. 对华润仙桃新能源百万千瓦基地(陈场区域)项目出具文物调查勘探工作报告及调查勘探竣工证明书，对华润仙桃新能源百万千瓦基地(通海口区域)项目出具文物保护工作意见和文物调查工作报告，对华润仙桃金岭风电项目进行项目立项文物审批工作。

【考古发掘】 9月中旬至11月初，市文物保护所组织专班前往毛嘴镇许大垸村开展西气东输仙桃至潜江段文物调查发掘工作，发掘报告已提交省文物考古研究院。11月1日，武松高速(仙桃段)施工处，西流河镇何口村村民彭新华的鱼池边发现一处清代光绪墓志铭碑，市文物保护所及时对现场进行保护并开展考古勘探工作。

文物保护工作

【基础工作】 5月，积极落实文物公示公告责任人制度，完成9处省级文物保护单位和58处市级文物保护单位文物安全责任人公示公告牌树立工作。为革命文物树立(悬挂)标牌标识，让广大市民了解仙桃的红色发展史，进一步加强对全市革命文物的保护意识。10月28日，全市文物工作联席会议第一次全体会议召开。

仙桃市文物工作联席会议第一次全体会议召开

【保护范围划定】 9月底，完成仙桃市2处第八批省级文物保护单位(沔阳县人民政府旧址、排湖闸)保护范围和建设控制地带划定工作，并及时报送省文化和旅游厅。

【文物调查】 仙桃市长江文物资源调查工作从2021年12月启动，田野调查工作从

2022年2月开始，到4月底全部结束。调查了全市295处不可移动文物，其中复查269处（消失23处）、新发现26处，实际登记不可移动文物272处。5月，完成仙桃市长江文物资源调查工作报告的撰写。6月23日，在全省长江文物资源调查工作推进会上，完成仙桃市长江文物资源调查数据的核对，并获湖北省文物事业发展中心审核通过。

10月，仙桃市文物保护所对全市登记的3处不可移动碑刻石刻文物和31件（套）可移动碑刻石刻文物的保存状况、管理工作状况进行全面摸底调查，并将调查资料报送省文化和旅游厅。

开展少数民族文物资源调查，报送少数民族不可移动文物4处和少数民族可移动文物36件（套）基本信息统计表，并对市级文物保护单位和三级以上文物进行图片拍摄和资料收集。其中，七红井由省文物信息交流中心安排专人开展拍摄，被确定收录进少数民族文物图谱。

6月至7月，仙桃市文物保护所配合市住房和城乡建设局做好全市历史建筑潜在对象的调查和评审工作，确定全市历史建筑16处。

【革命文物保护】 12月7日，省文化和旅游厅核定公布了第二批湖北省革命文物名录。仙桃市革命烈士纪念碑、杨峰烈士纪念水塔、赵光华墓、张难先纪念馆、中国工农红军第六军军部遗址等5处革命文物入选。

【保护工程建设】 1月中旬，仙桃市文化和旅游局向省文化和旅游厅申请100万元专项经费，用于鄂中特委旧址安防工程建设。10月，报送《关于鄂中特委旧址安防方案修改后请求核准的请示》。11月30日，向省文化和旅游厅报送《关于鄂中特委旧址安防工程设计方案修改完善情况的复函》。12月12日，鄂中特委旧址安防工程设计方案获省文化和旅游厅核准批复。

博物馆工作

【博物馆建设】 仙桃市博物馆新馆项目砌体骨架工程已完成。11月17日，新馆库房建设工程通过“中国招标网”公开招标。12月7日，新馆库房建设工程开工。

【征集和接收文物】 仙桃市博物馆认真做好馆藏文物征集工作，共征集各类藏品73件（套）。4月14日，从彭场镇征集运回抗日名将、国民革命军陆军第128师师长王劲哉功德碑。4月26日，毛少武向市博物馆捐赠了一批解放103型号的放映设备，其中包含有《缉毒英雄》《复仇者》等4部35毫米电影胶片、电影整流器、35毫米机头、电影扩音器等器材共35件（套）。6月1日，陆家鑫委托亲属向市博物馆捐赠了《天下为公》（孙中山）、《江山多娇》（毛泽东）两幅伟人肖像国画。11月1日，武松高速（仙桃段）施工处发现清代光绪墓志铭碑，已被市博物馆收藏。11月9日，市民谢喜珍向市博物馆捐赠“文革”时期毛泽东像章 34 枚。

【临时展览】 仙桃市博物馆共举办 3 个临时展览，观众达 13.9 万人次。春节前夕，推出“虎虎生福——2022 壬寅虎年新春生肖文物(图片)联展”线上主题展览。5 月，结合 2022 年国际博物馆日主题“博物馆的力量”，依托长江文物资源调查工作成果，以线上+线下的方式举办“沔水汤汤——仙桃历史文物图片展”，让广大市民知晓新发现的文物资源。9 月，结合全市第 23 个党风廉政宣教月主题，引进并举办“用生命诠释忠诚——中国共产党首届中央监察委员会委员生平展”。“虎年生肖图片展”“沔水汤汤——仙桃历史文物图片展”先后在仙桃旅游、仙桃市博物馆、江汉热线、三蒸仙桃、仙桃社区网等微信公众号平台展出。“沔水汤汤——仙桃历史文物图片展”以线下巡展模式送展览进沔阳小镇景区和龙华山小学。“用生命诠释忠诚——中国共产党首届中央监察委员会委员生平展”推出后，全市各条战线、机关、企事业单位、社区党员和群众代表等参观团队达 30 余个。

仙桃市博物馆在沔阳小镇景区举办“沔水汤汤——仙桃历史文物图片展”

【社会教育】 3 月 18 日，中国少年先锋队仙桃市校外活动基地在陈友谅纪念馆、沔阳名人馆正式挂牌，先后与仙桃小学、仙桃四小联合开展“红领巾讲解员”校外实践活动。5 月 18 日，市博物馆联合市新华书店以线上直播的方式，为市民带来题为“博物馆奇妙夜”的专题讲座，市博物馆副馆长宋永平在直播中介绍全市文物保护工作开展情况、市内重点文物及市域内博物馆基本情况。

文物安全工作

【安全责任】 认真落实省级文物保护单位“一处一策”工作制度。10月，市文物保护所组织专班赴省保所在乡镇开展《二〇二二年度仙桃市文物安全保护目标责任书》《文物保护单位管护协议书》的签订工作，建立市、镇、村三级文物安全责任体系。

【检查巡查】 8月底到10月底，全市开展为期两个月的文物安全生产大检查工作，结合《全省文物系统安全生产大检查方案》，制定《仙桃市文物系统安全生产大检查方案》，并决定由市文物保护所为主要力量组建工作专班，具体负责大检查工作的开展落实，先后出动48人次，检查文物保护单位70处(座)，主要包括10处省级文物保护单位、58处市级文物保护单位(含5处文物宗教建筑、1处传统村落)、2座博物馆。全市65家文物博物馆单位开展自查自改。做好重要节假日以及春秋两季文物安全大检查工作，通过排查，全市文物博物馆单位共发现安全隐患4项，其中，市级检查中发现3项、文物博物馆单位通过自查发现1项，以上隐患均及时整改到位。

天门市

综述

【文物资源】 截至2022年年底，天门市现有不可移动文物点389处，其中古遗址171处、古墓葬178处、古建筑15处、古石刻1处、近现代重要史迹及代表性建筑24处。全国重点文物保护单位2处，省级文物保护单位14处，市级文物保护单位72处。全市免费对外开放场馆4处，分别为天门市博物馆、陆羽纪念馆、胡家花园、白龙寺。全市馆藏文物13226件(套)，已定级文物164件(套)，其中一级文物3件、二级文物9件、三级文物152件。

【机构人员】 天门市文化和旅游局为市政府组成部门，主管全市文化、旅游、体育、广播电视、地方志和文物工作。核定行政编制23名，在编在岗21人；内设局长1名、副局长2名、总工程师1名，正科级职数6名、副科级职数7名；党组书记、局长刘志华主持全面工作，市博物馆馆长邓千武分管文物工作；内设机构10个，其中文物科承担文物业务工作；局直属文博单位2个，文物保护管理机构(含二级单位)2个。

【工作概况】 天门市开展岁末年初文物博物馆单位消防安全专项督导检查；完成国保单位白龙寺安防、消防工程设计方案，省保襄河襄北地委旧址消防工程设计方案修改工作；申报省级文物保护单位胡家花园、襄河襄北地委旧址安全防护工程立项计划书；完成天门市长江文物资源调查工作，并向省文化和旅游厅提交《天门市长江文物资源调查工作报告》；完成武汉至重庆高速公路随岳高速至沙洋段(天门西段)工程沿线文物调查勘探工作，并向省文化和旅游厅提交《武汉至重庆高速公路随岳高速至沙洋段(天门西段)工程文物保护方案》；开展天门市名碑名刻遴选工作，提交《天门市名碑名刻摸底报告》；对全国重点文物保护单位涉建项目实施情况进行自查和核对；完成不可移动文物纳入国土空间基础信息平台工作；完成馆藏古籍、青铜器修复工作；配合省文物考古研究院进行沿江高铁天门段考古发掘项目。天门市博物馆全年累计接待游客22万人次，其中未成年人6.5万人次，配合接待学术团体、招商引资团体共计30批次。

考古工作

【调查勘探】 为配合武汉至重庆高速公路随岳高速至沙洋段(天门西段)工程建设，11月20日至12月10日，省文物考古研究院根据委托方提供的线路图以及其他的工程设计资料，对武汉至重庆高速公路天门西段沿线进行实地调查。省文物考古研究院牵头，与天门市博物馆组成文物调查联合工作小组，开展此次文物调查工作，并编制提交《武汉至重庆高速公路随岳高速至沙洋段(天门西段)工程文物保护方案》。

【考古发掘】 全年配合沿江高铁建设和石家河遗址研究开展考古发掘工作。

1. 沿江高铁天门段文物考古发掘。7 月至 12 月，为配合沿江高铁武汉至宜昌段工程建设，天门市博物馆组织考古人员配合省文物考古研究院考古队对天门市境内的龙咀遗址、梅家大湾遗址、吴家坟头遗址、唐马台遗址、边家湾遗址、王家坡遗址、陈万家湾遗址、谢家湾遗址等 8 处遗址点同时进行抢救性考古发掘，所有发掘工作于 12 月底前全部完成。

2. 石家河谭家岭遗址考古发掘。石家河田野考古工作于 2 月 8 日启动，天门市博物馆联合省文物考古研究院开展石家河谭家岭遗址考古发掘工作，揭露面积 400 平方米，主要发现有石家河文化晚期房屋基址遗迹，总面积达 200 平方米。

文物保护工作

【基础工作】 3 月，对馆藏碑刻文物进行摸底排查，对定级碑刻进行登记报送，并提交《天门市名碑名刻摸底报告》。11 月，委托湖北省古建筑保护中心编制《天门市石家河遗址博物馆项目勘察设计工程文物影响评估报告》，12 月，完成不可移动文物纳入国土空间基础信息平台工作。

【长江文物资源调查】 6 月，完成对全市 389 处文物点的复查工作，对调查资料进行系统的整理、汇总，建立文物调查档案，并在湖北省文物资源信息平台上进行各文物点调查资料登录工作，编制完成《天门市长江文物资源调查工作报告》。

【保护工程建设】 委托湖北省古建筑保护中心编制《石家河三房湾遗址环境整治设计方案》《石家河印信台遗址环境整治方案》，并报送省文化和旅游厅审批。同时，向省文化和旅游厅提交申报《石家河印信台遗址保护展示项目》立项计划书。

博物馆工作

【馆藏文物修复】 2021 年 6 月，天门市博物馆启动馆藏青铜器文物修复工作，选择其中的 41 件青铜器(其中三级文物 7 件)，委托湖北太岳园林古建工程股份有限公司进行保护修复，清除文物的物理损伤和生物损伤，延长文物寿命，全面提升馆藏文物的预防性收藏保护和管理能力，同时也满足展陈和研究的需要。2022 年 5 月完成该项目的保护修复工作。

2021 年 12 月，天门市博物馆启动馆藏古籍保护修复项目，对 25 部共 88 册古籍进行保护修复，由北京停云馆文化投资有限公司负责实施，于 2022 年 9 月修复完毕。修复工作清除了这批文物的物理损伤和生物损伤，增强了古籍强度与柔韧性，起到延长古籍寿命的作用。

天门市博物馆馆藏古籍修复项目结项验收现场

11 月 23 日，省文化和旅游厅委托省文物事业发展中心，组织湖北省文物考古研究院、湖北省博物馆、荆州市文物保护中心等单位的专家，对天门市博物馆馆藏金属文物、古籍文物两个可移动文物保护修复项目进行实地评估和检查验收。验收过程中，专家组听取了关于项目实施情况的详细汇报，实地考察了保护修复后的文物，查阅了相关保护修复资料。经综合评审，认为项目实施情况符合实施方案要求，管理规范，保护效果良好，达到了文物保护修复的目标，专家一致同意项目通过结项验收。

【临时展览】 举办临时展览 7 个，“虎虎生福——新春生肖文物图片联展”“‘永乐大典’的回归和再造湖北巡展——天门站”“中国共产党反腐倡廉历程展”“党史宣传教育系列展‘天门开国将领、当代将领图片展’”“红色荆楚——天门党史摄像作品展”“茶廉文化书画展”“喜迎二十大——一套题带你学习二十大报告”。积极开展微展览五进活动，举办“强国复兴有我”图片展进学校 6 所、进社区 3 处、进乡镇 6 个。开展了“5·18 国际博物馆日”和“文化和自然遗产日”宣传活动。举办线上展览 12 项内容共 24 期。

【社会教育与公众服务】 天门市博物馆全年接待游客数量约 22 万人次，开展“小小志愿者”服务活动，吸纳 15 名未成年人参与博物馆志愿服务活动，通过传统教育和社会实践相结合的方式，充分发挥博物馆的社会教育功能，拉近博物馆与广大青少年之间的距离。

在向社会公众开放的馆舍公共场所设立“社会主义核心价值观”、学习道德模范等宣传专栏，并张贴“讲文明树新风”等公益广告画，营造公众自觉学习社会主义核心价值观的良好氛围。积极发挥陆羽纪念馆“全国爱国主义教育示范基地”作用，结合场馆宣传教育功能开展大量适合学生参与的教育实践活动，完善馆内文化设施，以加强未成年人爱国主义教育。积极策划“廉者仁心——中国古代廉政文化展”“一问一答——带你学习二十大”等主题展览，制作展览展板，打造博物馆社会教育工作特色品牌。

天门市社会科学普及教育基地在天门市博物馆挂牌

【培训工作】 天门市博物馆积极动员全馆职工参加各类业务学术研讨会议，参加线上业务知识培训 7 次。线下举办 2 期讲解员培训班，先后邀请省文物考古研究院石家河遗址考古工作队负责人向其芳、天门市群艺馆副馆长王子丹、副研究员彭少雄，分别为讲解员进行石家河文化、非遗文化培训。安排专人参加全省各类专业培训班 5 次，提升工作人员业务能力。

文物安全与执法督察工作

【安全责任】 3 月 16 日，召开全市文物安全工作会议，全市市级以上文物保护单位所在乡镇的综合文化服务中心负责人参会，与各级文物保护单位责任人签订了《天门市文物安全状况大排查行动责任书》，明确各文物保护单位、看护人的职责。

【检查巡查】 落实当地看护人员每天巡查两次，责任单位每周巡查一次，监管单位每月巡查一次等制度措施，对巡查过程中发现的问题及时报送，进行记录，统一形成安全巡查台账。向省文化和旅游厅报送文物安全隐患排查整治工作情况；开展安全生产和消防能力提升专项整治工作，开展岁末年初文物博物馆单位消防安全专项督导检查，填报《天门市 2022 年文物安全工作情况汇总表》。

【消防演练】 为切实增强全体工作人员的消防安全意识和消防自救能力，分别在市博物馆、胡家花园、陆羽纪念馆配合市消防救援大队开展消防演练，宣传讲解火灾预防、疏散逃生等基本知识，指导三个场馆工作人员和安保人员正确使用消防器材。

【技防工程建设】 完成国保单位白龙寺安防、消防工程设计方案、省保襄河襄北地委旧址消防工程设计方案修改工作，并报省文化和旅游厅审核批复。申报省级文物保护单位胡家花园、襄河襄北地委旧址安全防护工程立项计划书。9 月，对全国重点文物保护单位涉建项目实施情况进行自查和核对。

【安全宣传】 为推动文物安全宣传“五进”活动，结合党史学习教育“我为群众办实事”活动，在端午假期、“文化和自然遗产日”期间向参观博物馆的游客宣传文物安全知识、文物安全政策法规和制度，在博物馆大厅显示屏播放文物安全宣传标语。充分利用“全国安全宣教和应急科普平台”组织馆员学习应急知识和应急处置能力。利用微展览“五进”活动，向乡镇、社区居民、学生等发放文物安全知识宣传册。

潜江市

综述

【文物资源】 截至2022年年底，潜江市共有不可移动文物点338处，其中古遗址175处、古墓葬112处、古建筑10处、近现代重要史迹41处。现有全国重点文物保护单位1处、省级文物保护单位5处、市级文物保护单位163处。全市有各类博物馆5家，其中国有博物馆4家，馆藏文物17298件(套)，其中含一级文物6件(套)、二级文物9件(套)、三级文物221件(套)。

【机构人员】 潜江市文化和旅游局为市政府组成部门，主管全市文化、旅游、体育、广播电视和文物工作。核定行政编制14名，在编在岗14人；内设局长1名、副局长5名、总规划师1名、工会主任1名，正科级职数4名、副科级职数4名；党组书记、局长程伦嵩主持全面工作，党组成员罗德胜分管文物工作；内设机构11个，其中文物科承担文物业务工作；局直属文博单位2个。

【工作概况】 潜江市建立文物工作联席会议制度，开展岁末年初文物博物馆单位消防安全专项督导检查、完成了长江文物资源调查、国保单位涉建项目核查、不可移动文物保护标志设立、《龙湾考古遗址公园规划》和《龙湾遗址文物保护规划》编制工作，立项申报红六军军部旧址抢险加固工程、红六军军部展示利用工程、龙湾遗址放鹰台1号与2号台基之间考古发掘区保护与利用3个项目。争取省级重点文物保护专项资金127万元，完成了红二军军部旧址展示利用提升工程。严格落实文物安全保护责任，持续开展博物馆安全和文物消防安全标准化管理和电气火灾综合治理工作，加强田野文物安全防护，开展安全巡查，守住文物安全底线。

龙湾遗址博物院荣获“全省文物工作先进单位”，成功评定为国家考古遗址公园，潜江市文化和旅游局党组成员(分管文物)罗德胜荣获“全省文物工作先进个人”称号。

考古工作

【调查勘探】 配合基本建设选址、用地开展考古勘探与调查面积3898.2万平方米，完成熊口镇、浩口镇、张金镇、竹根滩镇、高石碑镇、总口管理区、后湖管理区渔光互补工程项目选址文物调查工作。

【考古发掘】 为配合西气东输及互联互通工程建设，对代滩明代李氏家族墓地、邹家台遗址进行考古发掘。

1. 3月至6月，为配合西气东输三线(潜江—仙桃联络线)工程对潜江代滩明代李氏家族墓地展开考古工作，勘探面积10000平方米，发掘面积600平方米。代滩墓地位于潜江市杨市办事处代滩村五组，茔园形制保存完好，整体近圆形，面积约为2880平方米，出土保存完好的有机质文物98件(套)，大宗为纺织品84件(套)，另有配套的杂项小件竹质

潜江杨市代滩明代李氏家族墓葬发掘现场

潜江代滩明代李氏家族墓地出土的乙卍字夔(螭)龙纹单层交领袍衫

折扇、“北斗七星”木质笭床等 14 件。该批纺织品的保存状况和出土数量较多，为研究明代中晚期服饰文化提供了珍贵的实物资料，对研究明代嘉靖到万历年间下级官宦阶层家族茔园规划、埋葬制度、官员制度、婚姻制度、服饰演变和宗教信仰等具有重要参考意义。

2. 为配合忠武线、川气出川潜江站互联互通工程的顺利实施，经国家文物局、省文化和旅游厅批准，湖北省文物考古研究院、潜江市博物馆对潜江市杨市街道办事处邹家台遗址进行抢救性考古发掘，涉及面积约 450 平方米。邹家台遗址位于潜江市杨市街道办事处代滩村二组，西南距邹家台约 415 米。地表散落大量陶瓷片、瓦片等，可辨器形有罐、碗、板瓦等，陶质多为泥质，瓷片多为青花瓷，部分碗底刻有“陆”“东”“天”等字迹，时代为明清时期。6 月至 8 月，湖北省文物考古研究院联合潜江市博物馆对邹家台遗址进行保护性发掘。经发掘：邹家台遗址地层关系可以分为 5 层，累计发现灶 5 座、灰坑 1 座，出土釉陶罐 1 件、青花瓷杯 1 件、银簪 1 件、残铜管 1 件。此次考古发掘，为进一步研究和完善潜江地区明清时期的历史文化提供了有力的实物遗存支撑。

文物保护工作

【基础工作】 落实文物保护“四有”工作，完成 1 处国保、5 处省保、部分市保单位的文物保护标志牌的安装。

【规划编制】 6 月，完成《龙湾考古遗址公园规划》和《龙湾遗址文物保护规划》修编工作，聘请郑州大学考古队对龙湾遗址进行全面系统的考古勘探调查，并出具了文物影响评估报告，为规划修编提供详细科学的依据。

【湖北长江文物资源专项调查】 2021 年 12 月，潜江市全面启动长江文物资源调查工作，田野调查工作从 2022 年 1 月开始，到 5 月底全部结束。集中对全市 338 处文物点进行复查，利用航拍技术对所有文物点进行全景拍摄，记录文物点信息资料，详细了解各文物点保存现状。对市保、一般文物点进行调查，通过实地踏勘、复查、拍照，了解各文物点近况，保存图片文字资料。6 月，对调查资料进行系统整理、汇总，建立文物调查档案，并录入湖北省文物资源信息平台。

【保护工程建设】 3 月，完成红六军军部旧址抢险加固工程、红六军军部展示利用工程、龙湾遗址放鹰台 1 号与 2 号台基之间考古发掘区保护与利用 3 个项目报送工作。为顺利推进龙湾国家考古遗址公园建设，5 月，编制《龙湾国家考古遗址公园服务设施配套项目》。

【遗址公园建设】 12 月，潜江龙湾考古遗址公园成功评定为国家考古遗址公园，潜江市龙湾遗址博物院荣获 2022 年“全省文物工作先进单位”。

博物馆工作

【馆藏文物修复】 根据省文化和旅游厅批复意见，2 月，委托荆州博物馆编制《潜江市博物馆馆藏青铜器文物保护修复方案》《潜江市博物馆馆藏陶瓷器文物保护修复方案》；3 月，委托河南禾旭文化科技有限公司编制《潜江市博物馆可移动文物预防性保护方案》，并报送省文化和旅游厅。龙湾遗址博物院配合省文物考古研究院龙湾遗址工作队修复直径 90 厘米、高约 90 厘米的陶井圈、板瓦、筒瓦等。

【陈列展览】 5 月 18 日，潜江市博物馆举办“博物馆的力量”专题展览，围绕考古体验与城市之根两大核心内容，深入挖掘并呈现了文物背后的故事，为广大观众带来了一场多元、多彩且深具内涵的文化盛宴；潜江市龙湾遗址博物院举办“龙湾遗址近年考古成果展”；潜江市曹禺纪念馆举办“喜迎二十大 奋进新征程——一大到十九大党代会专题图片展”；曹禺两馆联合举办“曹禺生平展”及“曹禺两馆成果展”。

【社会教育】 5 月，市博物馆成立 3 人宣讲小组，为前来参观学习的学校和团体组织免费宣讲，教育未成年人传承优良家风；与湖北幼儿师范高等专科学校合作，对该校 2022 年暑期“三下乡”社会实践团队“荔枝服务队”开展爱国主义教育活动和党史讲解培训；5 月，与五角星社工合作组织实验小学的孩子们走进潜江市博物馆，在市博物馆讲解员的带领下，了解潜江的辉煌历史，追溯国家优秀传统文化，在学史中增长知识、拓宽视野，厚植爱国主义情怀。

5 月 18 日，龙湾遗址博物院开展融媒体直播、记者现场报道，小讲解员带你穿越历史活动；5 月 19 日，举办萌娃走进博物馆、小小讲解员带你游章华、农家采摘等活动；6 月，举办“第二届小小讲解员”大赛；12 月，举办春节活动，开展猜灯谜、手工画虎、福、手工灯笼、寻宝等活动，龙湾考古遗址公园被评定为湖北省第二批中小学生研学实践基地。

6 月至 9 月在曹禺纪念馆开展“喜迎二十大，家和万事兴”家庭家教家风主题展，组织全市及各乡镇共 50 多家单位 2000 余人参观，并举办“树清廉家风，创最美家庭”家庭助廉主题教育活动，为潜江市开展清廉党风建设作出了积极贡献。7 月，曹禺博物馆与纪念馆组织实验小学、诚明学校在曹禺祖居开展“公益小天使”主题研学活动；华中师范大学外语学院在曹禺纪念馆开展暑期主题实践活动；开展“学党史，颂清廉”廉洁文化主题教育进单位、进村居活动。

【公众服务】 潜江市 5 家博物馆共接待观众 25.7 万人次。潜江市博物馆累计接待 7.7 万人次；曹禺纪念馆、曹禺祖居博物馆两馆累计接待 8 万人次，其中包括未成年人 2 万余人次，接待各类参观团体近 300 场次；潜江市龙湾遗址博物院常年为老年人、未成年人提供免费服务，春节向全体游客免费开放，全年累计接待10万人次。

文物安全工作

【安全责任】 1月，与全市文博单位签订《文物安全责任书》，明确文物安全责任人和文物安全管理人，并向社会公示接受监督。按有关要求和文物安全实际需要，建立健全文物安全管理队伍，落实岗位责任制，完善文物安全设施和设备，加强文物安全管理，及时整改火灾隐患，落实文物安全责任和措施。

【安全检查】 组织工作专班，全面排查治理安全隐患和薄弱环节，对市博物馆、熊口镇红二军团部旧址等文物、博物馆单位及施工工地进行安全巡查，重点对文物安全隐患整改、应急设施设备配备和预案、古建筑保护范围内是否存放易燃易爆物品等方面进行全面检查。联合市公安部门开展文物安全检查8次，检查全市文物保护单位115处(次)，未发现重大安全隐患。

【消防安全演练】 根据省文化和旅游厅省消防救援总队《关于转发国家文物局办公室应急管理部 消防救援局关于开展文物建筑消防安全专项检查的通知》要求，于9月9日联合市消防救援大队对熊口镇红二军团部旧址、渔洋镇拖船埠工农红五军军部旧址等文物保护单位开展文物建筑消防安全专项检查，现场未发现文物建筑存在消防安全隐患。市博物馆、熊口镇、渔洋镇、龙湾遗址等单位邀请消防专业人员开展消防培训、演练，并进行培训考核，提高员工消防设施设备操作技能。

神农架林区

综述

【文物资源】 截至2022年年底，神农架林区有不可移动文物135处，其中省级文物保护单位10处(包括古遗址2处、古墓葬1处、古建筑5处、石窟寺及石刻1处、其他1处)、区级文物保护单位11处、文物点114处。全区各类博物馆6家，包括神农架自然博物馆(含神农印象中心)、神农架自然展览馆(官门山博物馆群)、大九湖湿地馆、红坪林业历史馆、三闾书院民俗馆和神农架茶祖博物馆。全区馆藏文物5655件(套)，其中二级文物1件(套)、三级文物6件(套)、一般文物505件(套)、未定级文物5143件(套)。

【机构人员】 林区文化和旅游局为林区政府组成部门，主管全区文化和旅游、广播电视、体育、文物工作。核定行政编制21名，在编在岗20人。内设局长1名、副局长3名、总规划师1名。党组书记、局长张守东主持全面工作，党组成员、副局长明磊分管文物工作，内设8个科室，其中艺术和文化遗产科承担文物业务工作，局直属文博事业单位2个。

【工作概况】 神农架林区坚持新时代文物工作方针，积极实施文物"一处一策"工作制度，强化安全防护措施，做好文物安全保护责任制的监督落实工作，全面提升文物保护单位安全防护工作的治理能力和治理水平，加快全域旅游格局形成，将维修好的文物保护单位委托给乡镇开展乡村旅游，促进文旅融合、文物利用，全区文博事业、文化旅游产业持续健康快速发展。

文物保护工作

【长江文物资源调查】 根据《长江经济带发展规划纲要》《国家文物局关于开展长江流域文物资源调查工作的批复》《湖北省文物事业发展"十四五"规划》要求，以及省文化和旅游厅相关安排部署，在神农架林区党委、政府的正确领导下，乡、镇和区直各单位的大力支持配合下，通过全区文化、文物部门的共同努力，神农架林区长江文物资源调查队全体同志们历经60多天，在规定时间内保质保量完成了神农架林区长江文物资源调查工作任务。根据此次文物调查最新成果，境内共有不可移动文物点154处，保存状况好的有5处，保存状况较好的有52处，保存状况一般的有34处，保存状况较差的有11处，保存状况差的有32处，消失的有19处，保存在水下的有1处。

【保护工程建设】 完成省级文物保护单位"房县十三区八乡苏维埃政府旧址"修缮工

程，神农架林区宋洛乡人民政府将该文物保护单位作为乡村振兴重点项目开展乡村旅游项目，申报了神农架林区房县十三区八乡苏维埃政府旧址(大树坪乡)文物展示利用项目，方案进入审核待批阶段。

博物馆工作

【博物馆建设】 神农架自然博物馆顺利完成一期布展提升改造工程，布展提升二期改造工程项目正在实施中。

神农架自然博物馆布展提升工程

【临时展览】 神农架林区“建区 50 周年图片展”在神农架自然博物馆展出，展出的图片以历史时空观为主轴，以林区发展进程为主线，用照片反映神农架 50 年来沧桑巨变的伟大征程，重温勠力同心、创造卓越的新时代神农架精神。

【社会教育与公众服务】 为加强青少年爱国教育，鼓励少先队员树立远大志向，争做新时代好少年，暑假期间博物馆联合神农架林区团委组织松柏镇辖区内学校的全体少先队员到神农架自然博物馆开展“红领巾讲解员”打卡活动。此次活动共有 4200 名学生参加，活动中队员们接受了一次“沉浸式”的爱国主义教育，通过参观，了解并感受早期神农架林区共产党人的初心、使命和担当，激励着少先队员们坚定理想信念、传承红色基因。

神农架自然博物馆紧紧围绕“奉献、友爱、互助和进步”的志愿者服务精神，面向社会公开招募 10 名暑期青少年志愿者。通过面试、培训、考核后上岗，并为 6000 余名观众提供免费讲解服务，服务时长累计 500 小时。神农架自然博物馆“暑期青少年志愿者”活动获得湖北省2022年新时代文明实践志愿服务项目大赛文明风尚类铜奖，奖金10000元；获得林区2022年首批新时代文明实践志愿服务项目三类资助2000元。

暑期青少年志愿者活动

【“5·18国际博物馆日”活动】 为庆祝第46个国际博物馆日，神农架自然博物馆围绕2022年活动主题“博物馆的力量”，通过线上线下两种方式开展系列宣传活动。5月14日参与湖北卫视“生命之歌”主题直播，走进神农架自然博物馆线上活动。5月17日联合林区实验小学48名学生到博物馆开展“百米长卷”绘画活动，直播在线人数达2000人次。通过开展此次活动，不仅进一步健全了馆校合作机制，而且为广大师生带来了崭新的博物馆体验，科普知识融入课堂，孩子们增加对自然的认识，增进对家乡及家乡博物馆的了解。

【培训工作】 为了提高干部职工的专业知识和业务能力，神农架林区博物馆组织馆内工作人员分别参加了“2022年知网杯学术研讨会征文线上培训班”、“全省博物馆高质量发展”线上培训班和“神农架林区文化和旅游局新媒体传播人才培训班”，优化博物馆讲解词，加强讲解员培训，提升讲解水平。

文物安全与执法督察工作

【安全责任】 林区政府加强组织领导，与全区各乡镇签订《文物保护责任书》，将文物保护工作纳入目标管理责任，明确乡镇主要领导为辖区文物保护第一责任人。

【安全检查】 各乡镇综合文化站每月对区域内文物点进行安全检查不少于1次，确保文物保护责任落到实处。为区域内的省级文物保护单位配备了消防器材，本年度联合林区消防大队和乡镇综合执法队伍人员对辖区的文物保护单位进行了2次安全检查。

【行政执法】 印发《神农架林区文化和旅游局行政执法公示制度执法过程记录制度重大执法决定法治审核制度》，初步建立起一套严格规范公正文明执法的制度机制，推动执法规范化。

大　事　记

1月16日，省文化和旅游厅党组书记、厅长雷文洁率队赴武汉大学调研共建工作情况，并就湖北省推进长江国家文化公园建设进行座谈。武汉大学校长、中国科学院院士窦贤康出席并致辞。武汉大学党委副书记沈壮海，厅党组成员、副厅长陈武斌，厅党组成员、省文物事业发展中心党委书记、主任余萍出席。

1月21日，“湖北百年百大考古发现”终评会及新闻发布会在武汉举行，“湖北百年百大考古发现”入选名单正式发布。其中，旧石器时代4项、新石器时代33项、夏商周时期40项、秦汉时期8项、三国至明清时期14项、近现代1项。

1月29日，全省文化和旅游局长及地方志工作负责人电视电话会议召开，省文化和旅游厅党组书记、厅长雷文洁作工作报告，厅党组成员、副厅长徐勇主持会议。

2月21日，省文化和旅游厅召开干部大会，宣布省委关于李述永同志任省文化和旅游厅党组书记，提名为厅长人选的决定。省委组织部部务委员马锐宣读省委决定并讲话。

3月5日，副省长宁咏调研湖北省博物馆，省政府办公厅二级巡视员林竹青、省文化和旅游厅党组书记李述永参加调研。

3月11日，省文化和旅游厅党组书记李述永到省文物事业发展中心等厅直单位调研。厅党组成员、副厅长陶宏家，厅党组成员、省文物事业发展中心党委书记、主任余萍参加调研。

3月25日，省文化和旅游厅、省中华文化促进会共同在武汉举办长江国家文化公园建设(湖北段)研讨会，副省长宁咏出席研讨会并讲话，省文化和旅游厅党组书记李述永主持。

3月31日，湖北云梦郑家湖墓地考古项目入选2021年度“全国十大考古新发现”项目。

4月1日，长征国家文化公园红二十五军长征集结地历史步道项目在黄冈英山县陶家河乡正式开工。

4月2日，省人民政府批准公布荆州走马岭遗址、黄石华新水泥厂旧址等11处全国重点文物保护单位文物保护规划。

4月2日，副省长宁咏调研湖北省文物交流信息中心，省文化和旅游厅党组书记、厅长李述永，厅党组成员、副厅长徐勇，厅党组成员、省文物事业发展中心党委书记、主任余萍参加调研。

4月2日，中国科学技术协会官网发布《关于命名2021—2025年第一批全国科普教育基地的决定》，湖北10家场馆获评2021—2025年第一批全国科普教育基地，数量居全国第四(并列)。

4月9日，省人民政府办公厅印发《省人民政府办公厅关于建立省文物工作联席会议制度的通知》(鄂政办函〔2022〕8号)。

4月24日，省人民政府召开省文物工作联席会议第一次会议，副省长宁咏出席并讲话。

4月24日，省人民政府召开湖北省万里茶道申报世界文化遗产领导小组第一次会议，副省长宁咏出席会议并讲话。

5月18日，2022年"国际博物馆日"中国主会场活动在湖北省博物馆举行。省委副书记、省长王忠林出席开幕式并致辞。文化和旅游部副部长、国家文物局局长李群通过视频连线讲话。王忠林、李群共同为"龢：音乐的力量——中国早期乐器文化"展览揭幕，副省长宁咏主持。

5月18日，第十九届(2021年度)全国博物馆十大陈列展览精品推介活动揭晓，湖北省博物馆新馆基本陈列入选"精品奖"。

5月18日，举行"第六届(2021年度)湖北省博物馆、纪念馆六大陈列展览精品推介活动"颁奖仪式。

5月18日，十堰市郧阳区学堂梁子遗址发现了距今约100万年的"郧县人"3号头骨化石。

5月21日，副省长宁咏一行考察参观武汉大学万林艺术博物馆"万里千年——敦煌石窟考古特展"，武汉大学党委书记韩进陪同参观考察。

5月23—27日，由省文化和旅游厅主办，省文物事业发展中心承办的全省考古(文化)遗址公园建设培训班在武汉举办。省文化和旅游厅党组成员、省文物事业发展中心党委书记、主任余萍出席开班仪式并讲话。

6月10日，湖北考古博物馆开馆仪式在武汉木兰湖畔举行。文化和旅游部副部长、国家文物局局长李群发来贺信，著名考古学家李伯谦、王巍、陈星灿发来视频贺词。省人大常委会副主任刘晓鸣出席并宣布开馆，省文化和旅游厅党组书记、厅长李述永出席并致辞。

6月10日，“2021年湖北六大考古新发现”评选结果揭晓。

6月22—24日，2022年全省文化和旅游安全管理工作培训班在赤壁市举办，全省各市州、县市区文化和旅游局以及重点文旅企业代表共200余人参训。

6月23日，省文化和旅游厅(省文物局)在武汉组织召开湖北省长江文物资源调查工作推进会，湖北长江文物资源调查工作领导小组组长、省文化和旅游厅党组成员、省文物事业发展中心党委书记、主任余萍出席并讲话。

6月30日至7月1日，由国家文物局指导，省文化和旅游厅(省文物局)、咸宁市人民政府主办，万里茶道联合申遗办、赤壁市人民政府承办的万里茶道《赤壁宣言》发表十周年座谈会暨申遗工作现场会在湖北赤壁召开，国家文物局副局长关强以视频连线形式出席会议并致辞。

7月1日，国家文物局副局长关强带队赴湖北省专题调研，现场指导十堰市郧阳区学堂梁子遗址考古和保护工作，并慰问高温下工作的考古人员。省文化和旅游厅党组成员、省文物事业发展中心党委书记、主任余萍陪同调研。

7月7—9日，省文化和旅游厅党组书记、厅长李述永带队赴荆州、荆门市，传达学习习近平总书记视察湖北重要讲话精神，宣讲省第十二次党代会精神，对文物保护和考古工作进行专题调研。省文化和旅游厅党组成员、省文物事业发展中心党委书记、主任余萍，相关处室负责人陪同调研。荆州、荆门市政府和有关部门负责人参加调研。

7月12日，省文物事业发展中心在武汉主办全省文博系统青铜器文物鉴定培训班。

7月22日，全国文物工作会议在京召开，会上表彰了全国文物系统先进集体、先进工作者和劳动模范。湖北省文物考古研究院、黄冈市博物馆获“全国文物系统先进集体”称号；荆州文物保护中心党支部书记、主任、研究馆员方北松，盘龙城遗址博物院党支部书记、院长、研究馆员万琳，宜昌博物馆馆长、研究馆员肖承云获“全国文物系统先进工作者”称号。

8月3日，湖北省国家文化公园建设工作领导小组办公室主任、省文化和旅游厅党组书记、厅长李述永带队赴水利部长江水利委员会调研，长江委党组书记、主任马建华会见李述永一行。长江委党组成员、副主任戴润泉主持座谈会，省文化和旅游厅党组成员、副厅长陈武斌参加座谈。

8月18日，“喜迎二十大奋进新征程，全民助力万里茶道申遗”为主题的“祁门红茶杯”2022万里茶道(中国段)—环中国自驾游集结赛暨九省(区)文化旅游推介会启动仪式在武夷山隆重举行。湖北省文化旅游厅党组书记、厅长李述永，福建省文化旅游厅副厅长、省文物局局长傅柒生，省文化和旅游厅一级巡视员、万里茶道联合申遗办主任段天玲，中国文物学会副会长王军、杨晓波，福建省南平市政协副主席黄苏福，武夷山副市长林飞，以及九省(区)文物主管部门领导、万里茶道沿线节点城市申遗办负责人等出席此次活动，活动由湖北省文物事业发展中心二级巡视员、万里茶道联合申遗办常务副主任王风竹主持。

8月31日，全国文化和旅游系统先进集体、先进工作者和劳动模范表彰大会在京举行，荆州博物馆荣获“全国文化和旅游系统先进集体”，湖北省博物馆馆员章旖荣获“全国文化和旅游系统先进工作者”。

9月7日，湖北省博物馆新馆展览“楚国八百年”在2022年度“弘扬中华优秀传统文化、培育社会主义核心价值观”主题展览项目推介中入选“重点推介项目”。

9月27日，由中国书法家协会、省文化和旅游厅、省文联共同主办的“尚意千载——宋代书法主题展”系列活动在湖北省博物馆隆重开幕。全国政协文化文史与学习委员会副主任张昌尔，中共湖北省委常委、宣传部部长许正中，中国书协副主席顾亚龙、刘月卯、戴跃，中国书协分党组副书记、秘书长、一级巡视员郑晓华，省文化和旅游厅党组书记、厅长李述永，湖北省文联主席刘醒龙等领导出席开幕式，省文联党组书记、常务副主席张士军主持开幕式，省文化和旅游厅党组书记、厅长李述永在开幕式上致辞，中国书法家协会主席孙晓云视频致辞。

9月29日，省第十三届人民代表大会常务委员会第三十三次会议批准通过《荆门市屈家岭遗址保护条例》。

9月29日，省文化和旅游厅党组书记、厅长李述永调研检查鄂州市国庆假日文化和旅游工作，实地查看全国重点文物保护单位鄂州观音阁。

9月30日，全省文物工作会议在汉召开。省委常委、宣传部部长许正中出席会议并讲话，副省长杨云彦出席会议。会议部署安排新时代湖北文物工作任务，通报表彰全省文物工作先进单位和先进个人。

10月1—3日，荆门市博物馆新馆试运营。

10月5日，省人民政府公布古隆中、华新水泥厂旧址、赤壁古战场、屈原祠、走马岭遗址、建始直立人遗址为第二批湖北省文化遗址公园。

10月16—22日，湖北省党的二十大代表方勤(湖北省文物考古研究院院长、湖北省博物馆馆长)出席中国共产党第二十次全国代表大会。

10月18日，省文化和旅游厅党组书记、厅长李述永到省文物事业发展中心调研指导党的二十大报告精神学习贯彻工作。厅党组成员、副厅长徐勇主持调研座谈会，厅党组成员、副厅长陈祖刚参加调研。

11 月 30 日，省文化和旅游厅党组书记、厅长李述永在石家河遗址考古和遗址公园建设现场宣讲党的二十大精神。天门市委副书记、市长杨兴铭参加宣讲活动。

12 月 3 日，省文化和旅游厅党组书记、厅长李述永到十堰郧阳学堂梁子遗址、武当山五龙宫遗址调研考古工作，宣讲党的二十大精神。十堰市委常委、副市长张澍，十堰市人大常委会副主任、武当山特区工委书记、管委会主任师利龙等分别参加调研。

12 月 3 日，十堰市郧阳区学堂梁子遗址发现的“郧县人”3 号头骨化石被顺利提取。

12 月 7 日，省文化和旅游厅(省文物局)核定公布第二批湖北革命文物名录。名录包括不可移动革命文物 579 处、可移动革命文物 537 件(套)。

12 月 24 日，“中国湖北发现 100 万年前郧县人头骨化石”入选 2022 年度国际十大考古新闻。

12 月 27—29 日，《湖北省长江文物资源调查工作报告》和《楚文化专项调查与课题研究》等 11 个专项调查与课题研究成果编撰完成，并报送国家文物局。

重 要 文 献

省人民政府关于走马岭遗址等11处全国重点文物保护单位保护规划的批复

鄂政函〔2022〕16号

省文化和旅游厅、省自然资源厅：

《省文化和旅游厅 省自然资源厅关于申请公布走马岭遗址等11处全国重点文物保护单位保护规划的请示》(鄂文旅文〔2022〕10号)收悉。经研究，现批复如下：

1. 原则同意走马岭遗址保护规划、楚皇城城址保护规划、鸡鸣城遗址保护规划、邓国故址保护规划、龙王山遗址保护规划、郄城遗址保护规划、青山墓群保护规划、钟祥文风塔保护规划、武昌起义军政府旧址保护规划、中共鄂豫边区委员会旧址保护规划、华新水泥厂旧址保护规划。请省文化和旅游厅按照有关规定予以公布。

2. 相关市、州、县人民政府要认真贯彻落实“保护为主、抢救第一、合理利用、加强管理”的文物工作方针，严格按照规划要求，切实加强机构设置、经费落实及其他保障措施，并将该规划纳入地方经济和社会发展规划，妥善处理文物保护与居民生活改善、土地用途调整和环境整治等关系，促进文物保护与经济社会协调发展。

3. 省文化和旅游厅、省自然资源厅要严格按照规划有关要求，加强对文物保护单位保护工作的监督和指导，对规划中提出的文物保护、展示、环境整治及相关基础设施建设等项目制定具体方案，并严格按照国家有关规定履行报批手续，积极组织有关部门逐步实施，使文物保护单位及其环境得到有效保护，促进文物保护事业可持续发展。

特此批复。

湖北省人民政府

2022年3月21日

省人民政府办公厅关于建立省文物工作联席会议制度的通知

鄂政办函〔2022〕8号

各市、州、县人民政府，省政府各部门：

为认真贯彻习近平总书记关于文物工作重要论述和指示批示精神，落实党中央、国务院决策部署和省委、省政府工作要求，进一步加强对文物保护工作的组织领导，强化协调配合，形成工作合力，经研究，省人民政府决定建立省文物工作联席会议制度。现将联席会议成员名单通知如下：

召 集 人：宁　咏　省人民政府副省长

副召集人：李述永　省文化和旅游厅厅长

成　　员：沈方龙　省委机构编制委员会办公室副主任

李福珍　省委党史研究室副主任

冯细国　省委外事工作委员会办公室副主任

杨　颖　省发展和改革委员会副主任

周启红　省教育厅副厅长(正厅级)

吴红娅　省民族宗教事务委员会副主任

董煜华　省公安厅副厅长

曾　群　省司法厅副厅长

赵红兵　省财政厅副厅长

邹清平　省自然资源厅副厅长

龙　宁　省住房和城乡建设厅副厅长

姜友生　省交通运输厅副厅长

焦泰文　省水利厅副厅长

李胜强　省农业农村厅副厅级领导干部

余　萍　省文化和旅游厅党组成员、省文物事业发展中心主任

邹均享　省退役军人事务厅副厅长

顾栋材　省市场监督管理局副局长

朱惠军　省消防救援总队总工程师

沈建明　武汉海关副关长

联席会议办公室设在省文化和旅游厅(省文物局)，承担联席会议日常工作，办公室主任由省文化和旅游厅负责同志兼任。联席会议设联络员，由各成员单位有关处室负责同志担任。联席会议成员因工作变动等原因不再担任现职务的，接替人员自动调整为联席会议成员，承担相应工作职责。

湖北省人民政府办公厅

2022 年 4 月 9 日

省人民政府关于公布第二批湖北省文化遗址公园的通知

鄂政发〔2022〕24 号

各市、州、县人民政府，省政府各部门：

为贯彻落实习近平总书记关于文物工作系列重要论述精神，推动荆楚文化创造性转化创新性发展，省人民政府决定批准古隆中、华新水泥厂旧址、赤壁古战场、屈原祠、走马岭遗址、建始直立人遗址为第二批湖北省文化遗址公园，现予公布。

被批准的湖北省文化遗址公园所在政府和管理机构，要增强历史自觉，坚定文化自信，认真贯彻落实"保护第一、加强管理、挖掘价值、有效利用、让文物活起来"的新时代文物工作方针，进一步加大文物保护力度，加强公园运营管理，推动文物和文化遗产活起来，讲好湖北故事。

各地各有关部门要深入贯彻落实全国文物工作会议精神，积极推进实施荆楚大遗址传承发展工程，奋力推进文物事业高质量发展，为建设文化强省、建设全国构建新发展格局先行区作出更大贡献。

湖北省人民政府

2022 年 10 月 5 日

附录一　湖北省文物保护资金分配表

单位：万元

地区	合计	国家文物保护专项资金	省级重点文物保护专项资金	博物馆纪念馆免费开放中央补助资金
全省	49657	31134	6063	12460
武汉市	3443	1913	250	1280
市本级	3333	1803	250	1280
新洲区	110	110		
黄石市	2302	1467	535	300
市本级	180		20	160
大冶市	740	190	500	50
阳新县	1382	1277	15	90
十堰市	5830	4640	510	680
市本级	1010	585	235	190
郧阳区	150			150
丹江口市	696	611	15	70
武当山特区	3496	3196	150	150
郧西县	158	128		30
房县	50			50
竹山县	270	120	110	40
宜昌市	1435	570	215	650
市本级	266	31	35	200
宜都市	100		10	90
枝江市	80		30	50
当阳市	80		40	40

续表

地区	合计	国家文物保护专项资金	省级重点文物保护专项资金	博物馆纪念馆免费开放中央补助资金
远安县	70		20	50
兴山县	73	33		40
秭归县	92	32	10	50
长阳县	60			60
五峰县	30			30
夷陵区	584	474	70	40
襄阳市	981	381	105	495
市本级	258	28	60	170
枣阳市	223	173	20	30
宜城市	105			105
南漳县	205	150		55
保康县	60	30		30
谷城县	60		10	50
老河口市	70		15	55
鄂州市	255	80	5	170
市本级	255	80	5	170
荆门市	4705	4060	345	300
市本级	760	570	40	150
京山市	2954	2794	85	75
沙洋县	210		210	
钟祥市	75			75
东宝区	10		10	
屈家岭	696	696		
孝感市	1600	410	430	760
市本级	600	410	40	150
孝南区	40		10	30
汉川市	50			50
应城市	250		220	30
云梦县	210		150	60

续表

地区	合计	国家文物保护专项资金	省级重点文物保护专项资金	博物馆纪念馆免费开放中央补助资金
安陆市	50			50
大悟县	340			340
孝昌县	60		10	50
荆州市	6486	4196	1090	1200
市本级	2397	1537	190	670
荆州区	240		210	30
沙市区	0			
江陵县	739	344	360	35
松滋市	80	50		30
公安县	60	25		35
石首市	470	140	280	50
监利县	800	700		100
洪湖市	300		50	250
纪南文旅区	1400	1400		
黄冈市	2636	330	406	1900
市本级	300		65	235
黄州区	190		90	100
团风县	150		50	100
红安县	800			800
麻城市	550	200	110	240
罗田县	40			40
英山县	206	130	21	55
浠水县	115			115
蕲春县	175		60	115
武穴市	50			50
黄梅县	60		10	50
咸宁市	1674	834	385	455
市本级	1029	834	25	170
咸安区	360		310	50

续表

地区	合计	国家文物保护专项资金	省级重点文物保护专项资金	博物馆纪念馆免费开放中央补助资金
嘉鱼县	30			30
赤壁市	100		40	60
通城县	30			30
崇阳县	50			50
通山县	75		10	65
随州市	3215	2720	180	315
市本级	2060	1800	60	200
随县	370	270	50	50
广水市	40		10	30
曾都区	745	650	60	35
恩施土家族苗族自治州	4849	4109	255	485
州本级	685	460	25	200
恩施市	55			55
利川市	427	412	15	
建始县	105		70	35
巴东县	784	744		40
宣恩县	140	100		40
咸丰县	110		80	30
来凤县	2267	2182	50	35
鹤峰县	276	211	15	50
仙桃市	105		55	50
天门市	3195	3090	5	100
潜江市	320	25	125	170
神农架林区	55		5	50
省本级及省直	6571	2309	1162	3100

附录二　湖北省文物统计年报

文物业基本情况综合年报

文物行政主管部门基本情况综合年报

不可移动文物资源基本情况综合年报

文物保护管理机构基本情况综合年报

博物馆(纪念馆)基本情况综合年报

免费开放博物馆基本情况综合年报

文物保护科学研究机构基本情况综合年报

其他文物事业机构基本情况综合年报

文物业基本情况过录表

文物行政主管部门基本情况过录表

不可移动文物资源基本情况过录表

文物保护管理机构基本情况过录表

博物馆(纪念馆)基本情况过录表

文物保护科研机构基本情况过录表

其他文物事业机构基本情况过录表

附录三 “湖北百年百大考古发现”名单

一、旧石器时代(4项)

郧阳学堂梁子遗址(“郧县人”遗址)
建始直立人遗址
宜昌长阳人遗址
荆州鸡公山遗址

二、新石器时代(33项)

荆门屈家岭遗址
天门石家河遗址
宜都城背溪遗址
枣阳雕龙碑遗址
枝江关庙山遗址
石首走马岭遗址
郧县青龙泉遗址
京山油子岭遗址
应城门板湾遗址
房县七里河遗址
江陵阴湘城遗址
沙洋城河遗址
武昌放鹰台遗址
宜昌中堡岛遗址
秭归柳林溪遗址
宜都红花套遗址

黄梅塞墩遗址
钟祥边畈遗址
松滋桂花树遗址
武穴鼓山墓地
巴东楠木园遗址
黄冈螺蛳山遗址
宜昌白庙遗址
天门龙嘴遗址
宜昌杨家湾遗址
宜都石板巷子遗址
秭归朝天嘴遗址
保康穆林头遗址
荆门龙王山遗址
襄阳凤凰咀遗址
通城尧家林遗址
麻城金罗家遗址
长阳桅杆坪遗址

三、夏商周时期(40项)

黄陂盘龙城遗址
大冶铜绿山古铜矿遗址
随州叶家山墓地
枣阳九连墩墓群
宜城楚皇城遗址
荆州楚纪南故城
荆门包山楚墓
随州擂鼓墩墓群(曾侯乙墓、擂鼓墩二号墓)
枣阳郭家庙墓地、忠义寨城址
京山苏家垄遗址
荆州雨台山墓群
潜江龙湾遗址

荆州荆南寺遗址
蕲春毛家咀遗址
荆门郭店墓地
江陵望山、沙塚墓地
当阳季家湖城址
郧县辽瓦店子遗址
荆州天星观墓地
荆州周梁玉桥遗址
阳新大路铺遗址
黄陂鲁台山遗址(郭元咀遗址)
随州义地岗墓群(枣树林墓地、文峰塔墓地)
襄阳邓国故址及附属墓地
当阳赵家湖墓地
大冶鄂王城遗址
随州羊子山墓地
沙洋纪山墓群
宜昌万福垴遗址
长阳香炉石遗址
随州庙台子遗址
荆州八岭山墓群
江陵马山墓群(熊家冢墓地、马山一号墓)
襄阳真武山遗址
郧县乔家院墓地
荆州汪家屋场遗址
江陵九店墓地
赤壁土城城址
新洲香炉山遗址
咸宁孙郭胡城址

四、秦汉时期（8项）

荆州郢城遗址

江陵凤凰山墓地
沙洋金牛冢
江陵张家山墓地
云梦城郊墓群(睡虎地墓地、龙岗墓地、郑家湖墓地)
荆州胡家草场墓地
云梦楚王城遗址
随州孔家坡、周家寨汉墓

五、三国至明清(14 项)

武当山古建筑群
咸丰唐崖土司城址
鄂州吴王城遗址
鄂州六朝墓群
巴东旧县坪遗址
武汉湖泗瓷窑址群
鹤峰容美土司遗址
郧县李泰家族墓地
钟祥明显陵及藩王墓(郢靖王墓、梁庄王墓)
蕲春罗州城遗址
荆州城墙
襄阳南朝画像砖墓
武昌六朝隋唐墓
武汉明楚王墓群

六、近现代(1 项)

中山舰

附录四　湖北省革命文物名录(第一、二批)

不可移动革命文物名录(第一批)

不可移动革命文物名录(第二批)

可移动革命文物名录(第一批)

可移动革命文物名录(第二批)

附录五　第二批湖北省文化遗址公园简介

古隆中　襄阳“古隆中”位于襄阳市，是三国时期杰出的政治家、军事家诸葛亮青年时代躬耕隐居地，自晋代以来，就是历朝历代瞻仰和朝圣诸葛亮的重要古迹。1996 年被国务院公布为第四批全国重点文物保护单位。

襄阳市积极贯彻落实省委省政府“荆楚大遗址保护传承工程”的决策部署，积极推进“古隆中”遗址公园创建工作，实施了文物建筑保护、文物消防安全、景区服务配套、景区环境提升等工程，新建了游客服务中心、草庐剧场等重点旅游项目，打造了实景话剧《草庐诸葛亮》、情景短剧《三顾茅庐》等剧目，景区古建保护完好，景区环境古朴清幽，景区展陈多元丰富，景区文化影响深远，已被评为国家 AAAAA 级旅游景区。

华新水泥厂旧址　华新水泥厂旧址位于黄石市，创建于清朝光绪三十三年(1907 年)，是中国近代最早开办的三家水泥厂之一，被誉为“中国水泥工业的摇篮”，见证了中国水泥工业从萌芽、发展到走向现代的历史进程。2012 年，华新水泥厂旧址列入中国世界文化遗产预备名单。2013 年，被国务院公布为第七批全国重点文物保护单位。

近年来，黄石市先后完成华新水泥厂旧址安防工程、环境整治、文物修缮等系列项目建设，公共服务设施与接待服务日益完善。2022 年 5 月 1 日，华新 1907 文化遗址公园部分项目建成开放，先后举办“华新 1907”磁湖文化节、“又见华新”市集、知名图书展、假日音乐节等活动，受到广大游客的好评，已成为黄石“网红”打卡点和城市文化地标。

赤壁古战场　赤壁古战场位于咸宁市赤壁市，由“赤壁”摩崖石刻群、凤雏庵、武侯宫、赤壁之战遗址等组成，其中赤壁摩崖石刻群是中国现存数量最多、历史跨度最长的“三国题材”摩崖题刻群，2013 年被国务院公布为第七批全国重点文物保护单位。

近年来，赤壁市着力构建保护体系，一是着力夯实工作基础，科学制定规划，推进考古发掘，文物保护工作得到全面加强；二是着力强化展览提升，加强文物交流，推动学术研究，加强宣传推介，促进文旅融合，活化利用工作得到积极推动；三是着力加强环境整治，完善交通设施，强化服务配套，健全安全保障，运营管理有序，游览环境得到有效改善，已被评为国家 AAAAA 级旅游景区。赤壁古战场交通便捷，资源具有独占性，价值高，是三国文化的典型代表，是观光揽胜、度假休闲、科学考察、历史考古、科普教育的理想场所和绝佳去处。

屈原祠　屈原祠位于宜昌市秭归县，始建于唐元和十五年(820 年)，历代多有修葺或重建，因葛洲坝和三峡大坝工程建设，搬迁复建于凤凰山，总建筑面积 5800 平方米。为湖北省文物保护单位，是纪念世界文化名人、伟大爱国诗人屈原的重要阵地。

秭归县先后投入千万余元建设园区道路、绿化美化、旅游配套服务设施，目前凤凰山开放服务设施设备齐全，接待服务水平好，已被评为国家 AAAAA 级旅游景区。屈原祠对外开放以来，国家文化和旅游部、湖北省人民政府每两年举办一次人类非遗中国端午文化节活动，举办地点设在屈原祠。年接待观众 100 余万人次，其中年接待研学旅行 15 万人次，年接待廉政教育 3 万人次，在爱国主义教育、廉政教育和优秀传统文化传播弘扬等方面发挥了重要作用。

走马岭遗址　走马岭遗址位于荆州市石首市，是国内发现的最早具有多重城垣结构体系的新石器时代城址，2001 年被国务院公布为第五批全国重点文物保护单位，被国家文物局列入“十三五”时期全国大遗址保护专项规划。

石首市大力推进走马岭文化遗址公园建设，编制走马岭遗址保护规划和文化遗址公园规划，持续开展走马岭遗址考古发掘，实施遗址保护加固与展示工程、环境整治工程，建成走马岭遗址博物馆，在有效保护好文物本体的同时，改善了遗址周边环境，增强了观赏性，提升了游客服务能力。近年来，石首市多次依托走马岭遗址开展“两岸三地夏季交流营”“桃花季”等活动，接待大批国(境)内外学者、游客，成为区域文化名片。

建始直立人遗址　建始直立人遗址位于恩施州建始县，距今 215 万～195 万年，是首次发现的直立人与巨猿共生的化石地点。2006 年由国务院公布为第六批全国重点文物保护单位。

建始县投资 5000 余万元用于建始直立人文化遗址公园建设，在编制建始直立人遗址文物保护规划、实施文物本体保护工程的基础上，完成陈列室布展、观景平台建设、标识标牌导览工程、环境整治工程，修建高标准旅游公共厕所、安装高清视频监控系统。后续还将新建游客服务中心、专题博物馆等设施。建始直立人遗址交通便利，毗邻恩施地心谷、清江野三峡两个 AAAA 景区，游客流量大，通过文化遗址公园系列项目建设，形成独具特色的建始人类起源文化品牌，提升恩施旅游景区文化品位，促进文化和旅游深度融合。

附录六　湖北省文物工作研究著述目录

图　书

序号	作者	书名	出版者	出版时间	作者单位
1	何凌	文物保护专项资金绩效管理探索与实践——以湖北省为例	科学出版社	2022 年 4 月	湖北省文物事业发展中心
2	张晓云、何凌、刘桥	前瞻与全局：湖北文物事业发展“十四五”研究	科学出版社	2022 年 4 月	湖北省文物事业发展中心
3	汤强松	湖北省文物保护工作印记(2015—2018)	科学出版社	2022 年 10 月	湖北省文物事业发展中心
4	黄建、张明	百馆之城：武汉地区博物馆(纪念馆)巡礼(湖北省博物馆篇)	武汉出版社	2022 年 2 月	湖北省博物馆
5	湖北省博物馆	楚国八百年	文物出版社	2022 年 5 月	湖北省博物馆
6	罗恰	望山楚简普及本	上海古籍出版社	2022 年 11 月	湖北省博物馆
7	蔡路武、赵丹、赵雄	荆楚陶雅　瓷韵江夏——湖北省博物馆陶瓷收藏与研究	湖北美术出版社	2022 年 12 月	湖北省博物馆
8	湖北省博物馆协会	湖北省博物馆年鉴 2021	湖北美术出版社	2022 年 12 月	湖北省博物馆协会
9	湖北省博物馆	湖北省博物馆、考古院 2021	湖北美术出版社	2022 年 12 月	湖北省博物馆，湖北省文物考古研究院
10	朱祥德、李奇	修和集粹——湖北省文物交流信息中心陶瓷文物保护修复研究与实践汇编	武汉出版社	2022 年 8 月	湖北省文物交流信息中心

续表

序号	作者	书名	出版者	出版时间	作者单位
11	王晓、王林	湖北羊楼洞与新店古镇	科学出版社	2022 年 4 月	武汉理工大学，湖北省古建筑保护中心
12	武汉中共中央机关旧址纪念馆	足迹	武汉出版社	2022 年 1 月	武汉中共中央机关旧址纪念馆
13	王瑞华	百馆之城——武汉地区博物馆(纪念馆)巡礼	武汉出版社	2022 年 1 月	武汉博物馆
14	曹波	火花上的清末民初中国印象	武汉出版社	2022 年 2 月	武汉博物馆
15	武汉市中山舰博物馆	殇商相映 舰船同辉——中山舰与南海Ⅰ号出水记	长江文艺出版社	2022 年 3 月	武汉市中山舰博物馆
16	八七会议会址纪念馆	新时代·传新声——八七会议会址纪念馆助力红色文化发展纪实	湖北人民出版社	2022 年 7 月	八七会议会址纪念馆
17	刘国斌	文博情缘——文化遗产的研究与探索	文物出版社	2022 年 8 月	武汉市晴川阁管理处(武汉大禹文化博物馆)
18	裴少菲	为学之履——武汉博物馆“行走的课堂”公众教育研究	武汉出版社	2022 年 9 月	武汉博物馆
19	盘龙城遗址博物院	长江万里青：长江流域青铜器精品展图录	上海古籍出版社	2022 年 9 月	盘龙城遗址博物院
20	盘龙城遗址博物院	色如天相 器传千秋：中国古代绿松石文化展	科学出版社	2022 年 9 月	盘龙城遗址博物院
21	宜昌博物馆	近代宜昌	文物出版社	2022 年 5 月	宜昌博物馆
22	宜昌博物馆	开辟鸿蒙：寻迹生命的历程	文物出版社	2022 年 5 月	宜昌博物馆
23	宜昌博物馆	古城记忆	文物出版社	2022 年 6 月	宜昌博物馆

续表

序号	作者	书名	出版者	出版时间	作者单位
24	望青松、周浩	秭归县考古报告集	中国书籍出版社	2022 年 10 月	秭归县文物保护中心
25	周浩、李西海	秭归县文物志	中国书籍出版社	2022 年 10 月	秭归县文物保护中心
26	中山大学人类学系、宜昌博物馆	开县故城：2006—2008 年考古发掘报告	科学出版社	2022 年 10 月	中山大学人类学系，宜昌博物馆
27	周浩	桃源塔修缮工程技术报告	四川民族出版社	2022 年 12 月	秭归县文物保护中心
28	柯尊红	炉火照天地　红星乱紫烟——铜绿山古铜矿遗址	文物出版社	2022 年 6 月	黄石市博物馆
29	大冶市铜绿山古铜矿遗址保护管理委员会	铜绿山古铜矿遗址与中国青铜文明研究	长江出版社	2022 年 8 月	大冶市铜绿山古铜矿遗址保护管理委员会
30	十堰市文物保护中心	峥嵘岁月·十堰市革命文物专辑	长江出版社	2022 年 8 月	十堰市文物保护中心
31	房县博物馆	房陵揽萃	长江文艺出版社	2022 年 8 月	房县博物馆
32	十堰市博物馆	十堰市博物馆馆藏金属文物保护修复报告	长江出版社	2022 年 12 月	十堰市博物馆
33	毛芳、李顺、汤琪琪、陈亦奇	荆州博物馆馆藏书画修复保护	湖北科学技术出版社	2022 年 5 月	荆州博物馆
34	荆门市博物馆、四川大学历史文化学院	荆门新宏与余湾楚墓	科学出版社	2022 年 9 月	荆门市博物馆，四川大学历史文化学院
35	荆门市博物馆	让沉睡的文物“活”起来——荆门市博物馆社会教育活动集萃	三峡电子音像出版社	2022 年 12 月	荆门市博物馆

续表

序号	作者	书名	出版者	出版时间	作者单位
36	孝感市博物馆	孝感文化遗产集萃 马口窑——汉川马口窑址群考古工作报告	武汉大学出版社	2022 年 8 月	孝感市博物馆
37	李文芬	李时珍史实新考	中国人文科技出版社	2022 年 9 月	蕲春县李时珍纪念馆
38	黄冈市博物馆	推翻帝制开未来——辛亥革命黄冈遗址遗迹调研成果集	中华文化书局	2022 年 10 月	黄冈市博物馆
39	罗田县博物馆	巴源古韵——罗田县不可移动文物选粹	湖北今古传奇传媒集团出版社	2022 年 10 月	罗田县博物馆
40	浠水县博物馆	湖北省浠水县博物馆古籍普查登记目录	国家古籍出版社	2022 年 11 月	浠水县博物馆
41	浠水县博物馆	闻一多塑像集锦	光明日报出版社	2022 年 11 月	浠水县博物馆
42	湖北恩施唐崖土司城遗址管理处	图说世遗唐崖	华中科技大学出版社	2022 年 9 月	湖北恩施唐崖土司城遗址管理处
43	郑晓云	水历史与水文明研究(第 2 辑)	社会科学文献出版社	2022 年 1 月	湖北大学
44	傅才武、陈庚	中国公共文化政策研究实验基地观察报告 2021—2022	武汉大学出版社	2022 年 3 月	武汉大学
45	鲁西奇	喜：一个秦吏和他的世界	北京日报出版社	2022 年 7 月	武汉大学
46	傅玥	长江中游西周时期考古学文化研究	文物出版社	2022 年 8 月	华中师范大学
47	鲁西奇	空间・制度・社会：中国古代史地新探	崇文书局	2022 年 8 月	武汉大学
48	刘玉堂、徐文武	楚国成语故事	武汉大学出版社	2022 年 8 月	湖北省社会科学院，长江大学

论　　文*（来源：期刊、报纸）

序号	作者	文章名称	出处	出版物类型	湖北作者所属单位	作者区域
1	吴红敬	长江水利文化遗产——荆江分洪闸的价值解读与保护利用	《中国文物报》2022年6月24日	报纸	湖北省文物事业发展中心	省直
2	张晓云	这十年：荆楚大遗址保护奋力谱新篇	《中国文物报》2022年11月22日，《文旅湖北》2022年第6期	报纸	湖北省文物事业发展中心	省直
3	张晓云	长江国家文化公园建设视角下的湖北古山寨遗址保护与利用初步研究	《中国文物报》2022年8月26日	报纸	湖北省文物事业发展中心	省直
4	刘沙	新年新馆新展——湖北省博物馆全面开放	《中国文物报》2022年2月22日	报纸	湖北省博物馆	省直
5	张晗、辛月、付海龙、邓聪、张昌平	武汉市盘龙城遗址李家嘴、王家嘴商代墓葬出土绿松石器	《江汉考古》2022年第4期	期刊	张晗、辛月，湖北省博物馆；付海龙、邓聪，盘龙城遗址博物院；张昌平，武汉大学	省直
6	陈丽新、张昌平	“鄂”名迷踪	《书法》2022年第4期	期刊	湖北省博物馆，武汉大学	省直
7	方晨、魏蓓、江旭东、周松峦	随州文峰塔M1（曾侯舆墓）出土M1：2甬钟保护修复	《江汉考古》2022年第3期	期刊	湖北省博物馆	省直
8	胡涛、江旭东、李冰洁、周松峦	宜昌万福垴遗址出土青铜甬钟保护修复	《江汉考古》2022年第3期	期刊	湖北省博物馆	省直

* 作者区域以第一作者或湖北作者靠前者为准。

续表

序号	作者	文章名称	出处	出版物类型	湖北作者所属单位	作者区域
9	胡毅捷、胡涛、陈虎、陈建立	随州义地岗墓群出土春秋中期编钟腐蚀成因研究	《南方文物》2022年第5期	期刊	胡涛，湖北省博物馆；陈虎，湖北省文物考古研究院	省直
10	黄翀宇	展览的力量——解读曾侯乙编钟陈列密码	《东南文化》2022年S1期	期刊	湖北省博物馆	省直
11	黄翀宇	地域文明标志性展览提升的探索实践——基于湖北省博物馆曾侯乙展的思考	《中国博物馆》2022年第4期	期刊	湖北省博物馆	省直
12	江旭东、魏蓓、李贝、李冰洁、李洋、潘春旭	材料检测技术在青铜文物鉴定中的应用	《文物鉴定与鉴赏》2022年第20期	期刊	江旭东、魏蓓，湖北省博物馆；李贝，长江文明馆(武汉自然博物馆)；李冰洁、李洋、潘春旭，武汉大学	省直
13	江旭东、张梓芊、李齐、方晨、李洋	脆弱青铜器腐蚀程度的量化评价方法	《腐蚀与防护》2022年第7期	期刊	江旭东、张梓芊、李齐、方晨，湖北省博物馆；李洋，武汉大学	省直
14	刘沙	博物馆场域中符号权力与公共性理念的张力——基于布迪厄文化再生产理论的考察	《东南文化》2022年第1期	期刊	湖北省博物馆	省直
15	鲁黎	浅析大数据时代博物馆档案信息化管理与优化	《档案记忆》2022年第2期	期刊	湖北省博物馆	省直

续表

序号	作者	文章名称	出处	出版物类型	湖北作者所属单位	作者区域
16	万全文	曾侯乙尊盘	《文史知识》2022 年第 10 期	期刊	湖北省博物馆	省直
17	王先福	考古学视域下周代邓国“南土”政治地位变化考察	《长江大学学报》(社会科学版)2022 第 6 期	期刊	湖北省博物馆	省直
18	卫扬波、黄玉洪、李玲	湖北随州市周家寨墓地 M8 简牍的清理和保护	《文物保护与考古科学》2022 年第 2 期	期刊	湖北省博物馆、湖北省文物考古研究所	省直
19	魏冕	音乐文物类展览的叙述与呈现——以“龢：音乐的力量——中国早期乐器文化”展览为例	《黄钟》2022 年第 4 期	期刊	湖北省博物馆	省直
20	张晓珑	博物馆展陈设计探索——以“永远的三峡——三峡文物保护利用数字展”为例	《文化月刊》2022 年第 3 期	期刊	湖北省博物馆	省直
21	张晓珑、李清临	明清时期青砖瓦烧造中的饮窑工艺探究	《南方文物》2022 年第 6 期	期刊	湖北省博物馆	省直
22	赵艳、谢梦、岑东明、叶映红	古籍善本中写印染字迹的保护修复与研究	《纸和造纸》2022 年第 5 期	期刊	赵艳、谢梦，湖北省博物馆；岑东明、叶映红，浠水县博物馆	省直
23	周璐	馆藏掇英——简述湖北省博物馆收藏的仇英的作品	《名家名作》2022 年第 20 期	期刊	湖北省博物馆	省直
24	周璐	湖北省博物馆馆藏齐白石《虾蟹图》赏析	《收藏与投资》2022 年 2 期	期刊	湖北省博物馆	省直

续表

序号	作者	文章名称	出处	出版物类型	湖北作者所属单位	作者区域
25	钱红	“礼乐学堂”陪伴公众欢度虎年春节	《中国文物报》2022 年 2 月 22 日	报纸	湖北省博物馆	省直
26	钱红	“荆楚故事我来”少儿教育活动实践与思考	《中国文物报》2022 年 9 月 6 日	报纸	湖北省博物馆	省直
27	朱勤文、陈春、闵梦羽、黄凤春	湖北随州叶家山西周曾国墓地出土玉龙的工艺研究	《宝石和宝石学杂志》2022 年第 6 期	期刊	陈春，湖北省博物馆；黄凤春，湖北省文物考古研究所	省直
28	邹实秋、李贝、江旭东、张昌平	长江文明馆藏曾侯子昃剑初探	《江汉考古》2022 年第 5 期	期刊	武汉大学，长江文明馆，湖北省博物馆	省直
29	陈胜前、刘睿喆、周怡昕、董兵、赵军、刘辉	锐棱砸击技术与旧新石器时代过渡	《江汉考古》2022 年第 3 期	期刊	董兵、赵军，湖北省文物考古研究院；刘辉，湖北大学	省直
30	程少轩、凡国栋、罗运兵	周家寨汉简日书《五龙》研究	《中山大学学报》(社会科学版)2022 年第 6 期	期刊	凡国栋、罗运兵，湖北省文物考古研究院	省直
31	笪浩波、瞿磊、王洪琪、魏万红、熊传志	湖北保康穆林头遗址新石器时代遗存 2017 年发掘简报	《江汉考古》2022 年第 2 期	期刊	笪浩波、瞿磊，湖北省文物考古研究院；王洪琪、魏万红、熊传志，保康县博物馆	省直
32	方勤	展现楚国考古最新成果和研究	《人民日报》2022 年 1 月 15 日	期刊	湖北省文物考古研究院	省直

续表

序号	作者	文章名称	出处	出版物类型	湖北作者所属单位	作者区域
33	郭长江、张博、郑文、张成明	湖北随州庙台子遗址西周遗存发掘简报	《江汉考古》2022年第1期	期刊	湖北省文物考古研究院，随州市博物馆，曾都区考古队	省直
34	康予虎、甘甜、吕峰	考古发掘现场的公众考古活动机制探析	《中国文化遗产》2022年第2期	期刊	湖北省文物考古研究院，武当山文物宗教局	省直
35	李春桃、凡国栋	嫋加编钟的定名、释读及时代	《江汉考古》2022年第6期	期刊	凡国栋，湖北省文物考古研究院	省直
36	李玲、卫扬波	随州叶家山墓地出土珍贵青铜文物保护修复	《文物天地》2022年第6期	期刊	湖北省文物考古研究院，湖北省博物馆	省直
37	刘登科、孙雪峰、陆成秋、易亮、涂华、冯小波、郭小奇	汉江流域郧县盆地柳陂酒厂和吴家沟旧石器遗址的年代学初步研究	《第四纪研究》2022年第2期	期刊	陆成秋，湖北省文物考古研究院	省直
38	罗运兵、赵军、史德勇、张宏奎、李峰、孙俊	湖北云梦县郑家湖墓地2021年发掘简报	《考古》2022年第2期	期刊	罗运兵、赵军、史德勇，湖北省文物考古研究院；张宏奎、李峰、孙俊，云梦县博物馆	省直

续表

序号	作者	文章名称	出处	出版物类型	湖北作者所属单位	作者区域
39	宋贵华、胡长春、林戈	湖北谷城擂鼓台墓群 M2 发掘简报	《江汉考古》2022 年第 3 期	期刊	湖北省文物考古研究院，谷城县博物馆	省直
40	唐丽雅、郭长江、张博、许稼枢、赵志军	周、楚之间：湖北随州庙台子遗址农作物遗存研究	《农业考古》2022 年第 3 期	期刊	郭长江、张博，湖北省文物考古研究院	省直
41	闻磊	湖北宜城袁家湾遗址发掘简报	《中国国家博物馆馆刊》2022 年第 1 期	期刊	湖北省文物考古研究院	省直
42	闻磊、陶洋、李刚、周皪	湖北荆州市雨台山张大冢墓地战国墓葬	《考古》2022 年第 4 期	期刊	湖北省文物考古研究院	省直
43	闻磊、詹世清、王勇	湖北宜城袁家湾遗址发掘简报	《中国国家博物馆馆刊》2022 年第 1 期	期刊	闻磊，湖北省文物考古研究院；詹世清、王勇，宜城市博物馆	省直
44	闻磊、周国平	纪南城考古学研究的世纪碰撞与发展——再读《楚都纪南城复原研究》	《江汉考古》2022 年第 6 期	期刊	湖北省文物考古研究院	省直
45	徐华锋、马仁杰、王光尧、崔剑锋、康予虎、李毅	湖北丹江口庞湾琉璃窑址出土窑业遗物的科技分析	《故宫博物院院刊》2022 年第 2 期	期刊	康予虎、李毅，湖北省文物考古研究院	省直
46	要二峰	包山二号墓彩绘漆奁图像考	《江汉考古》2022 年第 2 期	期刊	湖北省文物考古研究院	省直

续表

序号	作者	文章名称	出处	出版物类型	湖北作者所属单位	作者区域
47	于淼	屈家岭文化：长江中游的“古城圈”	《中华遗产》2022 年第 11 期，总第 205 期	期刊	湖北省文物考古研究院	省直
48	郁永彬、陈建立、梅建军、陈坤龙、常怀颖、黄凤春	湖北随州叶家山西周墓地 M111 出土铜器的检测分析及相关问题	《文物》2022 年第 5 期	期刊	黄凤春，湖北省文物考古研究院	省直
49	赵军、李澜	云梦出土的秦文化圆形漆奁刍议	《中国生漆》2022 年第 3 期	期刊	湖北省文物考古研究院，湖北省博物馆	省直
50	钟倩、廖宗廷、周征宇、亓利剑、崔笛吴穹	黔南—桂西软玉中锰质草花的矿物学特征、成因机理及成矿启示	《同济大学学报(自然科学版)》2022 年第 8 期	期刊	钟倩，湖北省文物考古研究院	省直
51	陆成秋、邢松、万晓峰	湖北学堂梁子遗址考古发掘取得重大收获 发现距今 100 万年“郧县人”3 号头骨	《中国文物报》2022 年 12 月 23 日	报纸	湖北省文物考古研究院	省直
52	罗运兵、赵军	云梦郑家湖：见证大一统	《光明日报》2022 年 4 月 17 日	报纸	湖北省文物考古研究院	省直
53	向其芳	湖北当阳九里岗遗址群考古调查发掘取得重要收获	《中国文物报》2022 年 12 月 20 日	报纸	湖北省文物考古研究院	省直
54	李天虹、熊佳晖、蔡丹、罗运兵	湖北云梦郑家湖墓地 M274 出土“贱臣筡西问秦王”觚	《文物》2022 年第 3 期	期刊	李天虹、熊佳晖，武汉大学；蔡丹、罗运兵，湖北省文物考古研究院	省直

续表

序号	作者	文章名称	出处	出版物类型	湖北作者所属单位	作者区域
55	汪芳、方勤	石家河早期聚落营建的地方性与适应性	《江汉考古》2022 年第 6 期	期刊	方勤，湖北省文物考古研究院	省直
56	肖芮、罗运兵、陶洋、张德伟、崔剑锋	屈家岭遗址史前黑釉蛋壳陶的研究	《江汉考古》2022 年第 2 期	期刊	北京大学，湖北省文物考古研究院	省直
57	柯萍萍、龙永芳	湖北英山宋代响水岩摩崖石刻研究	《东方博物》2022 年第 3 期	期刊	湖北省文物交流信息中心	省直
58	何慧	科举文化视角下的家具木构件赏析	《中国文物报》2022 年 12 月 27 日	报纸	湖北省文物交流信息中心	省直
59	何慧	新媒体环境下博物馆社教工作的掘进	《中国文物报》2022 年 6 月 14 日	报纸	湖北省文物交流信息中心	省直
60	何慧、黄蓓	静心守物——藏品保管员的那些事儿	《中国文物报》2022 年 9 月 20 日	报纸	湖北省文物交流信息中心	省直
61	黄蓓、何慧、陈春红	文物预防性保护的做法和思考——以湖北省文物交流信息中心为例	《中国文物报》202 年 3 月 18 日	报纸	湖北省文物交流信息中心	省直
62	单思伟、袁飞勇、李长盈	阳新大路铺遗址新石器时代遗存试析	《华夏考古》2022 年第 1 期	期刊	单思伟、袁飞勇，武汉大学；李长盈，湖北省古建筑保护中心	省直
63	何新恩	楚望台：从皇家建筑到辛亥首义军大本营	《湖北文史》2022 年第 2 期	期刊	湖北省商务厅	省直
64	曾宪松	展初心铸文脉 共谱百年华章——八七会议旧址纪念馆 2021 年工作综述	《文化月刊》 2022 年第 2 期	期刊	武汉八七会议会址纪念馆	武汉

续表

序号	作者	文章名称	出处	出版物类型	湖北作者所属单位	作者区域
65	范江欧美	中国人自古爱劳动	《楚天都市报》2022 年 4 月 29 日	报纸	武汉博物馆	武汉
66	龚永平	大宋年间的爆款——从酒器文物遥想古人小酌	《楚天都市报》2022 年 5 月 6 日	报纸	武汉博物馆	武汉
67	李世超	独步天下——康熙时期青花瓷鉴赏	《中华手工》2022 年第 6 期	期刊	武汉博物馆	武汉
68	刘艾	睹物思人，再说孙中山与中山舰	《团结》2022 年第 1 期	期刊	武汉中山舰博物馆	武汉
69	刘畅	明宣德青花菱花口盘的装饰纹饰	《收藏家》2022 年第 1 期	期刊	武汉博物馆	武汉
70	丁燕	以文物之眼看古人读书世界	《楚天都市报》2022 年 4 月 22 日	报纸	武汉博物馆	武汉
71	刘晓芳、白彬	消夏听取千年前的蛙声	《楚天都市报》2022 年 5 月 25 日	报纸	武汉博物馆	武汉
72	朱小佳	新媒体在博物馆教育中的作用探讨	《科学与技术》2022 年第 23 期	期刊	武汉革命博物馆	武汉
73	肖瑶	红色建筑对历史建筑的改造续用及其保护与利用策略探讨	《建筑实践》2022 年第 7 期	期刊	武汉革命博物馆	武汉
74	徐丝	对文物建筑数字化保护的认识	《中国建筑》2022 年 3 月	期刊	武汉革命博物馆	武汉
75	徐丝	博物馆文物保护科学化研究	《工程建设标准化》2022 年 2 月	期刊	武汉革命博物馆	武汉

续表

序号	作者	文章名称	出处	出版物类型	湖北作者所属单位	作者区域
76	肖川	“孪生姐妹”江城重聚	《中国收藏》2022 年第 7 期	期刊	武汉博物馆	武汉
77	蔡子丽	增强现实与人工智能技术在博物馆讲解导览领域的应用趋势	《美化生活》2022 年第 10 期	期刊	武汉博物馆	武汉
78	陈华明	新四军第五师在黄陂姚家山	《档案记忆》2022 年第 4 期	期刊	中共武汉市黄陂区委党校	武汉
79	陈劲	遗址类博物馆展陈的探索与思考——以盘龙城遗址博物院为例	《文化月刊》2022 年 3 期	期刊	武汉革命博物馆	武汉
80	陈庆、饶紫云、嵇严	湖北省博物馆编钟演奏厅音质设计	《演艺科技》2022 年第 2 期	期刊	中信建筑设计研究总院有限公司	武汉
81	程酩茜	魏晋墓葬出土的龙虎形陶座	《大众考古》2022 年第 11 期	期刊	武汉盘龙城遗址博物院	武汉
82	董芙蓉	南京国民政府“两年禁毒、六年禁烟”运动探析——以江苏省为中心的考察	《江苏科技大学学报（社会科学版）》2022 年第 1 期	期刊	辛亥革命博物院	武汉
83	董芙蓉、陈海懿	从诺兰档案看加拿大籍检察官诺兰在东京审判中的作为	《档案与建设》2022 第 8 期	期刊	董芙蓉，辛亥革命博物院	武汉
84	杜春华、裴高才	黄陂籍院士梁骏吾的“科技之家”	《武汉文史资料》2022 年第 10 期	期刊	武汉市黄陂区文物管理所，中共武汉市黄陂区委统战部	武汉

续表

序号	作者	文章名称	出处	出版物类型	湖北作者所属单位	作者区域
85	段蓓	传承红色基因的现实路径	《党政干部论坛》2022年第5期	期刊	武汉中共中央机关旧址纪念馆	武汉
86	付海龙	盘龙城史料札记三则	《档案记忆》2022年第10期	期刊	盘龙城遗址博物院	武汉
87	付海龙、赵雄、李一帆、赵东	武汉市盘龙城遗址杨家湾商代墓葬出土绿松石器	《江汉考古》2022年第4期	期刊	李一帆、赵东，盘龙城遗址博物院；付海龙、赵雄，湖北省博物馆	武汉
88	韩扬	证章为号，吹响粤汉大罢工	《楚天主人》2022年第4期	期刊	武汉中共中央机关旧址纪念馆	武汉
89	黄春华、陈清	用好旧址类博物馆建筑空间的有益探索——以辛亥革命武昌起义纪念馆为例	《东南文化》2022年S2期	期刊	辛亥革命博物院	武汉
90	黄春华、董芙蓉	辛亥革命对中国共产党成立的影响研究	《党史博采》2022年第10期	期刊	辛亥革命博物院	武汉
91	李琪、万琳	对考古遗址类博物馆原创性临展策划的实践与思考——“长江万里青——长江流域青铜器精品展”策展回顾	《中国博物馆》2022年第1期	期刊	盘龙城遗址博物院	武汉
92	李笙清	三件革命文物背后的英烈情怀	《档案记忆》2022年第7期	期刊	武汉博物馆	武汉
93	李笙清	渗透着世事沧桑的荆楚戏台楹联	《湖北文史》2022年第1期	期刊	武汉博物馆	武汉

续表

序号	作者	文章名称	出处	出版物类型	湖北作者所属单位	作者区域
94	李笙清	清末武汉防护染疫章程出台始末	《武汉文史资料》2022年第3期	期刊	武汉博物馆	武汉
95	李笙清、彭建	没有硝烟的战场——武汉解放记忆	《春秋》2022年第6期	期刊	武汉博物馆	武汉
96	李笙清、彭建	档案记忆中的武汉新生	《湖北文史》2022年第2期	期刊	武汉博物馆	武汉
97	李小妮	从站赤的设置分析元政权在汉地统治的延伸——以元世祖统治时期为中心的考察	《集宁师范学院学报》2022年第2期	期刊	武汉博物馆	武汉
98	李晓娟	新媒体下革命类纪念馆的品牌塑造与传播——以武汉中共中央机关旧址纪念馆为例	《广告大观》2022年4月，总第713期	期刊	武汉中共中央机关旧址纪念馆	武汉
99	刘宇洁	武昌一小：中共五大开幕式举办地	《湖北文史》2022年第2期	期刊	武汉革命博物馆	武汉
100	刘宇洁、汪梅梅	辅以里的“文学家”	《武汉党史》2022年第3期	期刊	武汉革命博物馆	武汉
101	裴少菲	博物馆创新传承，助力文化自信——以武汉博物馆为例	《文化月刊》2022年第4期	期刊	武汉博物馆	武汉
102	彭澎、张妍	用好用活本土红色资源——以黄陂革命老区为例	《学习月刊》2022年第5期	期刊	中共武汉市黄陂区委党校	武汉
103	祁金刚	赤壁大战遗迹江夏寻踪	《武汉文史资料》2022年第10期	期刊	江夏区全域旅游发展中心	武汉
104	施惠芳	汉阳老城访“旧学”	《武汉文史资料》2022年第4期	期刊	武汉市汉阳区政协	武汉
105	万玲	论新时代党内监督发展的鲜明特点	《福建党史》2022年第7期	期刊	武汉革命博物馆	武汉

续表

序号	作者	文章名称	出处	出版物类型	湖北作者所属单位	作者区域
106	汪磊	明楚昭王朱桢带銙金饰构件简考	《东方收藏》2022年第8期	期刊	武汉博物馆	武汉
107	王文宾	西北战地服务团丛书子书目版本考述	《新闻出版博物馆》2022年第4期	期刊	武汉博物馆	武汉
108	王莹	从抗疫到后疫：革命类纪念馆发展路径的思考——以八路军武汉办事处旧址纪念馆为例	《文化月刊》2022年第2期	期刊	八路军武汉办事处旧址纪念馆	武汉
109	王豫丰、吴文俊	武汉抗战孩子剧团拾零	《武汉文史资料》2022年第7期	期刊	吴文俊，八路军武汉办事处旧址纪念馆	武汉
110	吴婕	博物馆特色展陈设计略谈	《科学与技术》2022年第4期	期刊	武汉革命博物馆	武汉
111	吴婕	博物馆陈列展览中的问题与改进对策探究	《中国科技人才》2022年第8卷	期刊	武汉革命博物馆	武汉
112	吴巍、孙远兆	汉口近代日清汽船公司仓库建筑群保护设计与实践	《建筑与文化》2022年第5期	期刊	武汉市规划设计有限公司	武汉
113	徐冰娜	赵一曼的湖北足迹	《档案记忆》2022年第6期	期刊	武汉中共中央机关旧址纪念馆	武汉
114	张亚娟、张焰	以革命纪念馆为视角的青少年革命文化认同研究	《学校党建与思想教育》2022年第2期	期刊	八七会议会址、武汉大学	武汉
115	朱励博、许志斌、胡琳	湖北武汉市新洲朱家堤宋墓发掘简报	《北方文物》2022年第1期	期刊	武汉市文物考古研究所，新洲博物馆	武汉
116	朱励博、许志斌、胡琳	武汉新洲巴铺宋墓发掘简报	《江汉考古》2022年第3期	期刊	武汉市文物考古研究所，新洲博物馆	武汉

续表

序号	作者	文章名称	出处	出版物类型	湖北作者所属单位	作者区域
117	朱小佳	提升革命类博物馆管理水平与服务的实践	《教育创新》2022年3月	期刊	武汉革命博物馆	武汉
118	曹波、袁亚妮等	讲好红色故事 擦亮“红巷”品牌——武汉革命博物馆“我在红巷 讲党史”品牌活动综述	《中国文物报》2022年9月27日	报纸	武汉革命博物馆	武汉
119	李笙清	啮草坡头卧夕阳	《中国文物报》2022年10月18日	报纸	武汉博物馆	武汉
120	万玲	展览展示万里长征第一步	《中国文物报》2022年3月4日	报纸	武汉革命博物馆	武汉
121	黄晓勇	湖北南漳传统村落：绿水青山间的乡愁记忆	《中华民居》2022年第1期	期刊	南漳县文化和旅游局	襄阳
122	刘江生、高顺利	湖北襄阳王伙北宋纪年墓	《江汉考古》2022年第6期	期刊	襄阳市文物考古研究所	襄阳
123	刘江生、周婷、王先福、耿壮壮、符德明、杨力	湖北襄阳王家巷遗址周代制陶作坊遗存2013年发掘简报	《中原文物》2022年第3期	期刊	刘江生、周婷、耿壮壮、符德明、杨力，襄阳市文物考古研究所；王先福，湖北省博物馆	襄阳
124	陶锐华	浅谈襄阳市摩崖石刻的现状分析和保护建议	《文物鉴定与鉴赏》2022年第2期	期刊	襄阳市文物管理处	襄阳
125	熊传志、王洪琪、付巧玲	浅析保康店垭九井院古民居特色	《文物鉴定与鉴赏》2022年第1期	期刊	熊传志、王洪琪，保康县博物馆；付巧玲，襄阳市第一实验小学	襄阳

续表

序号	作者	文章名称	出处	出版物类型	湖北作者所属单位	作者区域
126	晏德付、秦颖、孙升、王先福、陈千万	湖北襄阳余岗、沈岗楚墓出土青铜器的检测分析	《文物鉴定与鉴赏》2022年第9期	期刊	王先福，湖北省博物馆；陈千万，襄阳市文物考古研究所	襄阳
127	曹绪勇	再论宜红茶的起源	《中国茶叶》2022年第10期	期刊	宜都市农业农村局	宜昌
128	邓刘新	试析新时代博物馆与社区文化建设的关系——以夷陵区博物馆为例	《文物鉴定与鉴赏》2022年第11期	期刊	宜昌市夷陵区博物馆	宜昌
129	秦晓梅	归州宋玉宅考略	《湖北三峡职业技术学院学报》2022年第1期	期刊	秭归县文联	宜昌
130	秦晓梅	秭归屈原祠庙的历史沿革探究及其存在意义分析	《湖北三峡职业技术学院学报》2022年第2期	期刊	秭归县文联	宜昌
131	郁永彬、陈坤龙、梅建军、向光华、赵德祥、肖承云	湖北宜昌万福垴遗址出土西周编钟的科学分析及相关问题	《文物》2022年第11期	期刊	向光华、赵德祥、肖承云，宜昌博物馆	宜昌
132	余朝婷、吴文洁	宜昌博物馆：砥砺深耕十年路 奋楫笃行新征程	《中国文物报》2022年11月15日	报纸	宜昌博物馆	宜昌
133	柯凌云	开发利用红色资源 推动大冶历史文化名城建设	《党政干部论坛》2022年第1期	期刊	中共黄石市委党校	黄石
134	廖启鹏、王哲	汉冶萍铁路历史演进与遗产价值研究	《新建筑》2022年第4期	期刊	廖启鹏，黄石工业遗产保护中心	黄石

续表

序号	作者	文章名称	出处	出版物类型	湖北作者所属单位	作者区域
135	刘盛、于向向	试论土地革命时期大冶兵暴的历史意义	《湖北师范大学学报》（哲学社会科学版）2022 年第 1 期	期刊	中共黄石市委党校	黄石
136	汪洋	华新水泥：中国水泥工业的摇篮	《档案记忆》2022 年第 4 期	期刊	黄石市档案馆	黄石
137	夏鹏	汉冶萍铁路遗产的类型及分布特征研究	《华中建筑》2022 年第 3 期	期刊	黄石市工业遗产保护中心	黄石
138	朱俊峰	汉冶萍：缘何花开黄石？	《武汉文史资料》2022 年第 3 期	期刊	黄石市政协	黄石
139	阎威	新时期博物馆陈列布展工作推进探究	《科学家》2022 年第 10 期	期刊	十堰市博物馆	十堰
140	阎威	数字化技术在博物馆展陈中的发展和应用	《科学家》2022 年第 9 期	期刊	十堰市博物馆	十堰
141	刘斌	鄂北农民银行发展始末	《档案记忆》2022 第 11 期	期刊	房县博物馆	十堰
142	刘志军、龚俊	明代荆州知府李元阳扪月庵记碑刻及相关历史背景	《长江大学学报》（社会科学版）2022 年第 3 期	期刊	十堰市博物馆	十堰
143	潘世东、尚政国、陈新闻	上津五千年	《湖北政协》2022 年第 11 期	期刊	潘世东，十堰市政协、汉江师范学院；尚政国，十堰市畜牧兽医服务中心；陈新闻，郧西县政协	十堰

续表

序号	作者	文章名称	出处	出版物类型	湖北作者所属单位	作者区域
144	郝勤建、彭浩	湖北江陵张家山 M336 出土西汉竹简概述	《文物》2022 年第 9 期	期刊	荆州博物馆	荆州
145	蒋鲁敬	试说战国楚简中的“肃”字	《出土文献》2022 年第 1 期	期刊	荆州博物馆	荆州
146	李志芳、李莉、王家益	湖北荆州枕头台子墓地考古发掘简报	《文博》2022 年第 3 期	期刊	荆州博物馆	荆州
147	李志芳、王潘盼、朱诗宇、王莉、王家益、彭雪梅、陈新平	湖北荆州任家冢等墓地战国墓葬发掘简报	《江汉考古》2022 年第 1 期	期刊	荆州博物馆	荆州
148	李志芳、郑梅、王家益	湖北荆州朱家草场汉墓 M29 发掘简报	《文博》2022 年第 3 期	期刊	荆州博物馆	荆州
149	刘建业	试说战国楚简中的“泉戈”字	《出土文献》2022 年第 1 期	期刊	荆州博物馆	荆州
150	刘建业、李莉、朱枫、王家鹏、谢章伟	湖北荆州郢城遗址秦汉木构遗存发掘简报	《江汉考古》2022 年第 1 期	期刊	荆州博物馆	荆州
151	刘露、史少华	荆州博物馆藏简牍保护修复	《文物天地》2022 年第 6 期	期刊	荆州博物馆	荆州
152	刘涛、方正	浅谈荆州古城护城河内外环境整治规划设计项目	《工程建设与设计》2022 年第 14 期	期刊	荆州市城市规划设计研究院	荆州
153	王红星、朱江松	楚章渠(杨水)初探	《长江大学学报》(社会科学版)2022 年第 2 期	期刊	纪南生态文化旅游区，荆州博物馆	荆州

续表

序号	作者	文章名称	出处	出版物类型	湖北作者所属单位	作者区域
154	易飞、阎红衣、胡佳佳	大云山汉墓彩绘漆耳杯胎体病害处置	《中国生漆》2022 年第 4 期	期刊	荆州文物保护中心	荆州
155	赵晓斌	荆州枣林铺彭家湾 183 号、264 号楚墓出土卜筮祭祷简	《出土文献》2022 年第 1 期	期刊	荆州博物馆	荆州
156	陈森、陈华、肖远强、陈新宇、陈烁、夏新宜、袁俊霞、杨丽霞	化石表面保护涂层材料研究进展	《涂料工业》2022 年第 3 期	期刊	陈森、肖远强、陈烁、夏新宜、袁俊霞、杨丽霞，中国地质大学（武汉）；陈华，荆州文物保护中心	荆州
157	卢川、林若琴、刘建业	从荆州郢城遗址看秦朝郡城规划	《长江大学学报》(社会科学版)2022 第 6 期	期刊	长江大学，荆州博物馆	荆州
158	卢川、刘建业	荆州郢城遗址秦汉木构建筑遗存及其复原研究	《江汉考古》2022 年第 2 期	期刊	长江大学，荆州博物馆	荆州
159	吴勇、卫灿、赖依菲	《敦煌变文集》所录“臺举”俗语词考释	《长江大学学报》(社会科学版) 2022 年第 3 期	期刊	吴勇、卫灿，长江大学；赖依菲，荆州文物保护中心	荆州
160	张玲、彭浩	湖北江陵凤凰山 M168 出土西汉“明衣裳”	《文物》2022 年第 6 期	期刊	彭浩，荆州博物馆	荆州
161	艾力	三国遗址对钟祥旅游的作用和影响	《档案记忆》2022 年第 9 期	期刊	钟祥市人力资源和社会保障档案管理中心	荆门
162	范晓佩、汤学锋、黄文进、刘雄、邬涵、周杨	湖北荆门林场遗址西汉车马坑发掘简报	《江汉考古》2022 年第 5 期	期刊	荆门市博物馆	荆门

续表

序号	作者	文章名称	出处	出版物类型	湖北作者所属单位	作者区域
163	杨凤武、王红艳、黄文进、苏锦平	湖北沙洋新宏墓地 M1 发掘简报	《江汉考古》2022 年第 6 期	期刊	黄文进、苏锦平，荆门市博物馆	荆门
164	艾三明	吴王钓鱼台遗址保护始末	《武汉文史资料》2022 年第 10 期	期刊	《鄂州市志》总编室	鄂州
165	余骏	湖北鄂州花湖机场对面山墓群	《大众考古》2022 年第 2 期	期刊	鄂州市博物馆	鄂州
166	余夏红	鄂州刘家堰出土记号五铢	《武汉金融》2022 年增刊	期刊	鄂州市博物馆	鄂州
167	余夏红、高永红、徐劲松	湖北鄂城新庙大鹰山孙吴墓发掘简报	《江汉考古》2022 年第 1 期	期刊	鄂州市博物馆	鄂州
168	张明	湖北孝感城隍潭码头遗址	《大众考古》，2022 年 9 月	期刊	孝感市博物馆	孝感
169	岑东明、张小芳	浅论鄂东楚文化	《荆楚文化》2022 年第 3 期	期刊	浠水县博物馆	黄冈
170	岑东明、张小芳	习近平关于中国博物馆建设系列重要论述解读	《荆楚文化》2022 年第 3 期	期刊	浠水县博物馆	黄冈
171	李文芬	探考蕲州道家文化对李时珍的影响	《海外文摘》2022 年 3 月刊	期刊	蕲春县李时珍纪念馆	黄冈
172	程燕	博物馆文物的数字化管理研究	《文化产业》2022 年第 33 期	期刊	罗田县博物馆	黄冈
173	辛向阳	326 年前的“黄安八景”	《档案记忆》2022 年第 2 期	期刊	红安县档案馆	黄冈

续表

序号	作者	文章名称	出处	出版物类型	湖北作者所属单位	作者区域
174	杨雷	鄂东小延安：王家坊抗日根据地	《档案记忆》2022年第6期	期刊	团风县团风镇政府	黄冈
175	张薇	闻一多的民盟往事	《湖北盟讯》2022年第3期	期刊	浠水县闻一多纪念馆	黄冈
176	郑常玉、程燕	文物博物馆管理体制的现状与创新	《文化月刊》2022年第5期	期刊	罗田县文物局，罗田县博物馆	黄冈
177	冯晓光	千年砖茶羊楼洞	《武汉文史资料》2022年第4期	期刊	赤壁青砖茶研究院	咸宁
178	项章	享誉世界的随州青铜编钟	《档案记忆》2022年第6期	期刊	随州市档案馆	随州
179	李焱	浅谈基于民俗文化遗产保护下博物馆的建设与发展	《科协论坛》2022年第32期	期刊	恩施州博物馆	恩施
180	李焱	简论我国少数民族风俗习惯于现代化的冲突与改革	《科学与生活》2022年第6期	期刊	恩施州博物馆	恩施
181	李焱	论博物馆弘扬优秀传统文化的路径	《文学天地》2022年第3期	期刊	恩施州博物馆	恩施
182	李焱	巴式柳叶剑的民族学研究	《对联》2022年第12期	期刊	恩施州博物馆	恩施
183	袁翔	从恩施武圣宫看明清时期施州地区关公文化	《新丝路》2022年第32期	期刊	恩施市文物局（现恩施市文物事业发展中心）	恩施
184	谷斌、黄建川	中国龙纹遗存的识别与溯源	《中国美术研究》2022年第3期	期刊	恩施州广播电视台	恩施

续表

序号	作者	文章名称	出处	出版物类型	湖北作者所属单位	作者区域
185	胡征一	少数民族地区博物馆民俗类临展的策划与实施——以恩施州博物馆“经纬大千——中国土家族西兰卡普主题展”为例	《文物鉴定与鉴赏》2022年第18期	期刊	恩施州博物馆	恩施
186	黄萌	商周青铜器纹饰	《收藏与投资》2022年第8期	期刊	恩施州博物馆	恩施
187	黄萌	非物质文化遗产传承中的工匠精神探讨	《天工》2022年第20期	期刊	恩施州博物馆	恩施
188	冉晶晶	恩施州博物馆民族文化空间的建构与传播	《文化产业》2022年第20期	期刊	恩施州博物馆	恩施
189	周力	旅游视角下的博物馆观众数据分析——以湖北省恩施州博物馆为例	《艺术博物馆》2022年第6期	期刊	恩施州博物馆	恩施
190	白松强、陈艳	中国语境下的“工业遗产”概念内涵刍议——兼议中日对 Industrial Heritage 的不同译介	《东南文化》2022年第2期	期刊	白松强，湖北民族大学	高校
191	白云	数字时代国外文化遗产价值共创的经验及启示	《档案记忆》2022年第7期	期刊	华中师范大学	高校
192	曹大明	推荐一部特色村寨保护必备的佳作——《完善少数民族特色村寨保护政策研究——基于湖北省恩施土家族苗族自治州的调查》评介	《中南民族大学学报》（人文社会科学版）2022年第3期	期刊	三峡大学	高校
193	曹昭、李清临	鄂州瓦窑咀窑址青瓷初步研究	《江汉考古》2022年第3期	期刊	武汉大学	高校
194	常宏杰、樊温泉	新郑汉墓大泉五十的多元统计分析研究	《华夏考古》2022年第2期	期刊	常宏杰，武汉大学	高校

续表

序号	作者	文章名称	出处	出版物类型	湖北作者所属单位	作者区域
195	陈波、巢雪薇	文化遗产虚拟场景维度设计与评价——以动态版《清明上河图》为例	《中南民族大学学报》（人文社会科学版）2022年第7期	期刊	武汉大学	高校
196	陈波、庞亚婷	黄河国家文化公园空间生产机理及其场景表达研究	《武汉大学学报》（哲学社会科学版）2022年第5期	期刊	武汉大学	高校
197	陈航宇	大遗址保护背景下的村庄规划与发展策略研究——以荆州市松柏村为例	《村委主任》2022年第12期	期刊	长江大学	高校
198	陈鲲	世界文化遗产容美土司爵府遗址的保护研究	《安徽建筑》2022年第1期	期刊	湖北大学	高校
199	陈鲲	古建保护的日本之道	《理论导报》2022年第6期	期刊	湖北大学	高校
200	陈鲲	“一带一路”背景下楚文化交流与文明互鉴之路	《文化产业》2022年第32期	期刊	湖北大学	高校
201	陈朋、陈彧	湖北省博物馆文物名称翻译实证研究	《湖北工业大学学报》2022年第6期	期刊	湖北工业大学	高校
202	陈树祥、王定兴、陈晨、陈一鸣	大冶铜绿山新见宋代炉（窑）之研究	《湖北理工学院学报》（人文社会科学版）2022年第3期	期刊	陈树祥、王定兴，湖北理工学院；陈晨、陈一鸣，中南建筑设计院股份有限公司	高校
203	陈树祥、王定兴、陈晨、赵艺博	大冶铜绿山四方塘遗址新见明代焙烧炉及相关问题研究	《南方文物》2022年第5期	期刊	陈树祥、王定兴，湖北理工学院；陈晨，中南建筑设计院股份有限公司	高校

续表

序号	作者	文章名称	出处	出版物类型	湖北作者所属单位	作者区域
204	陈斯亮、李晓峰、汤诗旷	湘西传统民居堂室格局的类型与变迁	《建筑学报》2022年第2期	期刊	华中科技大学	高校
205	陈伟	胡家草场汉简律典与汉文帝刑制改革	《武汉大学学报》（哲学社会科学版）2022年第2期	期刊	武汉大学	高校
206	程绍文、冯娟、张毅、陈闻天	文化遗产旅游对游客的教育作用：以武当山为例	《三峡大学学报》（人文社会科学版）2022年第2期	期刊	华中师范大学	高校
207	单思伟	南河浜遗址崧泽文化晚期墓地试析	《江汉考古》2022年第5期	期刊	武汉大学	高校
208	单思伟、彭蛟	走马岭史前城址结构与功能探索	《南方文物》2022年第6期	期刊	武汉大学	高校
209	段春娥、范檬萌、张淇馨	基于文化线路理念建构随枣走廊曾随文化遗存保护利用体系	《中国文化遗产》2022年第6期	期刊	段春娥，湖北大学	高校
210	范建华、邓子璇	景迈山古茶林文化景观的价值意蕴与申遗意义	《农业考古》2022年第5期	期刊	华中师范大学	高校
211	傅玥、赵春光	安徽六安毛坦厂镇	《文物》2022年第10期	期刊	傅玥，华中师范大学；赵春光，武汉大学	高校
212	高劲松、张强、李帅珂	可移动文物的知识图谱构建及关联数据存储——以湖北省博物馆为例	《现代情报》2022年第4期	期刊	华中师范大学	高校
213	巩家楠、黄柏权	北方茶都：清代张家口茶叶贸易的变迁	《中南民族大学学报》（人文社会科学版）2022年第1期	期刊	湖北大学	高校

续表

序号	作者	文章名称	出处	出版物类型	湖北作者所属单位	作者区域
214	顾振清、肖波、张小朋、刘健、何也、岳小莉、柴秋霞、谭姗姗、周虹霞、姚菲、王开、李荔	“探索 思考 展望：元宇宙与博物馆”学人笔谈	《东南文化》2022 年第 3 期	期刊	武汉大学	高校
215	管传鋆、杨爱杰	基于 RMP 分析的武汉工业遗产旅游开发	《武汉职业技术学院学报》2022 年第 4 期	期刊	武汉理工大学	高校
216	郭林、张博	史前时期汉水流域农作物结构研究	《农业考古》2022 年第 4 期	期刊	张博，湖北大学	高校
217	何道明、潘世东	承袭与流变：清代汉水流域方志中的茶俗文化	《农业考古》2022 年第 2 期	期刊	汉江师范学院	高校
218	贺诚	博物馆视野下工业遗产展示与活化设计——以湖北地区为例	《美与时代(城市版)》2022 年第 11 期	期刊	湖北美术学院	高校
219	贺黎民、邵晶、邸楠	石峁古城石质建筑材料来源探讨	《考古与文物》2022 年第 2 期	期刊	贺黎民，武汉大学	高校
220	洪亮、宋睿、朱丽雅、侯雯君	知识关联视角下的文化遗产知识大图研究：理论、方法和趋势	《图书情报知识》2022 年第 2 期	期刊	武汉大学	高校
221	洪晓纯、贺成坡	岛屿东南亚考古学史及当今争论热点	《南方文物》2022 年第 3 期	期刊	贺成坡，武汉大学	高校
222	侯西龙、王晓光、段青玉	数字人文视域下文化遗产图像远读可视化调查与分析	《图书情报工作》2022 年第 3 期	期刊	武汉大学	高校
223	黄柏权、巩家楠	清末新疆私茶案件与地方政府应对	《江汉论坛》2022 年第 9 期	期刊	湖北大学	高校

续表

序号	作者	文章名称	出处	出版物类型	湖北作者所属单位	作者区域
224	黄柏权、巩家楠	文旅融合背景下万里茶道文化遗产保护利用	《文化产业研究》2022年第2期	期刊	湖北大学	高校
225	黄柏权、巩家楠	万里茶道茶商群体研究的回顾与思考	《中国史研究动态》2022年第6期	期刊	湖北大学	高校
226	黄柏权、平英志	清代地方政府对“万里茶道”茶源地茶业的经营管理——以安化茶业碑刻资料为中心	《中南民族大学学报》（人文社会科学版）2022年第1期	期刊	湖北大学	高校
227	黄祥深、谭雅云	抗战时期南京国民政府的茶叶贸易政策研究	《农业考古》2022年第2期	期刊	三峡大学	高校
228	黄永林、李媛媛	文化强国战略背景下的中国文化遗产保护与利用	《理论月刊》2022年第3期	期刊	华中师范大学	高校
229	雷挽侨、孙淘泽	楚文化基因视角下荆州古城景观规划研究	《乡村科技》2022年第1期	期刊	长江大学	高校
230	李龙俊、樊温泉	河南新郑市侯家台墓地三座东周墓	《考古》2022年第10期	期刊	李龙俊，武汉大学	高校
231	李敏芊、李晓峰、汤诗旷	绳墨传承：建造史视野下武陵山区民间工匠生存与传承现状研究	《建筑学报》2022年S1期	期刊	华中科技大学	高校
232	李清临	多学科视角下的秦汉砖瓦窑炉工艺技术与交流研究	《四川文物》2022年第3期	期刊	武汉大学	高校
233	李然	土司文化遗产的复合性、多元价值及其实现路径	《贵州民族研究》2022年第5期	期刊	中南民族大学	高校
234	李然	“土司文化遗产”专题研究	《贵州民族研究》2022年第5期	期刊	中南民族大学	高校

续表

序号	作者	文章名称	出处	出版物类型	湖北作者所属单位	作者区域
235	李小梅	世界文化遗产视阈下的唐崖土司文化旅游开发研究	《遵义师范学院学报》2022 年第 3 期	期刊	三峡大学	高校
236	梁婷婷	老挝史前考古研究概述	《南方文物》2022 年第 3 期	期刊	武汉大学	高校
237	刘国胜、刘松清	包山楚简文字释读剩义	《江汉考古》2022 年第 3 期	期刊	武汉大学	高校
238	刘辉	两城之际的文化扩张及石家河城的崛起	《南方文物》2022 年第 6 期	期刊	湖北大学	高校
239	刘金林、顾云杰	“156 项工程”与新中国重工业中心城市的调整——以湖北省黄石市为例	《文化软实力研究》2022 年第 3 期	期刊	刘金林，湖北师范大学	高校
240	刘婧	“东盟文化遗产数字档案馆”项目及启示	《数字图书馆论坛》2022 年第 4 期	期刊	华中师范大学	高校
241	刘礼堂、冯新悦	“一带一路”视野下西南茶马古道研究：回顾、反思与展望	《武汉大学学报》（哲学社会科学版）2022 年第 3 期	期刊	武汉大学	高校
242	刘礼堂、周翠云、王远方	从新石器考古学文化看长江中游地区的原始宗教	《江汉考古》2022 年第 1 期	期刊	刘礼堂、周翠云，武汉大学	高校
243	刘玲、杨明星、狄敬如、姜炎、何琰	湖北黄陂盘龙城遗址出土绿松石产源研究	《江汉考古》2022 年第 4 期	期刊	中国地质大学（武汉）	高校
244	刘伟毅、伍昌友、屈万英	鄂东南传统村落宗祠保护与活化利用研究——以湖北通山县白泥村为例	《华中建筑》2022 年第 4 期	期刊	武汉科技大学	高校

续表

序号	作者	文章名称	出处	出版物类型	湖北作者所属单位	作者区域
245	刘一婷、谢紫晨、王洋、种建荣、雷兴山	陕西岐山孔头沟遗址马坑出土马骨的鉴定与研究	《南方文物》2022年第6期	期刊	刘一婷、谢紫晨、王洋，武汉大学	高校
246	刘振	湖北秦汉时期文房用品初探	《南方文物》2022年第4期	期刊	武汉大学	高校
247	卢世菊、周泽芳	农业文化遗产旅游研究进展及趋势——基于CiteSpace可视化分析	《华中师范大学学报》（自然科学版）2022年第6期	期刊	中南民族大学	高校
248	罗理婷、陈春	曾国玉器的类型与用玉制度探究	《艺术品鉴》2022年第5期	期刊	湖北美术学院	高校
249	马艺函、陈实	明显陵石象生的艺术风格与形成因素探讨	《包装与设计》2022年第5期	期刊	武汉科技大学	高校
250	马艺函、陈实、刘琦瑶	明显陵石雕装饰艺术表现形式研究	《美术教育研究》2022年第13期	期刊	武汉科技大学	高校
251	孟修祥	楚国商贾文化透视	《长江大学学报》（社会科学版）2022年第5期	期刊	长江大学	高校
252	潘宇	武当古建筑群的色彩体现方式	《炎黄地理》2022年第2期	期刊	华中科技大学	高校
253	盘华、王兴尧	基于北京故宫和台北故宫探析博物馆文创开发	《山东艺术》2022年第2期	期刊	华中师范大学	高校
254	彭博	基于文本分类和主题模型的文化遗产信息资源知识发现方法	《文献与数据学报》2022年第3期	期刊	华中师范大学	高校

续表

序号	作者	文章名称	出处	出版物类型	湖北作者所属单位	作者区域
255	皮亚娟	新时代河南博物院文创产品创新开发研究	《洛阳理工学院学报》（社会科学版）2022 年第 3 期	期刊	华中师范大学	高校
256	秦静静	考古学视域下楚文化符号的分层阐释与体系建构	《湖北社会科学》2022 年第 11 期	期刊	武汉大学	高校
257	秦静静、余西云	考古学视域下的楚文化变迁过程	《人文论丛》2022 年第 1 期	期刊	武汉大学	高校
258	任正	游戏、意象与遗产：竹马文化的多维透视	《长江大学学报》（社会科学版）2022 年第 4 期	期刊	华中师范大学	高校
259	沈壮海	文化图强的世界图景	《武汉大学学报》（哲学社会科学版）2022 年第 3 期	期刊	武汉大学	高校
260	宋时磊、颜婷婷	质量橱窗：近代博览会与中国外贸茶的品质兴衰	《农业考古》2022 年第 2 期	期刊	武汉大学	高校
261	宋亦萧	商代刻“⊕”符玉人为商祖神及雷神帝喾考	《美术大观》2022 年第 3 期	期刊	华中师范大学	高校
262	宋亦萧	战国《人物龙凤帛画》“人物”为湘夫人考	《美术大观》2022 年第 7 期	期刊	华中师范大学	高校
263	苏荣誉、张昌平	论盘龙城楼子湾青铜鬲 LWM4：3 的铸造工艺及相关问题	《南方文物》2022 年第 2 期	期刊	中国科学院、武汉大学	高校
264	苏秀磊	AR 技术下唐崖土司文化视觉再现的解码与编码	《美与时代（上）》2022 年第 1 期	期刊	中南民族大学	高校

续表

序号	作者	文章名称	出处	出版物类型	湖北作者所属单位	作者区域
265	孙若风	从“数字长城”看文化传承的数字化担当	《人文天下》2022 年第 6 期	期刊	武汉大学	高校
266	谭刚毅、曹筱袤、耿旭初	基于“先生产，后生活”视角的三线工业遗产的整体性及其研究	《中外建筑》2022 年第 6 期	期刊	华中科技大学	高校
267	王百川	琱生簋铭“仆墉土田”新探	《南方文物》2022 年第 6 期	期刊	武汉大学	高校
268	王枞聪	近代汉口历史街区景观设计叙事研究	《设计艺术研究》2022 年第 6 期	期刊	武汉理工大学	高校
269	王柯、吕冠阳	从包山楚墓《车马出行图》谈楚国服饰款式特征及形成原因	《服装学报》2022 年第 5 期	期刊	武汉纺织大学	高校
270	王双全、王鑫	唐崖土司城石雕艺术与数字化保护研究	《美术文献》2022 年第 6 期	期刊	武汉理工大学	高校
271	王双全、周子云	唐崖土司城遗址空间形态和建筑特征探析	《艺术市场》2022 年第 20 期	期刊	武汉理工大学	高校
272	王伟、韩知晓、孟宇潇	博物馆进校园——湖北省博物馆宣教互动文创产品的开发与研究	《美术教育研究》2022 年第 16 期	期刊	武汉科技大学	高校
273	王文斌、田从祥、潘博	基于城市双修背景下荆州古城老旧社区改造设计——以湖北省荆州市便河社区为例	《四川建材》2022 年第 1 期	期刊	长江大学	高校
274	王欣怡、谭刚毅	蒲纺三线建设工业遗产现状解析与再利用探究——以蒲纺热电厂为例	《华中建筑》2022 年第 2 期	期刊	华中科技大学	高校
275	王鑫	新见晋荆氏妃鼎初识	《中原文物》2022 年第 6 期	期刊	武汉大学	高校

续表

序号	作者	文章名称	出处	出版物类型	湖北作者所属单位	作者区域
276	王洋、王昱霖	论中山成公墓銮铃的古物新用	《北方文物》2022 年第 6 期	期刊	武汉大学	高校
277	韦璇	马来西亚史前考古学史	《南方文物》2022 年第 3 期	期刊	武汉大学	高校
278	韦璇、李英华、娄文台、李婷、杨濡僖、陈晓颖	中国考古的国际化分析——从中外考古期刊论文数据出发	《南方文物》2022 年第 1 期	期刊	武汉大学	高校
279	韦璇、袁俊杰	从墓砖上的手掌印纹看两广东汉至南朝陶工的体质特征	《人类学学报》2022 年第 1 期	期刊	韦璇，武汉大学	高校
280	魏文婉、杨心雨	基于文本挖掘的考古遗址公园规划影响评估研究——以苏家垄遗址为例	《江汉考古》2022 年第 6 期	期刊	湖北大学	高校
281	翁春萌、陈子阳	文化记忆理论视角下三线工业遗产的活化研究态势及展望	《文化软实力研究》2022 年第 6 期	期刊	武汉科技大学	高校
282	吴京蓉	数字媒体推进唐崖土司文化传播的路径探索	《新闻研究导刊》2022 年第 20 期	期刊	湖北民族大学	高校
283	吴理民	乡村振兴背景下大遗址区村庄建设规划策略研究——以“楚纪南故城”遗址区松柏村二组为例	《福建建筑》2022 年第 11 期	期刊	长江大学	高校
284	肖波	激活新时代博物馆发展的多维力量	《人文天下》2022 年第 9 期	期刊	武汉大学	高校
285	肖波、黄晶莹	简论博物馆夜游的文化逻辑与实践模式	《中国博物馆》2022 年第 1 期	期刊	武汉大学	高校

续表

序号	作者	文章名称	出处	出版物类型	湖北作者所属单位	作者区域
286	肖波、余艺芳	文明交流视角下石窟遗产的亚洲印记与全球价值	《湖北民族大学学报》（哲学社会科学版）2022年第3期	期刊	武汉大学	高校
287	肖波、张远远	中国石窟的文化特性与时代价值：基于313项国保单位的考察	《南方文物》2022年第4期	期刊	武汉大学	高校
288	肖洋	曾国称为“随”国的字义原因考析	《汉字文化》2022年第12期	期刊	武汉科技大学	高校
289	萧毅	《战国楚简合集（三）·曾侯乙墓竹简》评价	《江汉考古》2022年第6期	期刊	武汉大学	高校
290	谢佳静	博物馆发展文化创意产业的现状研究	《美与时代（上）》2022年第1期	期刊	华中师范大学	高校
291	谢祺	从出土五铢钱看汉朝治下的云南民族经济与文化	《中国钱币》2022年第1期	期刊	华中师范大学	高校
292	谢双玉、郑玮博、程绍文、阴姣姣	武汉军运文化遗产价值评价	《华中师范大学学报》（自然科学版）2022年第1期	期刊	华中师范大学	高校
293	熊杰	楚文化的自然观与社会观	《产业与科技论坛》2022年第17期	期刊	武昌工学院	高校
294	熊杰	先秦及两汉时期的楚文化呈现	《产业与科技论坛》2022年第18期	期刊	武昌工学院	高校
295	徐少华	关于南阳夏饷铺鄂国墓地的几个问题	《江汉考古》2022年第2期	期刊	武汉大学	高校
296	许波啸	唐崖土司文化区域品牌建构策略研究	《新闻研究导刊》2022年第13期	期刊	湖北民族大学	高校

续表

序号	作者	文章名称	出处	出版物类型	湖北作者所属单位	作者区域
297	许广通、何依	城市历史景观的区域性分析与关联式建构策略——以荆州古城为例	《新建筑》2022 年第 2 期	期刊	华中科技大学，湖北省城镇化工程技术研究中心	高校
298	晏昌贵、罗丹	“为郢”地望考论	《湖北社会科学》2022 年第 3 期	期刊	武汉大学	高校
299	杨娟、姚政权、郭怡、谢诗雨、何晓琳、高颖彤、胡耀武	安徽阜南台家寺遗址出土龟甲的 C、N 稳定同位素分析	《第四纪研究》2022 年第 4 期	期刊	何晓琳，武汉大学	高校
300	杨名	论楚乐舞的艺术特征	《长江大学学报》（社会科学版）2022 年第 4 期	期刊	长江大学	高校
301	杨珊	土司制度时期唐崖土司城空间生成机制研究	《设计艺术研究》2022 年第 1 期	期刊	武汉理工大学	高校
302	杨巍	马口窑当代陶艺创作的启示	《美术观察》2022 年第 11 期	期刊	江汉大学	高校
303	姚克难、刘虹弦	楚式琴造型中的崇龙文化探析——以曾侯乙十弦琴为例	《武汉纺织大学学报》2022 年第 1 期	期刊	华中农业大学、武汉纺织大学	高校
304	尹松鹏、杨华	二里头遗址与夏桀末都河南城	《华夏考古》2022 年第 1 期	期刊	武汉大学	高校
305	余召臣	遗产旅游与文化认同的模型建构与实践策略——基于互动仪式链的视角	《西南民族大学学报》（人文社会科学版）2022 年第 3 期	期刊	华中师范大学	高校
306	翟天民、姚富靖	帝汶岛史前考古研究概述	《南方文物》2022 年第 3 期	期刊	翟天民，武汉大学	高校

续表

序号	作者	文章名称	出处	出版物类型	湖北作者所属单位	作者区域
307	张昌平	概说古代中国绿松石器的发展及其礼仪性	《江汉考古》2022 年第 4 期	期刊	武汉大学	高校
308	张昌平	从三棱锥形器足看中国青铜时代块范法铸造技术特质的形成	《考古》2022 年第 3 期	期刊	武汉大学	高校
309	张昌平	我心目中的好图录——评《宝鸡青铜器博物院藏商周青铜器》	《南方文物》2022 年第 3 期	期刊	武汉大学	高校
310	张昌平	从北白鹅墓地看周人东迁后的社会变局	《文物季刊》2022 年第 4 期	期刊	武汉大学	高校
311	张昌平	从北白鹅墓地看周人东迁后的社会变局	《文物季刊》2022 年第 4 期	期刊	武汉大学	高校
312	张昌平	论殷墟文化的镶嵌绿松石青铜器——从中国国家博物馆收藏的镶嵌绿松石方缶和兵器谈起	《中国国家博物馆馆刊》2022 年第 10 期	期刊	武汉大学	高校
313	张国超、唐培、陈志军	旅游活动对世界文化遗产地社区可持续发展影响——以我国 9 处世界遗产地为例	《中国名城》2022 年第 1 期	期刊	张国超，武汉轻工大学	高校
314	张鸿浩、胡静、刘海朦、张寅颖、李思男、李笑玲	革命历史题材剧对相关红色旅游景点网络关注度的影响研究——以《觉醒年代》为例	《华中师范大学学报》（自然科学版）2022 年第 6 期	期刊	华中师范大学	高校
315	张晶、龚淑慧	红色历史建筑的价值与保护策略研究——以武汉农民运动讲习所旧址为例	《建筑科技》2022 年第 14 期	期刊	武汉科技大学	高校
316	张小虎	秦简所见餟祭及其相关问题	《江汉考古》2022 年第 3 期	期刊	武汉大学	高校

续表

序号	作者	文章名称	出处	出版物类型	湖北作者所属单位	作者区域
317	张奕、戎鑫	明清湖北地区道教建筑时空特征及原因初探	《古建园林技术》2022年第5期	期刊	武汉理工大学	高校
318	赵潮、李涛	动物考古视角下的宴飨行为研究	《南方文物》2022年第2期	期刊	李涛，武汉大学	高校
319	赵春光	带着农业出发——《最早的农人：农业社会的起源》读后	《南方文物》2022年第3期	期刊	武汉大学	高校
320	赵雪芹、李天娥	面向数字人文的档案领域本体构建研究——以万里茶道档案资料为例	《情报理论与实践》2022处第8期	期刊	湖北大学	高校
321	赵雪芹、李天娥、曾刚	基于Neo4j的万里茶道数字资源知识图谱构建研究	《情报资料工作》2022处第5期	期刊	湖北大学	高校
322	赵亚梨、杨爱杰	工业文化传承视域下武汉工业遗产的保护和利用路径	《湖北第二师范学院学报》2022年第6期	期刊	武汉理工大学	高校
323	郑家瑜、赵一鸣、季茜	移情理念下的盘龙城博物院文物传播移动应用设计探究	《包装工程》2022年第2期	期刊	华中科技大学	高校
324	郑淞尹、孙传明、谈国新	基于文本挖掘的中外游客文化感知差异——以世界遗产地为例	《华侨大学学报》(哲学社会科学版)2022年第7期	期刊	华中师范大学	高校
325	郑淞尹、王萍、丁恒、谈国新	基于方面级情感分析的博物馆数字化服务用户体验研究	《情报科学》2022年第4期	期刊	华中师范大学	高校
326	郑威、李威霖	岳麓简中的江胡郡与秦代江东的地域整合	《江汉考古》2022年第6期	期刊	武汉大学	高校
327	周国林	张舜徽先生的罗振玉学术研究	《史学史研究》2022年第1期	期刊	华中师范大学	高校

续表

序号	作者	文章名称	出处	出版物类型	湖北作者所属单位	作者区域
328	周欣然、谭早荣、孙熇	熊家冢葬玉研究	《文教资料》2022 年第 8 期	期刊	长江大学	高校
329	邹涵、呼笑	“因商而生”的汉口中山大道发展史与历史街区保护研究	《建筑与文化》2022 年第 5 期	期刊	湖北工业大学	高校
330	邹秋实	江汉平原及周边地区夏商时期聚落景观研究	《考古》2022 年第 1 期	期刊	武汉大学	高校
331	左奇志	武当真武像形制演变中的政治隐喻	《理论月刊》2022 年第 9 期	期刊	湖北美术学院	高校
332	刘玉堂、刘晔	从出土司法文书看秦至汉初的社交关系	《湖北社会科学》2022 年第 11 期	期刊	刘玉堂，湖北省社会科学院；刘晔，湖北大学	科研院所
333	刘玉堂、王玥瑶	楚疆西拓的学术史考察	《长江大学学报》（社会科学版）2022 年第 5 期	期刊	湖北省社会科学院	科研院所
334	潘洪钢、贾石	清代驻防旗人的婚姻圈——以朱卷履历为中心	《吉林师范大学学报》（人文社会科学版）2022 年第 4 期	期刊	湖北省社科院	科研院所
335	谢晓来	周秦汉时期襄阳地区城邑格局的演变过程	《社会科学动态》2022 年第 2 期	期刊	湖北省社会科学院	科研院所
336	尹弘兵、谢晓来	“张楚”新解	《长江大学学报》（社会科学版）2022 年第 1 期	期刊	湖北省社会科学院	科研院所
337	陈文华	清代中俄茶叶贸易路线变迁	《江汉论坛》2022 年第 2 期	期刊	湖北省社会科学院	科研院所

论　　文*（来源：图书、内刊）

序号	作者	文章名称	出处	发行单位及发行时间	出版物类型	湖北作者所属单位	作者区域
1	杜杰	稳步推进荆楚大遗址传承发展工程 持续提升湖北文化软实力	《湖北文物事业发展“十四五”研究》	科学出版社，2022年5月	图书	湖北省文化和旅游厅	省直
2	蔡加宝	湖北对外文物交流工作的一点思考	《湖北文物事业发展“十四五”研究》	科学出版社，2022年4月	图书	湖北省文物事业发展中心	省直
3	刘桥、马军	文物密集区保护补偿机制初探	《湖北文物事业发展“十四五”研究》	科学出版社，2022年6月	图书	湖北省文物事业发展中心	省直
4	孙立	新时代 新文创——湖北博物馆文化创意产品开发探索之路	《湖北文物事业发展“十四五”研究》	科学出版社，2022年7月	图书	湖北省文物事业发展中心	省直
5	汤强松	构建湖北省文物领域的中华文明标识	《湖北文物事业发展“十四五”研究》	科学出版社，2022年8月	图书	湖北省文物事业发展中心	省直
6	王风竹	积极践行“一带一路”倡议 努力打造“万里茶道”文化遗产品牌 ——加强“万里茶道”文化遗产国际合作和联合申遗	《湖北文物事业发展“十四五”研究》	科学出版社，2022年9月	图书	湖北省文物事业发展中心	省直
7	吴红敬	湖北馆藏文物开发利用模式研究	《湖北文物事业发展“十四五”研究》	科学出版社，2022年10月	图书	湖北省文物事业发展中心	省直

* 作者区域以第一作者或湖北作者靠前者为准。

续表

序号	作者	文章名称	出处	发行单位及发行时间	出版物类型	湖北作者所属单位	作者区域
8	吴建刚	以法治力量构筑荆楚特色文物安全防护体系	《湖北文物事业发展“十四五”研究》	科学出版社，2022年11月	图书	湖北省文物事业发展中心	省直
9	张晓云	基建考古“十四五”外部环境变化分析及应对策略	《湖北文物事业发展“十四五”研究》	科学出版社，2022年12月	图书	湖北省文物事业发展中心	省直
10	张晓云	考古发掘出土文物移交问题研究	《湖北文物事业发展“十四五”研究》	科学出版社，2022年13月	图书	湖北省文物事业发展中心	省直
11	张晓云	“十四五”县级博物馆建设问题之探讨	《湖北文物事业发展“十四五”研究》	科学出版社，2022年14月	图书	湖北省文物事业发展中心	省直
12	陈旻	建设文物信息化数据平台 推动荆楚文化遗产活起来	《文旅湖北》2022年第2期	湖北省文化和旅游厅	内刊	湖北省文物事业发展中心	省直
13	张晓云	乡镇：打通大遗址保护利用“最后一千米”的新力量——湖北襄州凤凰咀遗址保护利用工作调研	《文物调研》2022年第1期	国家文物局	内刊	湖北省文物事业发展中心	省直
14	张晓云、汤强松、薛玉翔、刘桥、陈旻	以古山寨为抓手，破解山区文物保护困境	《湖北省国家文化公园建设工作研究专报》2022年第4期(总第4期)	湖北省国家文化公园建设工作领导小组办公室 湖北省文化和旅游厅，2022年11月3日	内刊	湖北省文物事业发展中心	省直

续表

序号	作者	文章名称	出处	发行单位及发行时间	出版物类型	湖北作者所属单位	作者区域
15	陶军、何凌	文物保护的基层困境与优化策略	《中国公共文化政策研究实验基地观察报告(2021—2022)》	武汉大学出版社，2022年3月	图书	武汉大学，湖北省文物事业发展中心	省直
16	王风竹，代建波	突出遗址特色，打造文化品牌 争创湖北国家考古遗址公园建设的示范项目	《铜绿山古铜矿遗址与中国青铜文明研究》	长江出版社，2022年8月	图书	湖北省文物事业发展中心，大冶市铜绿山古铜矿遗址保护管理委员会	省直
17	赵明明、余净阳	二十大党代表宣讲进行时	《文旅湖北》2022年11月19日	湖北省文化和旅游厅	《文旅中国》微信公众号内刊	湖北省博物馆	省直
18	黄翀宇	观众体验对博物馆新馆建设影响的思考——以湖北省博物馆三期新馆为例	《中国博物馆协会博物馆管理专业委员会论文集(2020—2021)》	上海书画出版社，2022年8月	图书	湖北省博物馆	省直
19	罗恰、张晓冲	徐行可校跋本《醉翁谈录》略考	《徐行可研究论集》	国家图书馆出版社，2022年12月	图书	湖北省博物馆	省直
20	黄翀宇	“互联网+”背景下博物馆文创产品设计推广发展趋势	《博物馆文创实践与研究》	学苑出版社，2022年8月	图书	湖北省博物馆	省直
21	蔡路武	湖北明代藩王墓瓷器来源、方式、性质等若干问题的思考	《中国古陶瓷研究》(第二十七辑)	紫禁城出版社，2022年11月	图书	湖北省博物馆	省直

续表

序号	作者	文章名称	出处	发行单位及发行时间	出版物类型	湖北作者所属单位	作者区域
22	罗恰	据战国楚文字校解《素问》二则	《中医典籍与文化》2022年第一辑（总第4期）	社科文献出版社 2022年12月	图书	湖北省博物馆	省直
23	罗恰、张晓冲	新见龙启瑞佚稿《韶帚集》的文学与文献价值	《桂学研究（第九辑）》	广西师范大学出版社，2022年12月	图书	湖北省博物馆	省直
24	杨蕾、林戈	文创产品在博物馆文化传播和教育中的作用	《中国博物馆协会文创产品专业委员会2022年国际文创会议》文集	学苑出版社，2022年8月	图书	湖北省博物馆	省直
25	罗恰	徐恕校书题跋辑释	《版本目录学研究2022年》	复旦大学出版社，2022年3月	图书	湖北省博物馆	省直
26	黄翀宇、黄娟	体验中学习——双减背景下，博物馆能为青少年观众做些什么？	《博物馆的力量——2022年湖北省博物馆协会学术研讨会论文集》	湖北美术出版社，2022年12月	图书	湖北省博物馆	省直
27	李刚	浅析博物馆和考古所政府采购管理内部控制	《博物馆的力量——2022年湖北省博物馆协会学术研讨会论文集》	湖北美术出版社，2022年12月	图书	湖北省博物馆	省直
28	刘沙	博物馆如何改善观众参观行为中的“视而不见”现象——从心理学“无意视盲四因素模型”出发	《中国博物馆协会博物馆学专业委员会2021年“博物馆与多元学科的关系”学术研讨会论文集》	文物出版社，2022年5月	图书	湖北省博物馆	省直

续表

序号	作者	文章名称	出处	发行单位及发行时间	出版物类型	湖北作者所属单位	作者区域
29	罗乐	非物质文化遗产在博物馆中的呈现与表达	《博物馆的力量——2022年湖北省博物馆协会学术研讨会论文集》	湖北美术出版社，2022年12月	图书	湖北省博物馆	省直
30	马业平	共享经济视野下的博物馆文化产业运营方式探讨	《博物馆的力量——2022年湖北省博物馆协会学术研讨会论文集》	湖北美术出版社，2022年12月	图书	湖北省博物馆	省直
31	钱红	“献给银发族的爱”彰显博物馆力量	《博物馆的力量——2022年湖北省博物馆协会学术研讨会论文集》	湖北美术出版社，2022年12月	图书	湖北省博物馆	省直
32	石绘雯、夏冰	从曾伯克父青铜组器浅谈博物馆在国家文化安全中的重要性	《博物馆的力量——2022年湖北省博物馆协会学术研讨会论文集》	湖北美术出版社，2022年12月	图书	湖北省博物馆	省直
33	汤文韵	新媒体、新技术在博物馆数字化建设中的应用与影响——以2022年518国际博物馆日湖北主会场活动为例	《博物馆的力量——2022年湖北省博物馆协会学术研讨会论文集》	湖北美术出版社，2022年12月	图书	湖北省博物馆	省直
34	汪静文	博物馆的力量	《博物馆的力量——2022年湖北省博物馆协会学术研讨会论文集》	湖北美术出版社，2022年12月	图书	湖北省博物馆	省直
35	于淼	媒介融合时代下对博物馆组织结构优化的设想	《中国公共文化政策研究实验基地观察报告(2021—2023)》	武汉大学出版社，2022年3月	图书	湖北省博物馆	省直

续表

序号	作者	文章名称	出处	发行单位及发行时间	出版物类型	湖北作者所属单位	作者区域
36	余净阳	对博物馆开展残障群体教育工作的思考	《博物馆的力量——2022年湖北省博物馆协会学术研讨会论文集》	湖北美术出版社，2022年12月	图书	湖北省博物馆	省直
37	余珮瑶	博物馆举办国际学术会议的经验和思考——以国际博协乐器专委会学术研讨会为例	《博物馆的力量——2022年湖北省博物馆协会学术研讨会论文集》	湖北美术出版社，2022年12月	图书	湖北省博物馆	省直
38	张玉婷	安防机器人在博物馆夜间巡逻 中应用的思考	《博物馆的力量——2022年湖北省博物馆协会学术研讨会论文集》	湖北美术出版社，2022年12月	图书	湖北省博物馆	省直
39	章旖	打造博物馆社教品牌的探索与实践——以辛亥革命武昌起义纪念馆“首义课堂”为例	《博物馆的力量——2022年湖北省博物馆协会学术研讨会论文集》	湖北美术出版社，2022年12月	图书	湖北省博物馆	省直
40	章旖、彭心贝	如何讲好展览中的红色故事	《博物馆的力量——2022年湖北省博物馆协会学术研讨会论文集》	湖北美术出版社，2022年12月	图书	湖北省博物馆	省直
41	陈树祥、胡幺琼、陈晨、陈一鸣	大冶铜绿山四方塘遗址新见宋代炉(窑)属性及相关问题研究	《铜绿山古铜矿遗址与中国青铜文明研究》	长江出版社，2022年8月	图书	陈树祥，湖北省文物考古研究院；胡幺琼，大冶铜绿山古铜矿遗址保护管理委员会	省直
42	陈春、陈树祥	大冶四方塘遗址春秋墓出土玉石器的初步整理	《铜绿山古铜矿遗址与中国青铜文明研究》	长江出版社，2022年8月	图书	湖北省博物馆，湖北省文物考古研究院	省直

续表

序号	作者	文章名称	出处	发行单位及发行时间	出版物类型	湖北作者所属单位	作者区域
43	方勤	大冶铜绿山及周边矿冶遗迹在青铜时代长江文明进程中的价值研究	《铜绿山古铜矿遗址与中国青铜文明研究》	长江出版社，2022年8月	图书	湖北省博物馆，湖北省文物考古研究院	省直
44	江旭东、方晨、李齐、陈树祥	铜绿山四方塘遗址墓葬区出土青铜器科技保护研究	《铜绿山古铜矿遗址与中国青铜文明研究》	长江出版社，2022年8月	图书	湖北省博物馆，湖北省文物考古研究院	省直
45	万全文、杨理胜	西周楚史二题	《铜绿山古铜矿遗址与中国青铜文明研究》	长江出版社，2022年8月	图书	湖北省博物馆，湖北省文物考古研究院	省直
46	杨理胜	江陵纪南城与纪南城的楚贵族	《光融天下——荆楚文化特展》	科学出版社，2022年1月	图书	湖北省文物考古研究院	省直
47	陈娟	也谈博物馆对水下文化遗产保护的公众宣传	《博物馆的力量——2022年湖北省博物馆协会学术研讨会论文集》	湖北美术出版社，2022年12月	图书	湖北省文物考古研究院	省直
48	黄凤春	关于叶家山西周有铭曾国青铜器的产地及矿料来源问题	《铜绿山古铜矿遗址与中国青铜文明研究》	长江出版社，2022年8月	图书	湖北省文物考古研究院	省直
49	要二峰	周代的毁兵葬俗	《考古学集刊》第26集	社会科学文献出版社，2022年6月	图书	湖北省文物考古研究院	省直
50	冯正午、李奇	破损陶瓷器创意性展示与再造的设计思路	《修和集粹——湖北省文物交流信息中心陶瓷文物保护修复研究与实践汇编》	武汉出版社，2022年8月	图书	湖北工业大学，湖北省文物交流信息中心	省直

续表

序号	作者	文章名称	出处	发行单位及发行时间	出版物类型	湖北作者所属单位	作者区域
51	范小宁、李奇	陶器修复与瓷器修复的同异	《修和集粹——湖北省文物交流信息中心陶瓷文物保护修复研究与实践汇编》	武汉出版社，2022年8月	图书	湖北省文物交流信息中心	省直
52	方媛	编写陶瓷文物保护修复项目档案及验收报告的注意事项	《修和集粹——湖北省文物交流信息中心陶瓷文物保护修复研究与实践汇编》	武汉出版社，2022年8月	图书	湖北省文物交流信息中心	省直
53	何慧	博物馆运用“新媒体”展示社会教育力量的思考	《博物馆的力量——2022年湖北省博物馆协会学术研讨会论文集》	湖北美术出版社，2022年12月	图书	湖北省文物交流信息中心	省直
54	何慧、李奇	陶瓷文物修复表现形式初探	《修和集粹——湖北省文物交流信息中心陶瓷文物保护修复研究与实践汇编》	武汉出版社，2022年8月	图书	湖北省文物交流信息中心	省直
55	黄蓓、李超群、范小宁	略论博物馆提升城市软实力的途径与作用	《博物馆的力量——2022年湖北省博物馆协会学术研讨会论文集》	湖北美术出版社，2022年12月	图书	湖北省文物交流信息中心	省直
56	黎畅	文物价值认知与修复行为的关系概论——以古瓷器修复为例	《修和集粹——湖北省文物交流信息中心陶瓷文物保护修复研究与实践汇编》	武汉出版社，2022年8月	图书	湖北省文物交流信息中心	省直

续表

序号	作者	文章名称	出处	发行单位及发行时间	出版物类型	湖北作者所属单位	作者区域
57	李奇	陶瓷文物修旧如什么	《修和集粹——湖北省文物交流信息中心陶瓷文物保护修复研究与实践汇编》	武汉出版社，2022 年 8 月	图书	湖北省文物交流信息中心	省直
58	祁筱菡	全损瓷器利用实践——以古瓷片镜框为例	《修和集粹——湖北省文物交流信息中心陶瓷文物保护修复研究与实践汇编》	武汉出版社，2022 年 8 月	图书	湖北省文物交流信息中心	省直
59	汪洋	旧有修复痕迹的拆除	《修和集粹——湖北省文物交流信息中心陶瓷文物保护修复研究与实践汇编》	武汉出版社，2022 年 8 月	图书	湖北省文物交流信息中心	省直
60	袁玫	出水陶瓷文物表面凝结物的处置	《修和集粹——湖北省文物交流信息中心陶瓷文物保护修复研究与实践汇编》	武汉出版社，2022 年 8 月	图书	湖北省文物交流信息中心	省直
61	张济夏	彩绘修复中的作色和补绘	《修和集粹——湖北省文物交流信息中心陶瓷文物保护修复研究与实践汇编》	武汉出版社，2022 年 8 月	图书	湖北省文物交流信息中心	省直
62	张济夏、李剑	应用 5G+AR 文物修复助手的感悟与思考	《修和集粹——湖北省文物交流信息中心陶瓷文物保护修复研究与实践汇编》	武汉出版社，2022 年 8 月	图书	湖北省文物交流信息中心	省直

续表

序号	作者	文章名称	出处	发行单位及发行时间	出版物类型	湖北作者所属单位	作者区域
63	周丹	从“小众”走向“大众”——湖北省行业博物馆发展现状与前景探析	《博物馆的力量——2022年湖北省博物馆协会学术研讨会论文集》	湖北美术出版社，2022年12月	图书	湖北省文物交流信息中心	省直
64	朱晓敏	3D打印技术在陶瓷文物修复中的应用	《修和集粹——湖北省文物交流信息中心陶瓷文物保护修复研究与实践汇编》	武汉出版社，2022年8月	图书	湖北省文物交流信息中心	省直
65	高斯迪、谭喜英	一件破损陶瓷器的修复路线	《修和集粹——湖北省文物交流信息中心陶瓷文物保护修复研究与实践汇编》	武汉出版社，2022年8月	图书	湖北省文物交流信息中心、巴东县博物馆	省直
66	柯萍萍、王江	陶瓷文物修复的基础条件	《修和集粹——湖北省文物交流信息中心陶瓷文物保护修复研究与实践汇编》	武汉出版社，2022年8月	图书	柯萍萍，湖北省文物交流信息中心	省直
67	黎畅、王志强	科技检测在陶瓷文物保护修复中的作用	《修和集粹——湖北省文物交流信息中心陶瓷文物保护修复研究与实践汇编》	武汉出版社，2022年8月	图书	黎畅，湖北省文物交流信息中心	省直
68	李奇、谢俊波	2022年度国家出版基金资助项目《瓷气永宝》的实施意义	《修和集粹——湖北省文物交流信息中心陶瓷文物保护修复研究与实践汇编》	武汉出版社，2022年8月	图书	湖北省文物交流信息中心，湖北长江传媒数字出版有限公司	省直

续表

序号	作者	文章名称	出处	发行单位及发行时间	出版物类型	湖北作者所属单位	作者区域
69	王双超、武凯	现状调查与价值评估在陶瓷文物保护修复中的作用	《修和集粹——湖北省文物交流信息中心陶瓷文物保护修复研究与实践汇编》	武汉出版社，2022年8月	图书	王双超，湖北省文物交流信息中心	省直
70	袁方、姚金甫	陶瓷文物修复中补配的传统技法	《修和集粹——湖北省文物交流信息中心陶瓷文物保护修复研究与实践汇编》	武汉出版社，2022年8月	图书	袁方，湖北省文物交流信息中心	省直
71	周丹、李西林	陶瓷文物保护修复项目方案编制的注意事项	《修和集粹——湖北省文物交流信息中心陶瓷文物保护修复研究与实践汇编》	武汉出版社，2022年8月	图书	湖北省文物交流信息中心，巴东县博物馆	省直
72	程禹农	湖北省襄阳市襄阳城墙震华门(长门)	《中国古建筑行业年鉴(2021)》	中国建材工业出版社，2022年7月出版	图书	湖北省古建筑保护中心	省直
73	孙甜	因馆制宜重塑博物馆社会教育能力——湖北明清古建筑博物馆教育设计	《博物馆的力量——2022年湖北省博物馆协会学术研讨会论文集》	湖北美术出版社，2022年12月	图书	湖北省古建筑保护中心	省直
74	王林、陈亦文	湖北武汉大学早期建筑——理学院文物保护修缮工程	《2018—2019年度优秀古迹遗址保护项目案例详解》	中国建筑工业出版社，2022年7月出版	图书	湖北省古建筑保护中心，武汉大学	省直

续表

序号	作者	文章名称	出处	发行单位及发行时间	出版物类型	湖北作者所属单位	作者区域
75	周全	活化革命文物资源 推进高校铸魂育人——以武汉革命博物馆为例	《兵学大观园》	香港华文传记出版社，2022年第1辑	图书	武汉革命博物馆	武汉
76	刘安琪	博物馆红色档案资源的开发与利用研究	《中国博物馆协会纪念馆专业委员会2021—2022年会论文集》	湖南人民出版社，2022年5月	图书	武汉市中山舰博物馆	武汉
77	吕昌霖、冯志灵	星火燎原——长江中游城市群的红色文化场馆资源利用调查与对策	《中国博物馆协会纪念馆专业委员会2021—2022年会论文集》	湖南人民出版社，2022年5月	图书	武汉市中山舰博物馆	武汉
78	刘璟	博物馆的力量——以八路军武汉办事处旧址纪念馆为例	《博物馆的力量——2022年湖北省博物馆协会学术研讨会论文集》	湖北美术出版社，2022年12月	图书	八路军武汉办事处旧址纪念馆	武汉
79	王莹	革命纪念馆“红色力量”释放刍议——以八路军武汉办事处旧址纪念馆为例	《博物馆的力量——2022年湖北省博物馆协会学术研讨会论文集》	湖北美术出版社，2022年12月	图书	八路军武汉办事处旧址纪念馆	武汉
80	张冉	以文化人润物无声——浅谈市域治理下八路军武汉办事处旧址纪念馆如何发挥文化人作用提升市民道德素质	《博物馆的力量——2022年湖北省博物馆协会学术研讨会论文集》	湖北美术出版社，2022年12月	图书	八路军武汉办事处旧址纪念馆	武汉
81	张亚娟	革命纪念馆教育力量的三重意蕴	《博物馆的力量——2022年湖北省博物馆协会学术研讨会论文集》	湖北美术出版社，2022年12月	图书	八七会议会址纪念馆	武汉

续表

序号	作者	文章名称	出处	发行单位及发行时间	出版物类型	湖北作者所属单位	作者区域
82	韩武刚、汪庆	以史育人 以文化人 以情动人——以江汉关博物馆为例浅谈博物馆的力量	《博物馆的力量——2022年湖北省博物馆协会学术研讨会论文集》	湖北美术出版社，2022年12月	图书	江汉关博物馆	武汉
83	李小川	浅析博物馆公共服务中观众投诉	《博物馆的力量——2022年湖北省博物馆协会学术研讨会论文集》	湖北美术出版社，2022年12月	图书	江汉关博物馆	武汉
84	汪庆、韩武刚	向美而生：关于博物馆艺术展的几点思考——以江汉关博物馆为例	《博物馆的力量——2022年湖北省博物馆协会学术研讨会论文集》	湖北美术出版社，2022年12月	图书	江汉关博物馆	武汉
85	文婷彤	爱就是博物馆的力量——“2021，爱在江汉关”活动的经验与思考	《博物馆的力量——2022年湖北省博物馆协会学术研讨会论文集》	湖北美术出版社，2022年12月	图书	江汉关博物馆	武汉
86	许丹	浅析新时代背景下纪念馆爱国主义教育的发展	《博物馆的力量——2022年湖北省博物馆协会学术研讨会论文集》	湖北美术出版社，2022年12月	图书	江汉关博物馆	武汉
87	于建军	博物馆：塑魂求知赏美的圣殿	《博物馆的力量——2022年湖北省博物馆协会学术研讨会论文集》	湖北美术出版社，2022年12月	图书	江汉关博物馆	武汉
88	李一帆、王智	博物馆数字藏品开发利用刍议	《博物馆的力量——2022年湖北省博物馆协会学术研讨会论文集》	湖北美术出版社，2022年12月	图书	盘龙城遗址博物院	武汉

续表

序号	作者	文章名称	出处	发行单位及发行时间	出版物类型	湖北作者所属单位	作者区域
89	姚莉	中国史前至商周时期演变及特点	《武汉文博》2022 年第 3 期	武汉文物博物馆学会，武汉博物馆	内刊	武汉博物馆	武汉
90	丁燕	武汉市红色文化资源保护与利用刍议	《第三届香山革命精神与历史文化理论研究会论文集》	香山革命纪念馆，2022 年 9 月	图书	武汉博物馆	武汉
91	钱孟龙	湖泗明珠光华重现	《武汉文博》2022 年第 1 期	武汉文物博物馆学会，武汉博物馆	内刊	武汉博物馆	武汉
92	董元华	浅论博物馆如何培育青少年文化自信——以武汉博物馆为例	《博物馆的力量——2022 年湖北省博物馆协会学术研讨会论文集》	湖北美术出版社，2022 年 12 月	图书	武汉博物馆	武汉
93	裴斐	新媒体技术在博物馆社会教育中的应用	《中国公共文化政策研究实验基地观察报告（2021—2022）》	武汉大学出版社，2022 年 3 月	图书	武汉博物馆	武汉
94	王智麟	提升博物馆文创产品教育属性的探究	《博物馆的力量——2022 年湖北省博物馆协会学术研讨会论文集》	湖北美术出版社，2022 年 12 月	图书	武汉博物馆	武汉
95	王智麟	地市级博物馆社会教育的创新和优化	《博物馆的力量——2022 年湖北省博物馆协会学术研讨会论文集》	湖北美术出版社，2022 年 12 月	图书	武汉博物馆	武汉

续表

序号	作者	文章名称	出处	发行单位及发行时间	出版物类型	湖北作者所属单位	作者区域
96	郑晶	博物馆力量：宋代武汉地区经济与文化的传承见证——以武汉博物馆藏湖泗瓷瓜棱执壶为例	《博物馆的力量——2022年湖北省博物馆协会学术研讨会论文集》	湖北美术出版社，2022年12月	图书	武汉博物馆	武汉
97	王文宾	新升隆轮事件中武汉八办遇难人员考辩	《中国纪念馆研究 2022年》	新华出版社，2022年6月	图书	武汉博物馆	武汉
98	彭建	馆藏张之洞两湖书院信札释读	《武汉文博》2022年第4期	武汉文物博物馆学会，武汉博物馆	内刊	武汉博物馆	武汉
99	彭建、李笙清	关于新建博物馆文物征集方式的实践与探讨——以江汉关博物馆文物征集为例	《武汉文博》2022年第1期	武汉文物博物馆学会，武汉博物馆	内刊	武汉博物馆	武汉
100	彭建、李笙清	武汉解放记忆	《武汉文博》2022年第2期	武汉文物博物馆学会，武汉博物馆	内刊	武汉博物馆	武汉
101	彭建、李笙清	江汉关博物馆建设纪略	《武汉文博》2022年第3期	武汉文物博物馆学会，武汉博物馆	内刊	武汉博物馆	武汉
102	王文宾	陨落的星辰：追记“孩子记者”李密林	《武汉文博》2022年第4期	武汉文物博物馆学会，武汉博物馆	内刊	武汉博物馆	武汉

续表

序号	作者	文章名称	出处	发行单位及发行时间	出版物类型	湖北作者所属单位	作者区域
103	李梦圆	博物馆文化叙事下的学习逻辑	《博物馆的力量——2022年湖北省博物馆协会学术研讨会论文集》	湖北美术出版社，2022年12月	图书	武汉革命博物馆	武汉
104	刘成婧	百年党史视阈下革命纪念馆的力量之源	《博物馆的力量——2022年湖北省博物馆协会学术研讨会论文集》	湖北美术出版社，2022年12月	图书	武汉革命博物馆	武汉
105	刘翔	论博物馆在社会进步中的深度参与	《博物馆的力量——2022年湖北省博物馆协会学术研讨会论文集》	湖北美术出版社，2022年12月	图书	武汉革命博物馆	武汉
106	卢文丹	服务设计视角下对博物馆服务的几点思考	《博物馆的力量——2022年湖北省博物馆协会学术研讨会论文集》	湖北美术出版社，2022年12月	图书	武汉革命博物馆	武汉
107	王丽	浅谈博物馆的新功能——以武汉革命博物馆为例	《博物馆的力量——2022年湖北省博物馆协会学术研讨会论文集》	湖北美术出版社，2022年12月	图书	武汉革命博物馆	武汉
108	余青	从精神文化传播角度谈博物馆的力量——以武汉革命博物馆为例	《博物馆的力量——2022年湖北省博物馆协会学术研讨会论文集》	湖北美术出版社，2022年12月	图书	武汉革命博物馆	武汉
109	余青	博物馆学与工学——以武汉革命博物馆藏品综合管理系统为例	《中国博物馆协会博物馆学专业委员会2021年“博物馆与多元学科的关系”学术研讨会论文集》	文物出版社，2022年5月	图书	武汉革命博物馆	武汉

续表

序号	作者	文章名称	出处	发行单位及发行时间	出版物类型	湖北作者所属单位	作者区域
110	张引娣	临时展览促进博物馆发展——以“一抹最羌红——来自禹乡的礼物”文创展为例	《人物类博物馆的使命与担当——中国博物馆协会名人故居专业委员会2021年年会论文集》	上海人民出版社，2022年9月	图书	武汉市晴川阁管理处（武汉大禹文化博物馆）	武汉
111	刘安琪	观众需求导向下的红色档案数字化建设研究	《博物馆的力量——2022年湖北省博物馆协会学术研讨会论文集》	湖北美术出版社，2022年12月	图书	武汉市中山舰博物馆	武汉
112	吕昌霖、赵令侃	武汉市直博物馆社会效益综合评价——基于灰色关联分析法	《博物馆的力量——2022年湖北省博物馆协会学术研讨会论文集》	湖北美术出版社，2022年12月	图书	武汉市中山舰博物馆	武汉
113	周静、徐冰娜	马日事变的处理	《赤都风云》	长江出版社，2022年11月	图书	武汉中共中央机关旧址纪念馆	武汉
114	陈清、黄玉霜	把音乐融入博物馆社教工作的探索——以辛亥革命武昌起义纪念馆为例	《博物馆的力量——2022年湖北省博物馆协会学术研讨会论文集》	湖北美术出版社，2022年12月	图书	辛亥革命博物院	武汉
115	丁辰	博物馆中的社区“他”力量——志愿者品牌建设的思考探析	《博物馆的力量——2022年湖北省博物馆协会学术研讨会论文集》	湖北美术出版社，2022年12月	图书	辛亥革命博物院	武汉
116	关睿	建设乡村博物馆推动乡村文化振兴	《博物馆的力量——2022年湖北省博物馆协会学术研讨会论文集》	湖北美术出版社，2022年12月	图书	辛亥革命博物院	武汉

续表

序号	作者	文章名称	出处	发行单位及发行时间	出版物类型	湖北作者所属单位	作者区域
117	胡伟	博物馆如何让红色资源“活起来”	《博物馆的力量——2022年湖北省博物馆协会学术研讨会论文集》	湖北美术出版社，2022年12月	图书	辛亥革命博物院	武汉
118	黄婧、石劲松	合力与联动——论博物馆传承红色文化的力量	《博物馆的力量——2022年湖北省博物馆协会学术研讨会论文集》	湖北美术出版社，2022年12月	图书	辛亥革命博物院	武汉
119	黄玉霜	试析博物馆与社区文化建设	《博物馆的力量——2022年湖北省博物馆协会学术研讨会论文集》	湖北美术出版社，2022年12月	图书	辛亥革命博物院	武汉
120	李珂馨	参与建构城市精神和城市形象——以武昌起义军政府旧址“红楼”为例	《博物馆的力量——2022年湖北省博物馆协会学术研讨会论文集》	湖北美术出版社，2022年12月	图书	辛亥革命博物院	武汉
121	李邱军	资源整合，打造辛亥首义文化景观	《博物馆的力量——2022年湖北省博物馆协会学术研讨会论文集》	湖北美术出版社，2022年12月	图书	辛亥革命博物院	武汉
122	蒲依	后疫情时代如何利用革命文物传播精神力量	《博物馆的力量——2022年湖北省博物馆协会学术研讨会论文集》	湖北美术出版社，2022年12月	图书	辛亥革命博物院	武汉
123	杨君君	博物馆陈列展览对地域文化的创新传播	《博物馆的力量——2022年湖北省博物馆协会学术研讨会论文集》	湖北美术出版社，2022年12月	图书	辛亥革命博物院	武汉

续表

序号	作者	文章名称	出处	发行单位及发行时间	出版物类型	湖北作者所属单位	作者区域
124	张少奇	浅谈如何打造有生命力的博物馆	《博物馆的力量——2022年湖北省博物馆协会学术研讨会论文集》	湖北美术出版社，2022年12月	图书	辛亥革命博物院	武汉
125	张艳平	湖北省一、二、三级博物馆网络评论调查——基于携程旅行网、大众点评网、马蜂窝网数据	《中国纪念馆研究2022年》	新华出版社，2022年6月	图书	辛亥革命博物院	武汉
126	张艳平、余净阳、黄敏	利用馆藏红色资源讲好中国故事——以湖北省博物馆为例	《博物馆的力量——2022年湖北省博物馆协会学术研讨会论文集》	湖北美术出版社，2022年12月	图书	辛亥革命博物院，湖北省博物馆	武汉
127	吴迪、陈潇翔	博物馆办好研学旅游活动的几点思考	《博物馆的力量——2022年湖北省博物馆协会学术研讨会论文集》	湖北美术出版社，2022年12月	图书	长江文明馆(武汉自然博物馆)	武汉
128	张国月	立足长江，放眼世界，讲述生命的故事	《博物馆的力量——2022年湖北省博物馆协会学术研讨会论文集》	湖北美术出版社，2022年12月	图书	长江文明馆(武汉自然博物馆)	武汉
129	张丽敏	浅谈博物馆的文化力量——以长江文明馆青铜器展品为例	《博物馆的力量——2022年湖北省博物馆协会学术研讨会论文集》	湖北美术出版社，2022年12月	图书	长江文明馆(武汉自然博物馆)	武汉
130	梁超	浅谈古陶瓷修复技艺在博物馆工作中的应用	《修和集粹——湖北省文物交流信息中心陶瓷文物保护修复研究与实践汇编》	武汉出版社，2022年8月	图书	襄阳市博物馆	襄阳

续表

序号	作者	文章名称	出处	发行单位及发行时间	出版物类型	湖北作者所属单位	作者区域
131	王君妍、白冰洋	基于数字化背景下藏品管理及利用的初探——以襄阳市博物馆为例	《博物馆的力量——2022年湖北省博物馆协会学术研讨会论文集》	湖北美术出版社，2022年12月	图书	襄阳市博物馆	襄阳
132	杨心羽、冯雨迈	“双减”背景下，如何进一步释放博物馆力量——以宜昌博物馆为例	《博物馆的力量——2022年湖北省博物馆协会学术研讨会论文集》	湖北美术出版社，2022年12月	图书	宜昌博物馆	宜昌
133	邓刘新	夷陵古兵寨遗址及形制特征	《常州文博论丛》(2022年总第8辑)	常州博物馆，2022年12月	图书	宜昌市夷陵区博物馆	宜昌
134	邓刘新	发挥国有博物馆力量，助推民办博物馆健康发展——以夷陵区博物馆为例	《博物馆的力量——2022年湖北省博物馆协会学术研讨会论文集》	湖北美术出版社，2022年12月	图书	宜昌市夷陵区博物馆	宜昌
135	韩虹桥	县级博物馆如何发挥自身的文化传播力量——以秭归县屈原纪念馆为例	《博物馆的力量——2022年湖北省博物馆协会学术研讨会论文集》	湖北美术出版社，2022年12月	图书	秭归县屈原纪念馆	宜昌
136	周浩	关于夔国文化探索中的几个问题	《重庆公众考古(辛丑集)》	文化发展出版社，2022年11月	图书	秭归县文物保护中心	宜昌
137	周浩	秭归县古茶道调查报告	《文博之友》2022年第2期	恩施土家族苗族自治州博物馆，2022年6月	内刊	秭归县文物保护中心	宜昌

续表

序号	作者	文章名称	出处	发行单位及发行时间	出版物类型	湖北作者所属单位	作者区域
138	周浩、熊素芬	秭归有巴人	《文博之友》2022年第3期	恩施土家族苗族自治州博物馆，2022年9月	内刊	秭归县文物保护中心	宜昌
139	冯雷	从铜绿山古铜矿遗址藏品看其在中国青铜文明中的地位	《铜绿山古铜矿遗址与中国青铜文明研究》	长江出版社，2022年8月	图书	大冶市铜绿山古铜矿遗址保护管理委员会	黄石
140	吴琴英	铜绿山古铜矿遗址的看门人	《铜绿山古铜矿遗址与中国青铜文明研究》	长江出版社，2022年8月	图书	大冶市铜绿山古铜矿遗址保护管理委员会	黄石
141	龚长根	黄石地区早期矿冶业——铜绿山古铜矿始采时间再议	《铜绿山古铜矿遗址与中国青铜文明研究》	长江出版社，2022年8月	图书	黄石市博物馆，湖北理工学院	黄石
142	柯珍明、张硕	根柢与文脉：矿冶文化与大冶地域文化关系蠡探	《铜绿山古铜矿遗址与中国青铜文明研究》	长江出版社，2022年8月	图书	大冶铜绿山古铜矿遗址保护管理委员会，湖北省社会科学院	黄石
143	郭建崴、罗增锐	铜绿山古铜矿遗址博物馆——“跨界融合”的研学大课堂	《铜绿山古铜矿遗址与中国青铜文明研究》	长江出版社，2022年8月	图书	罗增锐，大冶市铜绿山古铜矿遗址保护管理委员会	黄石
144	张茂林、吴宏堂	试论基本陈列如何突出铜绿山古铜矿遗址在中国青铜文明中的地位	《铜绿山古铜矿遗址与中国青铜文明研究》	长江出版社，2022年8月	图书	大冶市铜绿山古铜矿遗址保护管理委员会，原湖北省文物局	黄石

续表

序号	作者	文章名称	出处	发行单位及发行时间	出版物类型	湖北作者所属单位	作者区域
145	石教明、张会获、柯愈耀	新时代背景下博物馆教育的内涵与功能构建	《博物馆的力量——2022年湖北省博物馆协会学术研讨会论文集》	湖北美术出版社，2022年12月	图书	阳新县博物馆	黄石
146	姜昊、柯秋芬	简论铜绿山遗址博物馆基本陈列的科学性	《铜绿山古铜矿遗址与中国青铜文明研究》	长江出版社，2022年8月	图书	华中农业大学，大冶市铜绿山古铜矿遗址保护管理委员会	黄石
147	张瑞刚、王莉、樊诚	发挥基层博物馆展览的社会教育功能体现博物馆的强大力量	《博物馆的力量——2022年湖北省博物馆协会学术研讨会论文集》	湖北美术出版社，2022年12月	图书	丹江口市博物馆	十堰
148	罗丹、张瑞	浅论新形势下博物馆在公共文化体系中的力量	《博物馆的力量——2022年湖北省博物馆协会学术研讨会论文集》	湖北美术出版社，2022年12月	图书	十堰市博物馆	十堰
149	徐磊	博物馆如何成为社会教育的积极力量	《博物馆的力量——2022年湖北省博物馆协会学术研讨会论文集》	湖北美术出版社，2022年12月	图书	十堰市博物馆	十堰
150	易西子	浅谈新时代博物馆文化力量——以十堰市博物馆社教工作为例	《博物馆的力量——2022年湖北省博物馆协会学术研讨会论文集》	湖北美术出版社，2022年12月	图书	十堰市博物馆	十堰
151	龙敏	浅谈革命类博物馆、纪念馆如何在新时代精神文明建设中贡献力量	《博物馆的力量——2022年湖北省博物馆协会学术研讨会论文集》	湖北美术出版社，2022年12月	图书	监利市革命历史博物馆	荆州

续表

序号	作者	文章名称	出处	发行单位及发行时间	出版物类型	湖北作者所属单位	作者区域
152	蒋鲁敬	战国楚墓出土遣策所记的兵器“戈”	《湖南省博物馆馆刊总第十七辑》	岳麓书社，2022年1月	图书	荆州博物馆	荆州
153	蒋鲁敬	战国楚墓出土卜筮祭祷简制度探讨	《简帛研究2022年春夏卷》	广西师范大学出版社，2022年6月	图书	荆州博物馆	荆州
154	陈冬冬、王潘盼、黄祥	新形势下博物馆教育的实践探索和展望	《博物馆的力量——2022年湖北省博物馆协会学术研讨会论文集》	湖北美术出版社，2022年12月	图书	荆州博物馆	荆州
155	陈灵	后疫情时代博物馆的责任与力量	《博物馆的力量——2022年湖北省博物馆协会学术研讨会论文集》	湖北美术出版社，2022年12月	图书	荆州博物馆	荆州
156	容波、黄文进、李强、肖卫国、刘鑫	新宏墓地M2出土陶器表面颜料分析报告	《荆门新宏与余湾楚墓》附录二	科学出版社，2022年9月	图书	黄文进，荆门市博物馆	荆门
157	杨明星、黄文进、姜炎、刘越	新宏墓地出土玉石、玻璃器的材质研究报告	《荆门新宏与余湾楚墓》附录一	科学出版社，2022年9月	图书	黄文进，荆门市博物馆	荆门
158	全秦毅	浅谈出土陶瓷器的现场保护与整理	《修和集粹——湖北省文物交流信息中心陶瓷文物保护修复研究与实践汇编》	武汉出版社，2022年8月	图书	荆门市博物馆	荆门

续表

序号	作者	文章名称	出处	发行单位及发行时间	出版物类型	湖北作者所属单位	作者区域
159	苏展	新理念 新空间 新力量 新途径——5G时代博物馆展陈设计发展路径思考	《博物馆的力量——2022年湖北省博物馆协会学术研讨会论文集》	湖北美术出版社，2022年12月	图书	荆门市博物馆	荆门
160	谭雅娴	社教搭建桥梁 创新就是力量——荆门市博物馆免费开放十余年社教工作回顾	《博物馆的力量——2022年湖北省博物馆协会学术研讨会论文集》	湖北美术出版社，2022年12月	图书	荆门市博物馆	荆门
161	田小艳	公共文化服务体系中的博物馆文化的力量、情怀与智慧	《博物馆的力量——2022年湖北省博物馆协会学术研讨会论文集》	湖北美术出版社，2022年13月	图书	荆门市博物馆	荆门
162	许艳丽	基于宣教功能的博物馆与相邻旅游景点协同发展研究	《博物馆的力量——2022年湖北省博物馆协会学术研讨会论文集》	湖北美术出版社，2022年12月	图书	荆门市博物馆	荆门
163	朱冬丽	聚力推进博物馆教育高质量发展	《博物馆的力量——2022年湖北省博物馆协会学术研讨会论文集》	湖北美术出版社，2022年12月	图书	荆门市博物馆	荆门
164	余夏红	积淀千年古韵鄂州文物 让文化熠熠生辉	《鄂州那些事第四辑(2022年)》	鄂州市鸿达印务有限公司，〔2022〕鄂州图内字003号，2022年10月	图书	鄂州市博物馆	鄂州
165	邓诗剑	浅谈博物馆的多元传播	《博物馆的力量——2022年湖北省博物馆协会学术研讨会论文集》	湖北美术出版社，2022年12月	图书	鄂州市博物馆	鄂州

续表

序号	作者	文章名称	出处	发行单位及发行时间	出版物类型	湖北作者所属单位	作者区域
166	葛雯	鄂州铜镜文化创意性转化时代表达的尝试与思考	《博物馆的力量——2022年湖北省博物馆协会学术研讨会论文集》	湖北美术出版社，2022年12月	图书	鄂州市博物馆	鄂州
167	何玉琼	博物馆文化产品的开发现状	《博物馆的力量——2022年湖北省博物馆协会学术研讨会论文集》	湖北美术出版社，2022年12月	图书	鄂州市博物馆	鄂州
168	胡雪琴	革命纪念馆对弘扬革命精神的时代意义	《博物馆的力量——2022年湖北省博物馆协会学术研讨会论文集》	湖北美术出版社，2022年12月	图书	鄂州市博物馆	鄂州
169	王炽晟	基层博物馆应重视地方历史文化宣传研究	《博物馆的力量——2022年湖北省博物馆协会学术研讨会论文集》	湖北美术出版社，2022年12月	图书	鄂州市博物馆	鄂州
170	严金云、陈曾	关注、教育、情怀——博物馆的时代力量	《博物馆的力量——2022年湖北省博物馆协会学术研讨会论文集》	湖北美术出版社，2022年12月	图书	鄂州市博物馆	鄂州
171	段小燕	论革命类博物馆在红色传承中的力量——以大悟县革命博物馆为例	《博物馆的力量——2022年湖北省博物馆协会学术研讨会论文集》	湖北美术出版社，2022年12月	图书	大悟县革命博物馆	孝感
172	陈木子	新时期博物馆的孝文化传播路径探析——以孝感市博物馆为例	《博物馆的力量——2022年湖北省博物馆协会学术研讨会论文集》	湖北美术出版社，2022年12月	图书	孝感市博物馆	孝感

续表

序号	作者	文章名称	出处	发行单位及发行时间	出版物类型	湖北作者所属单位	作者区域
173	方庆	新时代下对博物馆文化资源开发利用的思考	《博物馆的力量——2022年湖北省博物馆协会学术研讨会论文集》	湖北美术出版社，2022年12月	图书	孝感市博物馆	孝感
174	胡铝	浅谈孝感市的博物馆在21世纪对本土的影响与内在潜力	《博物馆的力量——2022年湖北省博物馆协会学术研讨会论文集》	湖北美术出版社，2022年12月	图书	孝感市博物馆	孝感
175	彭光鑫	新时代下的博物馆考古	《博物馆的力量——2022年湖北省博物馆协会学术研讨会论文集》	湖北美术出版社，2022年12月	图书	孝感市博物馆	孝感
176	张璐	博物馆在后疫情时期的社区教育力量	《博物馆的力量——2022年湖北省博物馆协会学术研讨会论文集》	湖北美术出版社，2022年12月	图书	孝感市博物馆	孝感
177	朱可可	博物馆的力量，让博物馆活起来	《博物馆的力量——2022年湖北省博物馆协会学术研讨会论文集》	湖北美术出版社，2022年12月	图书	孝感市博物馆	孝感
178	梁静	浅析如何利用红色文化加强农村思想政治教育工作	《博物馆的力量——2022年湖北省博物馆协会学术研讨会论文集》	湖北美术出版社，2022年12月	图书	孝南区博物馆	孝感
179	梁静	乡村振兴视域下县级博物馆的力量——以孝感市孝南区为例	《博物馆的力量——2022年湖北省博物馆协会学术研讨会论文集》	湖北美术出版社，2022年12月	图书	孝南区博物馆	孝感

续表

序号	作者	文章名称	出处	发行单位及发行时间	出版物类型	湖北作者所属单位	作者区域
180	程庆霞、刘伟	中小型遗址博物馆展陈方式与展示传播综述——以黄冈对面墩汉墓遗址博物馆为例	《博物馆的力量——2022年湖北省博物馆协会学术研讨会论文集》	湖北美术出版社，2022年13月	图书	黄冈市博物馆，黄州区文旅局	黄冈
181	王一轩	博物馆在历史教学中的作用	《博物馆的力量——2022年湖北省博物馆协会学术研讨会论文集》	湖北美术出版社，2022年13月	图书	黄冈市博物馆	黄冈
182	张安安、童璐	黄冈市博物馆在红色文化研学活动中的实践与思考	《博物馆的力量——2022年湖北省博物馆协会学术研讨会论文集》	湖北美术出版社，2022年12月	图书	黄冈市博物馆	黄冈
183	郑常玉、程燕	略论省级文物保护单位的保护与利用——以罗田县新屋垮民居建筑为例	《博物馆的力量——2022年湖北省博物馆协会学术研讨会论文集》	湖北美术出版社，2022年12月	图书	罗田县文物局，罗田县博物馆	黄冈
184	魏杨	中小城市博物馆少儿图书创作出版实践探析——以咸宁市博物馆《漫说咸博》为例	《博物馆的力量——2022年湖北省博物馆协会学术研讨会论文集》	湖北美术出版社，2022年12月	图书	咸宁市博物馆	咸宁
185	黄宇、李刚、王雪	全损古陶瓷的处置	《修和集粹——湖北省文物交流信息中心陶瓷文物保护修复研究与实践汇编》	武汉出版社，2022年8月	图书	巴东县博物馆	恩施
186	李西林	巴东金果坪革命旧址的保护与展陈利用	《文博之友》2023年第1期	恩施土家族苗族自治州博物馆，2022年3月	内刊	巴东县博物馆	恩施

续表

序号	作者	文章名称	出处	发行单位及发行时间	出版物类型	湖北作者所属单位	作者区域
187	董祖斌	充分发挥民族类博物馆优势，助力铸牢中华民族共同体意识	《博物馆的力量——2022年湖北省博物馆协会学术研讨会论文集》	湖北美术出版社，2022年12月	图书	恩施州博物馆	恩施
188	胡征一	浅谈基层智慧博物馆建设	《博物馆的力量——2022年湖北省博物馆协会学术研讨会论文集》	湖北美术出版社，2022年12月	图书	恩施州博物馆	恩施
189	黄萌	浅析博物馆美学教育的探索与实践——以恩施州博物馆系列课程为例	《博物馆的力量——2022年湖北省博物馆协会学术研讨会论文集》	湖北美术出版社，2022年12月	图书	恩施州博物馆	恩施
190	李焱	公共需求导向下博物馆公共服务能力提升路径研究——以恩施州博物馆为例	《博物馆的力量——2022年湖北省博物馆协会学术研讨会论文集》	湖北美术出版社，2022年12月	图书	恩施州博物馆	恩施
191	柳婷婷	博物馆展陈实践中的新文化史特征	《博物馆的力量——2022年湖北省博物馆协会学术研讨会论文集》	湖北美术出版社，2022年12月	图书	恩施州博物馆	恩施
192	秦卫	探究中小型博物馆社会教育功能发挥的现状及突破路径——以恩施州博物馆为例	《博物馆的力量——2022年湖北省博物馆协会学术研讨会论文集》	湖北美术出版社，2022年12月	图书	恩施州博物馆	恩施
193	张慧	论新时代民族地区中小博物馆的责任与使命	《博物馆的力量——2022年湖北省博物馆协会学术研讨会论文集》	湖北美术出版社，2022年12月	图书	恩施州博物馆	恩施

续表

序号	作者	文章名称	出处	发行单位及发行时间	出版物类型	湖北作者所属单位	作者区域
194	张莉	浅谈中小型博物馆如何发挥特色文化力量——以恩施州博物馆为例	《博物馆的力量——2022年湖北省博物馆协会学术研讨会论文集》	湖北美术出版社，2022年12月	图书	恩施州博物馆	恩施
195	田宏	基层博物馆在公共文化服务体系中的地位和作用	《博物馆的力量——2022年湖北省博物馆协会学术研讨会论文集》	湖北美术出版社，2022年12月	图书	鹤峰县文化遗产局	恩施
196	吴尚谦	唐崖土司城址可持续旅游研究	《2022年第五届智慧教育与人工智能发展国际学术会议论文集》	香港新世纪文化出版社，2022年6月	图书	湖北恩施唐崖土司城遗址管理处	恩施
197	王宇林	博物馆教育与社区建设	《博物馆的力量——2022年湖北省博物馆协会学术研讨会论文集》	湖北美术出版社，2022年12月	图书	神农架林区博物馆	神农架
198	陈智敏	羊毛毡在残损古陶瓷器创新性设计再造上的应用	《修和集粹——湖北省文物交流信息中心陶瓷文物保护修复研究与实践汇编》	武汉出版社，2022年8月	图书	湖北工业大学	高校
199	刘赛男	老瓷片与大漆艺术“跨界”融合创作研究	《修和集粹——湖北省文物交流信息中心陶瓷文物保护修复研究与实践汇编》	武汉出版社，2022年8月	图书	湖北工业大学	高校
200	鲁晓雅	老瓷片与新瓷体融合设计研究	《修和集粹——湖北省文物交流信息中心陶瓷文物保护修复研究与实践汇编》	武汉出版社，2022年8月	图书	湖北工业大学	高校

续表

序号	作者	文章名称	出处	发行单位及发行时间	出版物类型	湖北作者所属单位	作者区域
201	魏正聪	修复人类文明碎片 传承大国工匠精神——2019年度国家艺术基金“古陶瓷修复青年人才培养”项目实施的意义	《修和集粹——湖北省文物交流信息中心陶瓷文物保护修复研究与实践汇编》	武汉出版社，2022年8月	图书	湖北工业大学	高校
202	陈雪梅	长江中游铜“锁”工业遗产的循环链	《铜绿山古铜矿遗址与中国青铜文明研究》	长江出版社，2022年8月	图书	湖北理工学院	高校
203	吴昊	现代学徒制在陶瓷文物修复与保护人才培养中的实践探索	《修和集粹——湖北省文物交流信息中心陶瓷文物保护修复研究与实践汇编》	武汉出版社，2022年8月	图书	湖北艺术职业学院	高校
204	上官华东、李晓峰	空间遗产视角下的传统聚落空间图式化认知研究——以鄂东南聚落为例	《中国建筑学会建筑史学分会年会暨学术研讨会2022论文集：发展中的建筑史研究与遗产保护》	中国建筑工业出版社，2022年9月	图书	华中科技大学	高校
205	胡胜	浅谈虚拟现实技术在遗址类博物馆展陈中的应用	《铜绿山古铜矿遗址与中国青铜文明研究》	长江出版社，2022年8月	图书	华中农业大学	高校
206	高蒙河、潘碧华、宋海超、苏明辰	铜绿山古铜矿遗址博物馆的展陈理念	《铜绿山古铜矿遗址与中国青铜文明研究》	长江出版社，2022年8月	图书	宋海超，武汉大学	高校
207	华含之、彭蛟、李幸	出土陶质文物修复真实性与协调性的统一	《修和集粹——湖北省文物交流信息中心陶瓷文物保护修复研究与实践汇编》	武汉出版社，2022年8月	图书	武汉大学	高校

续表

序号	作者	文章名称	出处	发行单位及发行时间	出版物类型	湖北作者所属单位	作者区域
208	李幸、彭蛟、华含之	文物修复历史痕迹的舍与留	《修和集粹——湖北省文物交流信息中心陶瓷文物保护修复研究与实践汇编》	武汉出版社，2022年8月	图书	武汉大学	高校
209	李洋、王然	多学科合作开创矿冶考古的中国模式	《铜绿山古铜矿遗址与中国青铜文明研究》	长江出版社，2022年8月	图书	武汉大学	高校
210	刘振、刘礼堂	楚国历史文化与长江流域都市	《铜绿山古铜矿遗址与中国青铜文明研究》	长江出版社，2022年8月	图书	武汉大学	高校
211	彭蛟、李幸、华含之	陶瓷文物修复“可读性”目标的实现	《修和集粹——湖北省文物交流信息中心陶瓷文物保护修复研究与实践汇编》	武汉出版社，2022年8月	图书	武汉大学	高校
212	余西云、李冰、王洋	鄂东考古记	《铜绿山古铜矿遗址与中国青铜文明研究》	长江出版社，2022年8月	图书	武汉大学	高校
213	张硕	根柢与文脉：矿冶文化与大冶地域文化关系蠡探	《文化发展论丛》总第20期	社会科学文献出版社，2022年11月	图书	湖北省社会科学院	科研院所

后　　记

湖北是楚文化的发祥地和中国近现代革命的策源地，是全国知名的文物大省，在全国文物事业总体布局中占有重要地位。为从“十四五”开始系统展示湖北文物事业改革发展成就，助推荆楚优秀传统文化创造性转化、创新性发展，填补湖北文物年鉴空白，在省文化和旅游厅指导下，省文物事业发展中心从2022年开始组织编纂出版《湖北文物年鉴》。

《湖北文物年鉴(2023)》(以下简称《年鉴(2023)》)，作为湖北第二部文物年鉴，继续博采众多《文物年鉴》之所长，努力克服首部文物年鉴编纂之不足。在结构上进一步理清分目与条目内容，提升条目编撰质量；在部分章节中插入随文图片，直观展示厅直文博单位、各市州工作成果；在附录内容选取上，完善全局性信息，突出当年重点工作；在一些数据统计上进行横向对比，引导部分单位看到差距改进工作。诸如此类，按照“修志为用、修用并举”的原则，力求《年鉴(2023)》内容充实、图文并茂、重点突出、适度引领，较好发挥年鉴资料性工具书作用。

在省文化和旅游厅党组高度重视和正确领导下，在厅有关处室、厅直文博单位、各市州文物部门(文博单位)大力支持和协作配合下，通过特约撰稿人、审稿人，出版社编排、审校人员的辛勤付出和共同努力，《年鉴(2023)》如期出版，实现了“一个年度内编纂出版”的工作目标。在此，向所有为《年鉴(2023)》编纂出版提供支持帮助的单位和个人表示衷心感谢和诚挚的敬意。

虽然两年的培训提升了特约撰稿人和编辑人员的能力，首部文物年鉴编纂也积累了一些经验，但我们深知，《湖北文物年鉴》编纂工作仍在“起步阶段”，还需要孜孜不倦的探索与实践。受时间和精力的制约，《年鉴(2023)》难免存在缺憾，甚至有错讹之处，诚请各级领导、专家、读者多提宝贵意见，并在后续《年鉴》编纂工作中继续给予关注和支持，帮助我们不断改进和完善。

编者

2023年12月